# लोग

[उपन्यास]

# लोग

गिरिराज किशोर

राजकमल प्रकाशन
नयी दिल्ली पटना इलाहाबाद कोलकाता

ISBN : 978-81-267-2529-8

**मूल्य :** ₹ 350



**पहला संस्करण :** 1966
**राजकमल से पहली बार :** 1981
**इस रूप में पहला संस्करण :** 2013

**प्रकाशक :** राजकमल प्रकाशन प्रा. लि.
1-बी, नेताजी सुभाष मार्ग, दरियागंज
नई दिल्ली-110 002

**शाखाएँ :** अशोक राजपथ, साइंस कॉलेज के सामने, पटना-800 006
पहली मंज़िल, दरबारी बिल्डिंग, महात्मा गांधी मार्ग, इलाहाबाद-211 001
36 ए, शेक्सपियर सरणी, कोलकाता-700 017

वेबसाइट : www.rajkamalprakashan.com
ई-मेल : info@rajkamalprakashan.com

**आवरण :** देव प्रकाश चौधरी

**मुद्रक :** बी.के. ऑफसेट
नवीन शाहदरा, दिल्ली-110 032

LOG
*Novel by* Giriraj Kishore

सविता को

देश का स्वतंत्र होना लगभग निश्चित हो गया था। नई सामाजिक प्रवृत्तियाँ और शक्तियाँ अपना स्थान बना रही थीं। उस समय का अभिजात-वर्ग अपने-आपको डूबता हुआ महसूस करने लगा, आर्थिक स्तर पर ही नहीं, सामाजिक एवं मान्यताओं के स्तर पर भी। उस वर्ग से सम्बद्ध हर एक वर्ग के 'लोग' अपने-आपको 'छूट-गया' हुआ-सा महसूस कर रहे थे। उन लोगों के मन में इस नए परिवर्तन के प्रति अरक्षा, मूल्यहीनता, संस्कारहीनता, उच्छृंखलता, विघटन आदि सब प्रकार की आशंकाएँ थीं। अंग्रेज़ों का जाना उस 'पूरे' वर्ग के व्यक्तिहीन हो जाने की सूचना थी। उनमें से कुछ बदलते हुए सन्दर्भों के अनुरूप अपने को ढाल पाने में असमर्थ रहे।

वे ही 'लोग' यहाँ हैं।

'लोग' में मेरठ, मुज़फ़्फ़रनगर आदि पश्चिमी ज़िलों में बोली जानेवाली 'खड़ी-बोली' का भी उपयोग किया है, जिससे अभिव्यक्ति में कुछ सहायता मिली है। उर्दू और अंग्रेज़ी शब्द भी हैं। उनसे तत्कालीन वातावरण अधिक उजागर होता है।

**–गिरिराज किशोर**

13, महात्मा गांधी मार्ग
इलाहाबाद

यह तीसरा संस्करण है। जिस आत्मीयता से 'लोग' पढ़ा गया है उसके लिए पाठकों और पात्रों के बीच का तादात्म्य ही ज़िम्मेदार है। शायद ज़िन्दगी की सच्चाई ही रचना को ज़्यादा दिन तक ज़िन्दा रखने में संजीवनी का काम करती है। लेखक तो, ज़िन्दगी के अनुभव की वृहदता के सन्दर्भ में, मात्र दृष्टि और कलम होता है।

तीसरे संस्करण को प्रकाशित करने के लिए मैं श्रीमती शीला सन्धू और राजकमल प्रकाशन प्रा. लि. का हृदय से आभारी हूँ!

**--गिरिराज किशोर**

आई.आई.टी., कानपुर
1 जनवरी, 1981

# 1

बाहर आया, बाबा को घेरे काफ़ी लोग जमा थे। बैठे हुए लोग बात-बात में रूस, जर्मनी, जापान, हिटलर का नाम ले रहे थे। बाहर से आनेवाले बाबा को झुककर सलाम करते और कहते, ''राय साहब, बहुत-बहुत मुबारकबाद!''

बाबा का मुस्कुराना, उनकी मूँछों के फैलने से पता चलता था। किसी-किसी को भारी आवाज़ में जवाब भी देते थे, ''शुक्रिया, आपको भी मुबारक!'' बाबा का हाथ स्वतः ही कुर्सी की ओर उठ जाता था या चबूतरे से नीचे पड़े पलंगों की ओर संकेत कर देते थे। कुछ लोगों के आने पर बाबा टेढ़े होकर कुर्सी से उठने का आभास देते थे। आनेवाला झपटकर उनका हाथ अपने दोनों हाथों में लेकर कहता था, ''राय साहब, शर्मिन्दा क्यों कर रहे हैं!''

पलंगों पर बैठे हुए लोग ज़्यादातर चुप थे। कुर्सियों पर बैठे लोगों में से कोई-न-कोई, कुछ-न-कुछ बोल रहा था।

''इस जीत में अपने ज़िले की जो भी शिरकत रही, वह सब आपकी बदौलत। मुझे याद है जब जंग का दौर-दौरा ज़ोरों पर था और आपने कमिश्नर साहब को इसी जगह दो मोटरें नज़र की थीं तो कमिश्नर साहब ने अपनी तक़रीर मे कहा था-ये हुकूमत राय साहब जैसे वफ़ादार और जांनिसार दोस्तों पर टिकी है। हुकूमत को ऐसे दोस्तों की 'वफ़ादारी' पर नाज़ है।''

बाबा की मूँछें एक बार को फिर फैल जाती थीं! चेहरे पर एक स्निग्धता आ जाती थी।

दीना की देखरेख में अन्दर से मिठाइयाँ लग-लगकर आ रही थीं। सब ही तरह के मेहमानों में 'तक़सीम' की जा रही थीं। मैं जाकर बाबा की कुर्सी से सटकर खड़ा हो गया। नज़रों में एक अजनबीपन लिये सब-कुछ होते देखता रहा। बाबा इस सबसे तटस्थ थे।

जब तक मैं दूर खड़ा रहा था, किसी ने मेरी ओर ध्यान नहीं दिया था। लेकिन बाबा की कुर्सी के पास पहुँचते ही सबकी 'तवज्जोह' मेरी तरफ़ खिंच गई थी।

इउउख़ासकर कुर्सियों पर बैठे लोग बड़ी ललक से मुझे अपने पास बुला रहे थे–'आइए, छोटे राय साहब!' मैं बड़ी दुविधा में पड़ गया था। समझ में नहीं आ रहा था कि इनका ध्यान बाबा से हटकर मुझ पर इतना ज़्यादा क्यों है? एक–दो लोगों ने तो कुर्सी से उठकर मुझे अपनी ओर खींचा भी। मैं वहीं–का–वहीं मूर्ति बना खड़ा रहा। जो साहब मेरा हाथ पकड़कर सीने से लगा लेने के लिए आकुल थे उनकी नज़रें बाबा के चेहरे के चक्कर काट रही थीं। लोगों द्वारा मुझे प्यार किए जाते देखकर बाबा की मूँछों के फैलाव के साथ आँखों में भी तरलता आ जाती थी। मेरी नज़र जब सहन में बिछे पलंगों पर बैठे लोगों पर जाती थी तो देखता था लोगों की आँखें मुझ पर टिकी हैं और दाँत बाहर को निकले हुए हैं...। इस स्थिति में वे लोग काफ़ी देर से थे।

शायद बाबा ने मुझे इस हाथापाई से बचाने के लिए ही पीछे हाथ बढ़ाकर अपनी कुर्सी के बराबर में खड़ा कर लिया। मेरी आँखों में उभरे उस अजनबीपन को दूर करने की गरज़ से उन्होंने पूछा, "जानते हो...आज क्या है?" मैंने मटकी–सी गरदन हिलाकर इनकार कर दिया।

बाबा ने गोद मे बैठाकर हँसते हुए बताया, "आज हमारी सरकार बहादुर जीत गई...जर्मनी, जापान, इटली, सऽब को हरा दिया।" मुझे उस समय इसमें कोई आश्चर्य नहीं दिखलाई पड़ा था। एक बार बाबा ने ही बताया था कि सरकार के हुक्म को टालना जुर्म है। मैं समझ गया था सरकार ने हुक्म दे दिया होगा 'हार जाओ' और वे सब हार गए होंगे।

उसके बाद जो भी नया व्यक्ति बाबा को मुबारकबाद देने आता वह मुझे भी मुबारकबाद देता–"छोटे साहब को भी मुबारक हो!" यह बात मेरी समझ में बिलकुल नहीं आ रही थी कि 'मुबारक होना' क्या होता है। 'मुबारक होना' कुछ ऐसी–ही ध्वनि देता जैसे 'बुखार होना'। मैं समझ नहीं पाता था कि इस शब्द से लोगों के चेहरे एकदम क्यों बदल जाते हैं। बुखार होना कोई अच्छी बात थोड़े ही है। अपने लिए मुबारकबाद सुनकर मेरी दृष्टि धरती से जुड़ जाती थी जैसे तार से बाँध दी गई हो। मुझे चुप देखकर बाबा उसी तरह मुस्कराते हुए कहते थे, "बेटा, तुम भी कहो–शुक्रिया, आपको भी मुबारक हो!" मैं कह नहीं पाता था और सोचने लगता था मुझसे गाली के बदले गाली दिलवाई जा रही है। बाबा धीरे–से कहते थे, "तुम बड़े 'गुस्ताख़' हो गए हो।"

दीना को बुलाकर कहा, "इसे अन्दर हवेली में ले जाओ।"

दीना ने मुझे वहाँ से ले जाकर दहलीज़ में अपने पास बैठा लिया। पूछने लगा, "तुम बोलते क्यों नहीं? सरकार के पास इतने बड़े–बड़े लोग आ रहे हैं, सब कहेंगे ये तो बोलना भी नहीं जानते। बड़े होने पर ये लोग तुम्हारे पास भी इसी

तरह आया करेंगे।''

दीना के ऊपर मुझे ग़ुस्सा तो बहुत आया था। मन हुआ था कि उसको 'रिढ़ा' कर चड्ढी गाँठ लूँ जैसा छोटेपन में किया करता था। अब बड़ा हो गया था। वह शायद मेरी नाराज़गी समझ गया। मुझे एक तश्तरी में मिठाई लाकर दे दी। मिठाई खाता हुआ मैं सोचने लगा, 'छोड़ो'! मिठाई खाते-खाते पूछा, ''लेकिन ये मिठाई क्यों बँट रही है?''

दीना ने बतलाया, ''हमारी सरकार बर्तानिया जीत गई।'' मैंने अपनी शंका का समाधान दीना से ही किया, ''सरकार को जीतने की क्या ज़रूरत है...हुक्म दिया और जीत गई। वह कौन कुश्ती लड़ती है? बाबा कहते हैं सरकार से भला कौन लड़ सकता है। बाबा तक सरकार से डरते हैं...''

उसने बात को दूसरी तरह से बताया, ''हमारी सरकार और जापान, जर्मन, रूस के बीच जंग हुआ था, उसमें सरकार जीती है।''

''जापान, जर्मन, रूस कौन है?''

''सात समन्दर के मुलक हैं, बड़ी ठंड पड़ती है।''

''हमारे यहाँ से भी ज़्यादा?''

''हाँ, बर्फ़ जमा रहता है!''

''फिर तो लोग खूब खाते होंगे।''

मैं आसमान की तरफ़ देखते हुए मिठाई खाते-खाते उसकी बातें सुन रहा था। इतने में बाबा ने पुकारा, ''दीना।'' वह मुझे अकेला छोड़कर झटपट चला गया। मुझे बाबा पर थोड़ा ग़ुस्सा आया। मन-ही-मन कहा, 'बाबा के पास इतने बड़े-बड़े आदमी बैठे हैं, फिर भी उन्होंने हमारे पास से ताऊ को बुला लिया।' दरअसल दीना को हम ताऊ कहते थे।

थोड़ी ही देर बाद वह लौट आया, दो पंखाकुलियों को बुलाकर 'पंखे' लेकर खड़े हो जाने का हुक्म दिया। मुझे हाथी के कानों-जैसे बड़े-बड़े हिलते हुए खजूर के पंखों को देखकर सदा लगता था, उन्हें हिलानेवाला हाथी हो गया है। इस रूप की कल्पना करते ही उनकी नाक सूँड़ की तरह लटक जाती थी। दो दाँत बाहर निकल आते थे। कल्पना मात्र से मुझे हँसी आने लगती थी। हँस चुकने पर जब गम्भीर होता था तो मेरी आँखें समगति से हिलते उन पंखों के साथ इधर से उधर डोलने लगती थीं।

इस समय दिन धूप में चलते रहने के बाद छाँह में खड़ा होकर सुस्तानेवाले आदमी के चेहरे-सा लग रहा था। दीना लैम्प आदि जलाने की तैयारी करने में व्यस्त हो

गया था। बाहर लोगों की आवाजाही जारी थी। दीना अन्दरवाले चौक में नत्थी से चिमनियाँ, कल्ले, बत्तियाँ साफ़ करा रहा था। मिट्टी के तले की गन्ध चारों तरफ़ बसती-सी जा रही थी। वह स्वयं चिमनियाँ साफ़ कर-करके क़तार में रखता जाता था। जैसे-जैसे उजाले में सुरमईपन बढ़ता था, उन चिमनियों में भी उतरता रहा था। सम्पूर्ण वातावरण उन सब उपकरणों में बट गया था। मैं उसी की पीठ से सटकर खड़ा हुआ बतिया रहा था, "ताऊ, आज इतने लोग क्यों आ रहे हैं?"

"सरकार को मुबारकबाद देने" दीना जवाब देकर चिमनी साफ़ करने के लिए मुँह से भाप छोड़ने लगता था।

"लोग मुबारकबाद क्यों देते हैं?"

"जब ख़ुशी की बात होती है तो उसे बाँटने के लिए मुबारकबाद दी जाती है!" उसने एक चिमनी रखकर दूसरी उठा ली थी। नत्थी लैम्प का कल्ला हटाकर फूल के ज़रिए तेल उड़ेल रहा था। तेल उलटे जाने से उत्पन्न होनेवाली आवाज़ वहाँ के पूरे वातावरण में डुबकियाँ लगा रही थी।

"लोग ख़ुशी में मुबारकबाद क्यों देते हैं, मिठाई क्यों नहीं देते?" दीना ने मेरी ओर देखते हुए कहा, "हिलाओ मत, चिमनी टूट जाएगी।" उसके इतने कहने से मुझ पर उल्टी प्रतिक्रिया हुई थी। मैं उसकी पीठ से और सट गया। ज़िद करने लगा था, "ताऊ, बता मुबारकबाद क्यों देते हैं?"

"मिठाई वह देता है जिसके यहाँ ख़ुशी होती है।"

"तो हमारे यहाँ क्या ख़ुशी है?"

उसे थोड़ी झुँझलाहट-सी आ गई थी, "बताया तो...हमारी सरकार जीती है।"

"सरकार मिठाई क्यों नहीं बाँटती, बाबा क्यों बाँट रहे हैं?"

मेरे धक्के से दीना के हाथ से चिमनी गिरकर टूट गई। चिमनी के अन्दर जो हल्का-सा अँधियारा भरता गया था, उसने एकाएक बिखरकर उस अँधियारे को और गहरा बना दिया। मैं देख तो नहीं सका पर मुझे लगा, मेरे चेहरे का कोई चटकीला रंग चुटकी से पकड़कर हटा दिया गया है, मैं मरगिल्ला-सा हो गया हूँ। मैंने दीना की तरफ़ डरते-डरते देखा और धीरे-से कहा, "मैंने तो कुछ भी नहीं किया।"

उसके चेहरे पर हँसी आ गई और बोला, "अच्छा, अब तुम कुर्सी पर जाकर बैठ जाओ।" मैं जाकर चुपचाप बैठ गया। ख़ामोशी के साथ लैम्पों और लालटेनों का जलना देखता रहा। लैम्पों को एक-एक कर जलाया जा रहा था। बत्ती को दियासलाई से जलाते ही पहले वह भभकती थी और फिर धुआँ छोड़ती-सी पीली-पीली मटमैली लौ छोड़ने लगती थी। लेकिन चिमनी लगने पर पहले चिमनी पर भाप की हल्की-सी परत दिखलाई पड़ती, फिर रोशनी खुलती जाती

थी। टूटे हुए काँच के टुकड़े गोलाइयों पर सुनहरी हो गए थे। धीरे-धीरे क़तार में रखे बीस-पच्चीस लैम्प और लालटेन जल गए थे। उनकी मद्धम-मद्धम-सी रोशनी की धारा पूरे आँगन में बहने लगी थी। मैं चाहता था उन सब लैम्पों को एक साथ रखा रहने दिया जाय।

अभी भी अँधियारे में धुँधलेपन का अंश शेष था। नत्थी एक-एक लैम्प उठाकर बाहर ले जा रहा था। लैम्प की रोशनी उसके चेहरे की एक-एक झुर्री में भर जाती थी। लैम्प हाथ में लेकर भी वह सामने का रास्ता टटोलता हुआ चल रहा था। उसके इस व्यवहार पर मुझे ग़ुस्सा आ रहा था। यह लैम्प हाथ में लेकर अन्धों की तरह क्यों चल रहा है। गिराकर तोड़ेगा।

आसमान में हल्का पीलापन शेष होते हुए भी घर में रात हो आई थी। यहाँ तक कि बाहर 'बड़े' और 'छोटे' दरवाज़ों के बीच खड़े लैम्प-पोस्टों तक में रोशनियाँ जल गई थीं। उन लैम्प-पोस्टों के सामने से गुज़रते समय, इर्द-गिर्द हल्की-हल्की काँपती-सी परछाइयाँ बनने लगी थीं। पूरी हवेली में अँधेरे के अस्तित्व का अहसास काफ़ी गहराई से होने लगा था। उसी को कम करने के लिए लैम्पों और लालटेनों की यह फ़ौज तैयार की गई थी।

लोग चले गए थे। ख़ाली कुर्सियों, पलंगों को देखकर पूरे आँगन की रिक्तता अधिक उभर आई थी। बाबा की कुर्सी भी ख़ाली थी। वे दोनों पंखाकुली उन वृहद् पंखों को दीवार के सहारे टिकाकर ग़ायब हो गए थे।

मैंने दीना से पूछा, "सब लोग कहाँ गए?"

"अपने-अपने घर।"

"और बाबा?"

इसने इधर-उधर देखा। कोठी के बराबरवाले कमरे (ड्रेसिंग-रूम) के दरवाज़ों के ऊपरवाले रंगीन शीशों पर बाबा की परछाईं रंग-गिरंगी होकर हिल रही थी। दीना ने धीरे-से कहा, "तैयार हो रहे हैं।"

छोटे दरवाज़े में गमला-सी पगड़ी बाँधे, सीने और बाँहों पर से कढ़ा कोट पहने वज़ीर आता दिखाई पड़ा। वज़ीर की आदत थी मुझे देखते ही 'राम राम' करता था। 'राम राम' से मुझे चिढ़ थी। वज़ीर को कई बार समझा चुका था, सलाम किया करे। उसकी समझ में कुछ नहीं आता था। मैं उसे देखकर दीना से बातें करने लगा, "ताऊ, गाड़ी क्यों आई है?"

उसने वज़ीर से पूछा, "सरकार जा रहे हैं?"

वज़ीर ने उसका ज़्वाब न देकर मुझे फिर 'राम राम' कर दी। मैं वज़ीर पर

बिगड़ उठा, "तू राम राम...तेरा बाप राम राम...!"

बाबा मेरे पीछे आ खड़े हुए हैं यह मुझे पता नहीं था। उनकी आवाज़ में 'हैंऽऽ' सुनकर मुझे लगा, कोई भारी पत्थर मेरे सिर पर रख दिया गया है। वज़ीर दीना की ओर देखने लगा था और उसके चेहरे पर कुछ ऐसा भाव था, 'किसी तरह भैया को बचाओ।'

बाबा काला सूट पहने, हाथी-दाँत की बेंत लिए मेरे सामने खड़े थे। उनके चेहरे पर ग़ुस्सा था। अभी हाथ की बेंत उठेगी और मेरी कमर पर टूट पड़ेगी। उन्होंने मेरा कान पकड़कर उमेठ दिया। फिर बोले, "आगे से अगर किसी से भी इस तरह बात की तो..." हालाँकि उन्होंने वाक्य पूरा नहीं किया था पर उस ज़माने में मेरे साथ इतना ही हो जाना काफ़ी बेइज़्ज़ती की बात थी।

जब बाबा आगे-आगे जा रहे थे तो वज़ीर पीछे मुड़-मुड़कर देख रहा था और मेरी ओर हाथ जोड़-जोड़कर माफ़ी माँग रहा था। मेरी आँखों के आँसू चू पड़ने से पहलेवाली स्थिति में थे। हाथ जोड़ता हुआ वज़ीर एक की जगह 'कई' मालूम पड़ रहा था।

बाबा के जाते ही मैं दीना से लगकर रोने लगा, "हमने वज़ीर को क्या कहा था, वह ही तो हमें छेड़ रहा था...बाबा ने हमें डाट दिया...ऐं-ऐं।" दीना समझाता रहा, "आने दो, मैं वज़ीर को वो डाटूँगा कि याद रखेगा।" मन में ज्यों-ज्यों प्रतिशोध की भावना बढ़ती थी, ज़ोर-ज़ोर से रुलाई आने लगती थी।

मुझे बाबूजी की बहुत ज़ोर से याद आ रही थी। बाबूजी और काका साहब जमींदारी के दौरे पर थे। मैं ग़ुस्से में बराबर यही कह रहा था, "मैं बाबूजी और काका साहब से कहकर वज़ीर को पिटवाऊँगा।" दीना मुझे समझा रहा था, "हाँ, आने दो काका साहब को, देखना कैसी मरम्मत होती है।" दीना की इस बात से मुझे ढाढ़स बँधता था। मुझे रोता देखकर दो-तीन नौकर और भी आ गए थे। इस बात से मुझे और भी बेइज़्ज़ती महसूस हो रही थी।

दीना ने मेरी उँगली पकड़ी और बाहर की ओर चल दिया। सम्भवतः मैं भी यही चाहता था।

मैं जब बाज़ार में घूमकर लौटा तो बड़े दरवाज़े के बाहर गाड़ी खड़ी हुई थी। बाबा लौट आए!

दीना की आँखों में भी आश्चर्य की हल्की-सी झलक दिखलाई पड़ी। एक-दो बार अस्वस्थ होने के अतिरिक्त मैंने बाबा को कभी इस समय हवेली पर नहीं देखा था। रोज़ तो बाबा चार बजे क्लब जाते थे। पहले टेनिस खेलते थे। बाद में वहीं पर कपड़े बदलकर ब्रिज के लिए बैठ जाते थे। आज बाबा इतने लोगों के अपने घर आ जाने से, टेनिस खेलने नहीं जा सके थे।

मैं और दीना जब अन्दर घुस रहे थे तो नत्थी बाहर आता हुआ मिला। देखते ही बोला, ''मैं तो तलाश करने ही जा रहा था...सरकार याद कर रहे हैं।'' 'सरकार' के याद करने से मुझे डर-सा लगने लगा। मैंने दीना की ओर देखा। उसे आश्चर्य तो था पर भय नहीं था। मैंने उसके मुँह की ओर देखते हुए कहा, ''ताऊ!'' उसने मेरा हाथ और कसकर पकड़ लिया। उसी तरह चुप धीरे-धीरे चलता रहा। बड़े और छोटे दरवाज़े के बीचवाले लैम्प-पोस्टों की रोशनी में हम दोनों की परछाइयाँ भी चल रही थीं। दीना के मुक़ाबले मेरी परछाईं बहुत छोटी थी। कभी-कभी मैं उसकी परछाईं की आड़ में आ जाता था। चबूतरे पर पहुँचकर मैं ठिठक गया। बाबा अन्दर कोठी में थे। दीना ने मुझे ठिठकते हुए देखकर धीरे-धीरे कहा, ''चलो!'' उसके इतना कहने से ही मुझे महसूस हुआ 'ताऊ साथ है!' मैं इसके पीछे ही रहा। बरांडे में छत से लटकते बड़े-से फानूस की रोशनी दीवारों पर तो सतरंगी थी, पर ठीक नीचे पड़नेवाली रोशनी में किसी भी प्रकार का कोई रंग नहीं था-एकदम सफ़ेद!

बाबा बीचोबीच एक ऊँची कुर्सी पर पाँव रखे खड़े थे। उनकी बेंत तिरछी होकर उनकी जाँघ से सटी थी। चारों तरफ़ लगे प्रत्येक आदम-कद आईने में उनके शरीर का हर भाग एक अन्दाज़-सा लग रहा था। कमरे के अन्तिम छोर पर बिल्लौरी लैम्प छत से जुड़ी पीतल की ज़ंजीर में लटक रहा था। उसके कारण छत पर, लैम्प के ठीक ऊपर, रोशनी का एक छोटा-सा घेरा टिका था।

मेरे अन्दर घुसते ही उन्होंने कुर्सी से पाँव उतारकर कालीन पर रख लिया। बेंत जाँघ से हटकर जूते के साथ पैंतालिस डिग्री का कोण बनाने लगी। अब मैं उनके बिलकुल सामने था ओर पीछे दीना। कुछ सैकेंड तक पूरी तरह ख़ामोशी रही। बाबा ने पूछा, ''कहाँ गए थे?''

मैंने दीना की तरफ़ देखा। बाबा शायद समझ गए, आवाज़ को मुलायम करते हुए कहा, ''बाज़ार, अच्छा किया!''

मैंने देखा उनके चेहरे पर चिकनाई का एक जाला-सा आ गया। मूँछें थोड़ी फैलीं फिर सिकुड़ गईं।

उन्होंने दीना से कहा, ''इसको काला सूट पहनाकर ले आओ, हमारे साथ क्लब जाएगा। आज वहाँ दावत है।'' उन्होंने दो क़दम आगे बढ़कर मेरे सिर पर हाथ रख दिया। उनका दूसरा हाथ ठीक उसी तरह बेंत की गोल मूँठ पर रखा हुआ था।

मैं कपड़े बदलकर आया तो बाबा ने भी सूट बदल लिया था। बन्द-गले के कोट की जगह उन्होंने खुले-गले का कोट पहना था और 'बो' लगाई थी। उनके इस वस्त्र-परिवर्तन मात्र से ही ऐसा लगने लगा था, बाबा हँसते भी हैं।

बाबा और मैं गाड़ी में बैठे तो दीना और वज़ीर नीचे खड़े हम लोगों को गाड़ी में बैठते देख रहे थे। नत्थी फ़िटन के पीछे पायदान पर खड़ा हो गया था। उसकी मात्र गर्दन ही खुले-टब के ऊपर उठी दिखाई पड़ रही थी। बाबा के सामनेवाली सीट पर मैं बैठा था, एक अदद छोटा-सा आदमी। कोच-बक्स पर वज़ीर। वज़ीर ने एक-दो बार नज़र बचाकर मेरी ओर देखना चाहा, लेकिन मैं अभी तक उससे नाराज़ था।

गाड़ी में बाबा ख़ामोश बैठे थे। घोड़ी की टाप लयात्मक ढंग से उभरती और डूबती मालूम पड़ रही थी। उसकी टाप से मुझे तो कोई ख़ास अहसास नहीं हुआ, लेकिन बाबा ने वज़ीर से गाड़ी रोकने के लिए कहा। बाबा का रास्ते में गाड़ी रुकवाना कोचवान के लिए हमेशा खतरनाक साबित होता था। गाड़ी रोककर वज़ीर सामने आ खड़ा हुआ। "घोड़ी लंग क्यों कर रही है?" मैंने देखा वज़ीर का चेहरा एकदम स्याह पड़ गया, "जी सरकार...!"

"मैं पूछता हूँ, घोड़ी लंग कर रही है या नहीं?"

"एक नाल उखड़ गई।"

बाबा ने बेंत से वज़ीर के कन्धे को ढकेलते हुए कहा, "अस्तबल के घोड़े-घोड़ियों का नास करोगे, ज़ब नाल उखड़ी हुई थी तो दूसरी घोड़ी क्यों नहीं लाए...कसाई!"

"हमें क्लब छोड़कर फ़ौरन दूसरी घोड़ी बदलकर लाना।"

बाबा के चेहरे पर जो मुस्कुराने की सम्भावना नज़र आई थी, खुले-गले के कोट और 'बो' के बावजूद ग़ायब हो गई। रास्ते-भर उनके चेहरे का तनाव बदस्तूर रहा। गाड़ी के बराबरों में लगी लालटेनों की रोशनी गाड़ी के साथ-साथ सड़क पर दौड़ती रही। जब गाड़ी किसी अपेक्षाकृत 'नेड़ी' (सँकरी) गली से निकलती थी तो रोशनी की दो छोटी-छोटी बग्घियाँ दीवारों पर भी दौड़ने लगती थीं। सड़क से गुज़रनेवाले लोग बाबा को झुककर सलाम करते थे तो बाबा का हाथ बेंत समेत थोड़ा ऊपर उठ जाता था। चेहरा भी फैलकर पुनः सिकुड़ जाता था। मुझे लगता था कि ये लोग सलाम करके बाबा को अभी भी मुबारकबाद ही दे रहे हैं।

गाड़ी रुकते ही नत्थी ने फ़िटन की खिड़की खोल दी। पहले बाबा उतरे, फिर वज़ीर ने मुझे गोदी में लेकर उतारना चाहा। मैंने उसके बराबर में खड़े नत्थी की ओर हाथ बढ़ा दिए। नत्थी ने धीरे-से मुस्कुराकर वज़ीर की ओर देखा।

बाबा ने नत्थी से कहा, "तुम यहीं रहना।" मेरी उँगली पकड़कर अन्दर चले गए। अन्दर चारों ओर गैस की लालटेनें और हंडे जल रहे थे। सूँ-सूँ की आवाज़ चारों ओर फैली हुई थी।

लॉन में लोग कुर्सियों का घेरा बनाए बैठे थे। बीचोबीच चार अंग्रेज़, मेमें और मेमों के पास तीन-चार भारतीय महिलाएँ गर्दन नीची किए बैठी थीं।

कौल साहब 'मजलिस' के बीचोबीच खड़े एक नज़्म की आख़िरी लाइन पढ़ रहे थे, "जैक हर सिम्त में लहराएगा!"

जब वे बैठे तो उन अंग्रेज़ों को पता चला कि 'नज़्म' ख़त्म हो गई। उन्होंने एक-दूसरे की तरफ़ देखा। बीचवाले अंग्रेज़ ने ज़ोर से कहा, "वॉ वॉ...कॉल टुमने बोत आचा पोइट्री परा है।"

बाबा के पहुँचते ही काफ़ी लोग खड़े हो गए। चारों अंग्रेज़ और पाँच-छह हिन्दुस्तानी बैठे रहे। उन सबका न उठना मुझे बुरा लगा। मेरे दिमाग़ में तुरन्त एक बात आई, "बैठे हुए लोग ही शायद सरकार हैं।" बाबा पहले बीचवाले अंग्रेज़ के पास गए और झुककर कहा, "लांग लिव दी किंग, मे दी जैक फ़्लाई हाई..."

बीचवाला अंग्रेज़ भी बाबा से हाथ मिलाने के लिए उछलकर खड़ा हो गया। वे तीनों अंग्रेज़ भी बाबा से हाथ मिलाने के लिए उठ खड़े हुए। आख़िरकार उन बैठे हिन्दुस्तानियों को भी खड़े होना पड़ा।

उन चारों मेमों में से एक ने बढ़कर मेरा हाथ पकड़ते हुए कहा, "ओह वैल रा' सा'ब, लवली चाइल्ड।"

बाबा ने एक क़दम बढ़कर थोड़ा झुकते हुए कहा, "गुड इवनिंग मिसेज़ ब्राउन, आई एक्सटेंड माई कॉन्ग्रच्युलेशंस!"

"थैंक्यू! टु यू टू।"

बाबा गर्दन को पूरी तरह से झुकाकर एक क़दम पीछे हट गए।

बाबा ने मुझे भी 'साहब' और 'मेम साहब' को 'गुड इवनिंग' करने के लिए कहा। मैंने 'गुड इवनिंग' करके हाथ बढ़ा दिया। यह मेरी आदत पड़ गई थी। 'गुड इवनिंग' या 'गुड मॉर्निंग' कहने के साथ ही मेरा हाथ स्वतः बढ़ जाता था। मिसेज़ ब्राउन ने हाथ मिलाकर, तुरन्त हाथों पर उठा लिया। मेरी साँस घुटने लगी। एक ख़ास तरह की अपरिचित-सी गन्ध मेरी नाक में घुस गई थी। चेहरे की खाल पर 'दाफड़' नज़र आ रहे थे। जब मैं उनके हाथों से छूटा तो लगा किसी अनजानी मुश्किल से मुक्ति पा गया हूँ। हालाँकि उन्होंने मुझे तुरन्त ही छोड़ दिया था।

दूसरे अंग्रेज़ों तथा बची हुई मेमों ने भी हँसी-हँसी में ही मुझसे गुड इवनिंग की और हाथ मिलाया। मैं देख रहा था हिन्दुस्तानी महिलाएँ मुझे अंग्रेज़ों से हाथ मिलाते देखकर बहुत प्रसन्न थीं। मुझे हाथ मिलाते और गुड इवनिंग करते देखकर साहबों और मेम-साहबों के चेहरों पर उसी तरह का आश्चर्य था जैसे कुत्ते को सब्ज़ी की टोकरी मुँह में लटकाए जाते देखकर हिन्दुस्तानियों के चेहरों पर आ जाता है। अंग्रेज़ों की देखा-देखी हिन्दुस्तानी अफ़सर भी अपने चेहरे पर वही भाव

इकट्ठा करने का प्रयत्न कर रहे थे। उन्होंने भी मुझसे हाथ मिलाने के लिए अपने हाथ बढ़ाए। मैंने बाबा की ओर देखा, 'इन लोगों से हाथ मिलाना ठीक होगा?' बाबा ने तुरन्त कहा, "हाथ मिलाओ।" मुझे इस बात का दुःख था, अंग्रेज़ों से मिला हुआ हाथ अब इन लोगों से मिल रहा है।

कुछ देर बाद सब लोगों के लिए शराब के पैग आने लगे। लगभग सब हिन्दुस्तानी अधिकारियों के चेहरे पर एक शिकन आ गई। हिन्दुस्तानी अफ़सरों की पत्नियों ने अपने-अपने चेहरे दूसरी ओर घुमा-घुमाकर नाकों पर हाथ रख लिए। उनके पतियों के चेहरों पर भी एक अजीब तरह का असमंजस था। लेकिन पत्नियाँ उन लोगों की तरफ़ न देखकर अपनी शालीनता का परिचय दे रही थीं। हिन्दुस्तानी अफ़सरों ने भी पैग थाम लिए थे। जो मेम हिन्दुस्तानी महिला के बराबर में थी, उसने अपना पैग बराबरवाली महिला की ओर बढ़ा दिया, "मिसेज़ सक्सेना, टुम बी लीजिए!"

मिसेज़ सक्सेना ने एकदम 'हाय' की और दूर बैठे अपने पति की ओर देखने लगी। मिस्टर सक्सेना की नज़र अपनी पत्नी की ओर ही थी। तुरन्त दौड़कर आए।

"ओह मैडम, इट इज़ नाट फ़ार देम! इट इज़ फ़ार लाइर्स एंड लेडीज़...एंड कोर्टियर्स लाइक मी।" सब लोग ज़ोर से हँस दिए। उन महिलाओं के चेहरे और अधिक झुक गए।

बाबा के सामने जब कलई के गिलास में शरबत आया, उनमें से एक गोरा साहब उछलकर उठ खड़ा हुआ, "जेंटलमेन, अम कहटा है, आइ प्रोपोज़ दैट राय साब'स डरम (धर्म) ख़तम कर दिया जाए।... आम और कलक्टर सा'ब, राय सा'ब का बाजू पकरेगा, मिसेज़ स्मिथ एंड मिसेज ब्राउन वन-बाय-वन राय सा'ब का माउथ में वाइन पोर कारेगा।"

मैंने देखा बाबा की मुट्ठी बेंत की मूँठ पर कस गई है। वे धीरे-से कुर्सी से उठे। उनके बराबर में ख़ानबहादुर इकरामुल हक़ बैठे थे। उनके हाथ में भी शराब की जगह शर्बत का गिलास था। फ़र्क इतना ही था, कलई के गिलास की जगह शर्बत काँच के गिलास में था। उनके चेहरे पर भी ख़ास तरह का खिंचाव आ गया। जाने क्या हो? बाकी लोगों के चेहरों पर एक बनावटी-सी मुस्कान थी। लेकिन वे अफ़सरान जो बाबा के आने पर बैठे रहे थे काफ़ी ज़ोर-ज़ोर से हँस रहे थे। उनमें से एक नया-नया ज्वाइंट मजिस्ट्रेट आया था, बड़ी-बड़ी ज़ोर-ज़ोर से कह रहा था, "आफ़कोर्स सर, इट इज़ दी टाइम ऑफ़ फेस्टीविटी-लेट दी यूनियन जैक फ्लाई ऐवरी व्हेयर!" अन्तिम वाक्य उसने गाते हुए कहा। बाबा ने एक नज़र उसकी ओर देखा, और खड़े हुए गोरे साहब मिस्टर स्मिथ से कहा, "यस आई टू वेलकम योर प्रोपोज़ल!"

कुछ ठहरकर बाबा ने अपने शरीर को हिलाकर बताया, "जब मैं इस तरह करूँगा, आप दोनों तो ज़मीन देखेंगे, एंड बोथ स्वीट लेडीज़ विल बी इन माई लैप।" क्षण-भर के लिए सन्नाटा खिंच गया। हंडों और गैस-लालटेनों की सूँ-सूँ जो काफ़ी देर से ग़ायब हो गई थी, सुनाई पड़ने लगी।

स्मिथ हाथ का पेग एक साथ गले में उड़ेल गया था। उसके चेहरे का क्रोध हंटर के निशान की तरह उभर आया था। कई लोगों के चेहरों से लग रहा था-उनकी अक़्ल एकाएक फुर्र हो गई है। स्मिथ की बर्बरता के बारे में कई प्रकार की कहानियाँ प्रसिद्ध थीं। ख़ानबहादुर साहब तक अपनी कुर्सी पर अध-उठे से हो गए थे।

कलक्टर मिस्टर ब्राउन अचानक खड़े होकर ज़ोर-ज़ोर से हो-हो करके हँसने लगे, "वेल सेड, राय सा'ब। मिसेज़ ब्राउन आलवेज़ ऐसा अकेज़न पर ब्रिट्रे करटा..."

ब्राउन साहब ने मिसेज़ ब्राउन की तरफ़ आँख मारी। वे तुरन्त बोलीं, "ओह नो, मिस्टर ब्राउन, आई विल नाट ब्रिट्रे राय सा'ब। ही इज़ ए फ़ाइन इंडियन।" बैठे हुए सब लोगों ने पहली लम्बी साँस ली और हँसे। ख़ानबहादुर साहब ने भी पीछे कुर्सी से पीठ टिका ली।

मिस्टर ब्राउन ने स्मिथ के कन्धे पर हाथ रखकर धीरे-से कहा, "डोंट वरी!" स्मिथ के चेहरे पर खिंचाव काफ़ी देर तक बना रहा। वह अपनी नेक-टाई को बार-बार उँगली पर लपेट रहा था।

मैं बातों को समझ तो नहीं रहा था, परन्तु लग रहा था 'सरकार' अब बाबा को भी हरा देगी। बाबा के हारने के दृश्य की कल्पना करके रुआँसा-सा होता जा रहा था। मेरा पक्का ख़याल था, हारनेवाले के कपड़े फट जाते हैं और मिट्टी से लथपथ ज़मीन में पड़ा होता है।

बाबा के बैठ जाने पर ख़ानबहादुर साहब ने धीरे-से कहा, "राय साहब, ख़ुदा का शुक्र कीजिए। ये स्मिथ बड़ा हरामज़ादा आदमी है।"

बाबा सिर्फ़ मुस्करा दिए।

उसके बाद जीत की ख़ुशी में 'हिज़ मेजेस्टी', 'वायसराय', 'लैफ्टीनेंट गवर्नर', 'कलक्टर साहब बहादुर' आदि के नाम ले-लेकर जाम पिए गए। हिन्दुस्तानी अफ़सरों की पत्नियाँ बराबर अपना रथ घिरा हुआ-सा महसूस करती रहीं।

ख़ाने के समय बाबा और मैं एक ही मेज़ पर थे। बाबा के लिए सब्ज़ी, पूरी, कचौरी आदि शाकाहारी भोजन का प्रबन्ध था और कलई के बरतनों में लगाया गया था। उस रोज़ ख़ानबहादुर ने भी निरामिष भोजन ही किया। खाना खाने के

बाद ब्रिज का कार्यक्रम था। ख़ाना ख़त्म होते ही ब्राउन साहब ने बाबा से कहा, ''राय सा'ब, आप अमारा पार्टनर ओना माँगटा।''

हालाँकि ब्राउन हमेशा बाबा को अपना पार्टनर बनाते थे। ब्राउन का आज वाला निमन्त्रण स्मिथ को बिलकुल पसन्द नहीं आया।

सिविल सर्जन और सिविल जज, ये दोनों अंग्रेज़ चुपचाप घुग्घू बने चुरुट पीते रहे थे। अपने मेमों की कमर में हाथ डालकर बाहर लॉन पर ही नाचने के हाव-भाव दिखा रहे थे। कभी-कभी हल्का-हल्का विलायती गाना भी गाने लगते थे। उपस्थित हिन्दुस्तानी अफ़सर दबी नज़र से उधर देखते थे और गम्भीर हो जाते थे। स्मिथ भी अपनी मेम के साथ उन्हीं लोगों में जा मिला था और 'हो-हो' करके हँस रहा था। मिसेज़ ब्राउन अकेली पड़ जाने के कारण ब्रिज खेलने लगी थीं। ब्राउन बीच-बीच में उन लोगों की तरफ़ देख लेते थे, आँखें मटकाकर कहते थे; हेविंग ए फ़न...हो...हो...''

थोड़ी देर बाद वे सब अन्दर हॉल में चले गए और ग्रामोफ़ोन पर अंग्रेज़ी ट्यून बजाकर अपने-आप भी उसके साथ गाने और नाचने लगे। तीन-चार हिन्दुस्तानी अफ़सरों ने आपस में कहा, ''लुक, दे नो हाऊ टू एन्ज्वाय लाइफ़।'' बात में पूरा प्रभाव उत्पन्न करने के लिए प्रशंसात्मक ढंग से हँस दिए। उनके हँसने से लगा, उन्होंने भी कुछ भिन्न प्रकार से हँसकर 'लाइफ़ एन्ज्वाय' की है।

मैं कुर्सी पर बैठा-बैठा टूलने लगा था। मिसेज़ ब्राउन ने बाबा से कहा, ''राय सा'ब, दिस पुअर बाय इज़ फीलिंग ड्राउज़ी!'' मैं तुरन्त चेतन हो गया। बिन सोचे-समझे कहने लगा, ''नहीं तो...मैं तो जग रहा हूँ।'' बाबा ने नत्थी को बुलवाया और कहा, ''इनको गाड़ी से घर छोड़ आओ।'' सबके बीच से मुझे मात्र सो जाने के कारण भेजा जाना बड़ी बेइज़्ज़ती लग रही थी। पर बाबा के सामने कुछ कहने में असमर्थ था। जब भी मैं आता था, जाते समय बाबा एक ताश और टेनिस की दो गेंद दिलवाया करते थे। मार्कर को बुलाकर उन्होंने आज भी कह दिया। इस बार दो ताश और दो गेंदें मुझे दे दी गईं, लेकिन बाहर जाकर मैं घर लौटने के लिए तैयार नहीं हुआ।

वज़ीर ने नत्थी से कहा, ''छोटे भैया को गाड़ी में बैठा दो।'' धीरे-से समझाया, ''जब सो जाएँगे तब ले चलेंगे।'' नत्थी ने मुझे गाड़ी में बैठाकर सिगरेट सुलगा ली और मेरे सोने का इन्तज़ार करने लगा।

एक क़तार में कई फ़िटनें खड़ी हुई थीं। सामने की ओर खुली हुई तीन कारें थीं-एक कलक्टर साहब बहादुर की, दूसरी कप्तान साहब की और तीसरी नवाब साहब की। नवाब साहब का ही ड्राइवर उन दोनों कारों की भी देखभाल कर रहा था।

फ़िटनों के घोड़ों के मुँह पर रातब के तोबरे चढ़े हुए थे। वे मच्छरों के कारण गर्दन हिला-हिलाकर दाना खा रहे थे। जब उनकी गर्दनें हिलती थीं तो उनके सुनहरी सरपेचों पर ठहरी चमक हिल उठती थी। एक ख़ास तरह की गन्ध महसूस होने लगी थी, जो घोड़ों और साईसों की उपस्थिति का अहसास करा रही थी। कई घोड़े एक टाँग को थोड़ा मोड़कर तीन टाँगों पर खड़े थे। किसी गाड़ी का घोड़ा, शायद आदतन, पिछला पाँव बार-बार ज़मीन में मारकर उस पूरे वातावरण को बजा रहा था।

लगभग सब ही साईस इकट्ठे थे। उनकी मुट्ठियों में सुलगी बीड़ियाँ और सिगरेटें थीं। जब वे दम लगाते थे तो अँधेरा काफ़ी पारदर्शक हो जाता था और चेहरे साफ़ दिखलाई पड़ने लगते थे।

कुँवर साहब का साईस परसादी अपने मालिक द्वारा ख़रीदे गए नए घोड़े के बारे में बता रहा था, "हमारी घोड़ी जब चलती है...ठुमक-ठुमक...ठुमक ठुमक... राह चलते लोग देखने को खड़े हो जाते हैं।"

"तो ऊ घोड़ी न होई...तुम्हार सरकार अपुन वास्ते मेहरारू मँगाब!" इस बात पर कई बीड़ियाँ और सिगरेटें एक साथ जल उठीं और सबके दाँतों को उजागर करके मद्धम पड़ गई थीं।

"हाँ ऽऽ, ठीक कहित हो...घोड़ी न होई देसी-गोरा की मानिन्द ऊँची एड़ी का संडल पहिने खच्चरी होई...ई कारण तो ठुमक-ठुमक चलित है..." कहकर एक लँगड़े साईस ने चलकर दिखाया। उसके ऐसा कहने और करने पर वे लोग अन्दर क्लब में बैठे अपने मालिकों की तरह खुलकर हँस दिए।

अपनी जगह पर ठुमकते हुए लौटकर उस साईस ने फिर चोट की, "और तुहार सरकार भी तो ठुमकत है...हाँऽ..."

इस बात पर परसादी को ग़ुस्सा आ गया, "अरे हमार मालिक की का बात करित हो...तुहार मालिक तो मरद हो के बेस्वा है! तुम काहे वास्ते उहाँ हो... जाबिर-जाबिर मनई राखत हैं।"

वज़ीर ज़मीन से उठकर पास खड़ी एक फ़िटन के पायदान पर बैठ गया और परसादी को सम्बोधित करते हुए बोला, "ओऽ परसादी, तुम्हारी अकल को क्या हुआ। तुम भी इनके मालिक के यहाँ नौकरी कर चुके हो, नमक खाया है। रही घोड़ा-घोड़ी की बात, घोड़ा-घोड़ी तो ठुमकते अच्छे नहीं लगते, दौड़ते अच्छे लगते हैं।"

दो-तीन साईस तुरन्त बोले, "यह बात कही वजीरा भाई ने...हाँ!"

वज़ीर फिर बोला, "हमारे अस्तबल में छह घोड़ा-घोड़ी हैं, दो तो जोड़ी की, दो घुड़सवारी के वास्ते ओर दो ताँगे और फ़िटन में जुतती हैं। हमसे क़सम

धराय लो अगर रास भी छुआई हो। हमारे बाप-दादा इसी अस्तबल में मर गए और हम भी चालीस और चार बरस के होने को आए...घोड़ा-घोड़ी, बच्चा-बच्ची की तरह हैं...''

परसादी तमककर बोला, ''चौधरी हमहू का बतात है, तुहार साथ हम भी काम करे हैं। तुहार मालिक मनई से ज़्यादा घोड़ा को मानित है।... मसाले खिलाय-खिलाय के घोड़े की तेजी बनाई जात है। हमहू साईस लोगन को भूसा की बोरी!''

वज़ीर के चेहरे पर क्रोध आ गया। झटके से बीड़ी फेंककर बोला, ''हम छज्जू नहीं, उसके सरकार को तुमने बेस्वा कह लिया...कुछ बोला नहीं। हम ऐसे मालिक के साईस हैं जो बड़े-बड़े तहसीलदार को खूँटे से बँधवा देते हैं। तुम्हारा भुरकुस निकाल देंगे।'' वज़ीर खड़ा होकर बाँहें चढ़ाने लगा।

कई साईस एक साथ खड़े हो गए और बीच-बचाव करते हुए बोले, ''अरे चौधरी, तुम किसकी बात पर जा रहे हो, ये तो पगला है।''

''पगला! अरे कल तक हमारे साथ घसियारा का काम करता रहा, आज मालिकों के बारे में बात लड़ाता है। ससुर, रोज घोड़ों को मलने के वास्ते आई इसपिरिट पी जाता था।''

परसादी आग्नेय नेत्रों से उसकी ओर देखता हुआ खड़ा रहा, कुछ बोला नहीं।

कुछ जगता, कुछ सोता मैं ये सब बातें सुन रहा था। वज़ीर का चिल्लाना सुनकर मैं थोड़ा और चेतन हो गया। नत्थी मेरे पास से हटकर वज़ीर के पास पहुँच गया था। उसकी मुद्रा कुछ ऐसी थी, बस 'हुश' करने की देर है।

नवाब साहब का दाढ़ीवाला ड्राइवर बग्घियों की क़तार के बिलकुल सामने अपनी फोर्डियन मोटर में बैठा टव्वा-सा इन सबकी बातें सुन रहा था। दरवाज़ा खोलकर धीरे-से उतरा और अपने मालिक की चाल का अनुकरण करता हुआ साईसों के पास आ खड़ा हुआ। गर्दन हिलाकर बोला, ''अमाँ ख़ुदा का क़हर तुम पर...आप लोगों की आवाज़ें अन्दर जा रही होंगी। आज के दिन आप लोग फ़िसाद पर आमादा हैं। ख़ुदा से दुआ माँगो कि सरकार-ए-बर्तानियाँ का सितारा दिन-ब-दिन बुलन्द हो!'' साईसों में से एक ने बड़े औचकपन से उसका समर्थन किया, ''हाँ, ये तो हाजीजी ठीक कहते हैं...आख़िर मोअर के डरेवर ठहरे।'' हाजीजी के चेहरे पर ठीक वही भाव आ गया था, जो किसी छोटे आदमी द्वारा ख़ुशामद किए जाने पर उसके मालिक के चेहरे पर आ जाता होगा। उस साईस के इतना कह देने पर भी उन सब साईसों के 'परिवेश' में कोई अन्तर नहीं आया। तनाव बदस्तूर बना रहा। उसी साईस ने उस तनाव की रस्सी ढीली करने के लिए एक बार और ज़ोर मारा, ''हाजीजी, विलायत के राजा का राज भी राजा रावन के राज की तरहो है, राजा

रावन का बी सूरज नौकर था। वहाँ बी कबी सूरज नी डूबे था।'' इस बात ने अन्य सब लोगों का ध्यान आकर्षित कर लिया, घोड़ों की तरह सबके कान खड़े हो गए।

हाजीजी अपनी दाढ़ी पर हाथ फेरते हुए बोले, ''हूँऽऽ, है तो! लेकिन अपने हज़रत साहब का इक़बाल भी कुछ कम नहीं था।''

उस साईस ने हाजीजी की बात की ओर ध्यान न देकर अपनी बात जारी रखी, ''पर विलायत का राजा हमारे मुलक में कभी आया नहीं, इतनी दूर बैठ के राज कैसे चलाता होगा?''

एक और साईस बीच में ही बोला, ''तू बी वोई है, इतने बड़े-बड़े हुक्क़ाम क्या चूतिया हैं, बड़ा-लाठ, छोटा-लाठ, कलक्टर, जंट, कप्तान, राजा, राव सब उसी का राज तो चलाते हैं।''

परसादी का ग़ुस्सा कम हो गया था। तुरन्त बोला, ''तो ई अफ़सर राव-राजा बी हमार दिवान कारिन्दों की तरहो खात पीत रहैं...ऊ राजा को का मिलत होई।''

हाजीजी अपने कत्थे के टुकड़ों जैसे दाँत निकालकर ही...ही...करके हँस दिए, ''हाँ ऽऽ, ये तो सब चलता है, बड़े लोगों को इन बातों की ज़्यादा परवाह नहीं होती। हम गाड़ी में एक गैलन कम तेल डलवाएँ तो नवाब साहब कौन पूछने बैठेंगे। बड़े लोगों का इकबाल भी यूँ ही थोड़े ही बड़ा होता है, अरे उनके दिल बड़े होते हैं। हाथी के पाँव में सबका पाँव! औ' मियाँ जितना बड़ा आदमी उतनी ही बड़ी गुंजायश! हम ड्राइवर, तुम साईस...। हम लोगों में भी गुंजायश का उतना ही फ़रक होगा।''

शायद, अन्दर लोग उठने लगे थे। वज़ीर वहाँ से हटरकर चला आया था, कुछ-कुछ बड़बड़ा रहा था।

उनके उठने का झटका बाहर कुंडली मारे बैठे हुए साईसों को भी लगा। वे तुरन्त अपनी-अपनी गाड़ियों के पास पहुँचकर घोड़ों के तोबरे उतारने लगे। तोबरे उतारने पर, नाक बजाकर घोड़ों ने धुड़धुड़ी ली तो साईसों के मुँह से आदतन निकल पड़ा, 'शाबा मेरे शेर।' साईसों के चेहरे पर फिर वही दयनीयता का भाव मूर्तिमान हो उठा। कन्धों पर पड़े साफ़े सँभल गए। आँखें मालिकों के आने के पहले से ही झुक गईं।

गोरे साहबों के पीछे-पीछे कई लोग चल रहे थे। दो गोरे पाँवों में थोड़ी लड़खड़ाहट होने पर भी, सीधे चलने का प्रयत्न कर रहे थे। मेमें किसी बात पर आपस में हँस रही थीं। साईस लोग अपने को परेड में खड़ा हुआ-सा महसूस कर रहे थे। कारों के पास आने पर उस नए ज्वाइंट-मजिस्ट्रेट ने दरवाज़ा खोलने के लिए तैयार हाजीजी को पीछे ढकेलकर स्वयं दरवाज़ा खोल दिया। वे लोग जल्दी-जल्दी उन दोनों कारों में भर गए। एक मिसेज़ ब्राउन चला रही थीं, दूसरी मिस्टर स्मिथ।

उन सबके चले जाने पर, उस ज्वाइंट-मजिस्ट्रेट ने (ब्राउन साहब की ओर से) विजयोत्सव में सम्मिलित होने के लिए सब लोगों को धन्यवाद देते हुए कहा, "वी मस्ट प्रे फ़ॉर दी लांग लाईफ़ ऑफ़ अवर क्राउन।"

उसके बाद लोग गाड़ियों के हिसाब से बँट गए। कुछ लोगों को गाड़ीवालों ने साथ चलने का निमन्त्रण दिया और कुछ लोगों ने स्वयं पूछा, "आप तो घर ही जाएँगे?"

हाँ या ना के बजाय, इस सवाल का जवाब यही दिया, "आइए, मैं आपको रास्ते में छोड़ दूँगा।"

बाबा के साथ ख़ानबहादुर इक़रामुल हक़ और डॉ. हालदर बैठे। मुझे गाड़ी में ही देखकर उन्होंने नत्थी की तरफ़ देखा, नत्थी ने वज़ीर की ओर। वज़ीर ने कहा, "गए नहीं सरकार, ज़िद करने लगे।" बाबा ने जवाब नहीं दिया, ख़ानबहादुर की ओर देखकर बोले, "तशरीफ़ लाइए।" पहले ख़ानबहादुर फिर डॉ. हालदर गाड़ी में सामने की तरफ़ बैठे। पीछे की सीट पर मेरे बराबर में ही बाबा बैठ गए। ख़ानबहादुर ने मेरी ठोड़ी में हाथ लगाते हुए कहा, "बरख़ुरदार, कभी हमारे ग़रीबख़ाने पर भी तशरीफ़ लाइए।"

डॉ. हालदर बीच ही में बोल उठे, "राय शा'ब, शाला स्मिथ बड़ा हरामज़ादा है, आज क्लब में बोरा (बड़ा) टेनसन क्रियेट कोर दिया।" बाबा ने कोई जवाब नहीं दिया।

ख़ानबहादुर को भी यह बात उठाई जानी ठीक नहीं लगी, बात बदलते हुए बोले, "डॉक्टर साहब बुढ़ापे की भी कोई दवा है, आप लोग तो ख़ुदा के भाई होते हैं, चीर-फाड़कर खड़ा कर देते हैं, फिर टाँके लगाकर जोड़ देते हैं।"

डॉक्टर साहब हैं...हैं...हैं करके हँसने लगे। बाबा ने थोड़ा-सा मुस्कुराकर कहा, "किस बुढ़ापे का ज़िकर कर रहे हैं, शक्ल से तो इन्शाल्लाह जवान ही हैं!"

डॉक्टर साहब इस बार भी हैं...हैं...हैं...करके हँस दिए। ख़ानबहादुर ने लम्बी साँस लेकर कहा, "आप क्या जानें राय साहब, आप तो इस सबसे बरी हैं। कहीं नई बेगम ने कह दिया, अमाँ आप तो..."

बाबा ने उनकी बात बीच में काटकर कहा, "माफ़ कीजिए, कम-अज़कम शक्ल से तो नहीं ही कहेंगी।"

ख़ानबहादुर ने निवृत्ति के मूड में कहा, "बाकी आप फ़िक्र न करें..." कोच-बक्स पर बैठे साईस की तरफ़ बाबा की नज़र चली गई। नत्थी भी उसके बराबर में ही कोच-बक्स पर बैठ गया था। ख़ानबहादुर भी समझ गए। डॉक्टर हालदर हैं...हैं...करके हँसते रहे।

रात काफ़ी थी। सड़क बिलकुल सुनसान हो रही थी। थोड़ी-थोड़ी दूर पर लैम्प-पोस्टों की रोशनी मैले कपड़ों में लिपटी-सी सड़कों पर मौजूद थी। कभी-कभी जब कोई कुत्ता या जानवर सामने आ जाता था, वज़ीर पाँव से घंटी बजाता था। सूनेपन की परतें और मोटी हो जाती थीं।

पहले ख़ानबहादुर साहब का घर आया। वे 'शबे-ख़ैर' और 'ख़ुदा हाफ़िज' कहकर उतर गए। फिर हालदर उतरे। 'गुड नाइट' करके खीसें निपोरते हुए कोठी में चले गए।

घोड़ी की टापें खाली सड़क को बजाती चल रही थीं। पूरा वातावरण नींद की गोली की तरह मुझ पर हावी हो गया था।

# 2

सुबह आँखें खुलीं तो बाबा उठ चुके थे। दीना बाबा के लिए पेचवान ताज़ा कर रहा था। शायद पेचवान ताज़ा करने में, नेचे से बुकबुक निकलनेवाले पानी की आवाज़ से ही मेरी आँखें खुली थीं। मैं चुपचाप उसका ताज़ा होना देखता और महसूस करता रहा था। ताज़ा हो जाने के कारण उसकी धुली-धुली गन्ध मेरी नाक में प्रवेश कर रही थी। जब दीना पेचवान ताज़ा करके चिलम भरने के लिए बैलखाने में जाने लगा तो मैंने धीरे-से पुकारा, "ताऊ!"

उसने मेरे पास आकर पूछा, 'तुम अभी से उठ गए?"

हाँ, बाबा कहाँ हैं?"

"अन्दर, कपड़े बदलने गए हैं।"

मैं चुपचाप पलंग पर लेटा रहा। आकाश बिलकुल खाली-खाली था। दीना चिलम भरकर लाया। तम्बाकू सुलगने की हल्की गन्ध हवा में घुलती रही। दीना ने बाबा की कुर्सी के पास पेचवान रख दिया, 'नै' में सुनहरी मुनाली लगाई और मेरे पास आ गया।

"रात भैयाजी आ गए।" वह बाबूजी को भैयाजी कहकर पुकारता था। मेरे चेहरे पर हल्की-सी मुस्कुराहट आ गई। "कब?" पूछते समय मेरे चेहरे पर मार-मुलक की ख़ुशी इकट्ठी थी।

"एक बजे!"

"और काका साहब?"

"वे आज शाम तक आएँगे।"

बाबूजी के लौट आने की ख़बर ने मेरे अन्दर उत्सुकता भर दी थी।

बाबा अन्दर से कपड़े बदलकर निकल रहे थे। मुझे जगा हुआ देखकर मुस्कुरा दिए। इस समय उनके चेहरे पर नितान्त खुलापन था। सिर नंगा होने के कारण और भी अधिक अपनापन लग रहा था। शायद औपचारिक वस्त्र पहनते ही घर का आदमी भी बाहर का हो जाता है। मेरे पास आकर पूछा, "आज बहुत जल्दी उठ

गए, बेटे।'' मैं केवल मुस्कुरा दिया। उन्होंने भी वही बात बतलाई, ''तुम्हारे बाबूजी आ गए।'' दहलीज़ अभी तक बन्द थी। बाबूजी अन्दर हवेली में सो रहे थे। मैं चुपचाप दहलीज़ खुलने की प्रतीक्षा करता रहा। कई बार लगा कुंडी खोलने के लिए किवाड़ों को अन्दर से बाहर धकेला गया है। बाबा के हुक़्क़ा गुड़गुड़ाने की आवाज़ थोड़े-थोड़े समयान्तर से आ रही थी। बीच-बीच में वे मुनाली को होंठों पर फेरते थे। उनकी मूँछों के बाल इधर-उधर छितरा जाते थे।

बाबा ने दीना को पुकारा। आवाज़ पूरे सहन में गूँजकर ऊपर अटारी तक चली गई। दीना दूध दुहाने गोशाला में चला गया था, लेकिन बाबा की पुकार उसे बीच ही में से लौटा लाई। दीना आकर खड़ा हो गया। बाबा आँखें बन्द किए कुछ सोच रहे थे। उसने थोड़ी इन्तज़ार के बाद कहा, ''जी?''

''रिपु क्यों नहीं आए?''

''भैयाजी बता रहे थे, वे बड़े बाग में कलमें बँधवाने के लिए रुक गए, शाम या कल सुबह लौट आएँगे।''

''तो देवा...'' बिना वाक्य पूरा किए ही उससे कह दिया, ''ठीक है जाओ।''

वह चला गया।

पलंग पर लेटा-लेटा आसमान की तरफ़ देख रहा था। आसमान में बहुत दूर उड़नेवाली चिड़ियाँ किरमकाँटा बन गई थीं। इतने ऊपर जाकर उनके पंख हिलते हैं उसमें अब भी कभी-कभी शक होता है, उस समय तो पूरा विश्वास था, नहीं हिलते। धूप अटारियों और ऊँची दीवारों पर खींची तिरछी-बिनकी रेखाएँ लग रही थीं। जहाँ धूप पड़ती थी, वहीं सुबह हो जाती थी।

दहलीज़ के दरवाज़े की साँकल खड़कते ही, मेरा ध्यान ऊपर चला गया। बाबूजी बाहर आ रहे थे। मुझे देखते ही वे भी मुस्कुराए। बाबा के कारण कुछ गम्भीर भी बने रहे। बाबा के पाँव छुए। बाबा ने उनकी तरफ़ देखा भर, ''तुम आ गए?''

''जी!''

बाबा पेचवान पीते रहे।

बाबूजी मेरे पलंग पर बैठ गए थे। उनका हाथ मेरी पीठ सहलाने लगा। मेरे मन में जानने की उत्सुकता थी कि वे मेरे लिए क्या लाए हैं, मोर-पंख, बुलबुल या खरगोश?

मैंने धीरे-से पूछा भी। उन्होंने आँखें झपकाते हुए गर्दने से स्वीकृति दे दी।

बाबा के बोलने से पहलेवाला अन्तराल काफ़ी देर तक चला। उन्होंने पूछा, ''क्या हुआ?''

"कुछ वसूली तो हुई है..." कहकर बाबूजी ख़ामोश हो गए। बाबा भी ख़ामोश थे। कुछ देर बाद बाबूजी पुनः बोले तो लगा, उनका वाक्य अभी तक जारी था, "लेकिन बरसात आ रही है, रावतपुर का डेरा गिरनेवाला है, कारिन्दे की लड़की की शादी भी है।"

बाबा ने केवल 'हूँऽऽ' किया। पेचवान का गुड़गुड़ाना जारी रहा।

"तुमने क्या किया?"

"काका साहब भी तो साथ गए थे।"

"तुम दोनों ने ही सही।"

"डेरा पक्का कराने के लिए काम लगवा दिया गया है।"

"हूँऽऽ"

बाबा के चेहरे पर खिंचाव था। बाबूजी भी इस बात के अहसास से काफ़ी हतप्रभ हो गए थे।

बाबा ने भवें टेढ़ी करके कहा, "तुम दोनों से कह चुका हूँ, गवर्नर की दावत का इन्तज़ाम अभी से होना चाहिए। अब तो और भी ज़रूरी हो गया, ब्राउन हिन्दुस्तानी आदमी के ज़रिए किसी अंग्रेज़ की बेइज़्ज़ती बर्दाश्त नहीं कर सकता..."

"जीऽ!" बाबूजी के मुँह से कुछ आश्चर्य के साथ निकला।

"कल क्लब में स्मिथ से झड़प हो गई। वह अब नाइटहुडवाली लिस्ट से मेरा नाम कटवाने की कोशिश करेगा।" एक छोटे-से समयान्तर के बाद, बाबा ने धीरे-से कहा, "विक्ट्री (जीत) की ख़ुशी में भी शायद मुझे पार्टी देनी पड़े।"

बाबूजी की गर्दन नीचे झुकी हुई थी। बाबा उठ गए। चिलम में रखी उपले की आग पर काफ़ी राख आ गई थी। मेरा मन उसे कुरेदकर अंगारे देखने को हो आया!

उस दिन बाबा काफ़ी व्यस्त रहे। तैयार होकर दस बजे उन्होंने जोड़ी मँगवाई। ख़ानबहादुर और लाला चतरसिंह से पुछवाया, "कलक्टर साहब के यहाँ चलेंगे?" ख़ानबहादुर शायद जा चुके थे। लाला चतरसिंह ने कहला दिया, "इन्तज़ार करें, मैं ख़ुद ही उधर आता हूँ।"

मेरा मन था बड़े दिन की तरह ही बाबा के साथ जोड़ी में बैठकर आज भी कलक्टर साहब के यहाँ जाऊँ। वैसे भी मिसेज़ ब्राउन के यहाँ जाना हमेशा अच्छा लगता था। वे हमेशा 'हाउ लवली चाइल्ड' कहकर मेरा स्वागत करती थीं। उनका दिया हुआ एक जूड-बाक्स भी मेरे पास था।

बाबा जब लाला चतरसिंह की प्रतीक्षा कर रहे थे, मैं उनकी कुर्सी के पास खड़ा, उनके चेहरे को एकटक देख रहा था। शायद बाबा बिना कहे मेरे मन की बात समझ रहे थे। मैंने उनकी मूँछों के नज़दीक एक बिखराव-सा महसूस किया और चश्मे के बराबर से उनकी नज़रों को तिरछी होकर अपनी ओर देखते हुए भी पाया। कुछ बोले नहीं।

लाला चतरसिंह अपने हाथ पर बेंत लटकाए आते हुए दिखाई दिए। चलते हुए उनकी टाँगें लचका करती थीं। मैं तब भी बाबा की तरफ़ देखता रहा। मुझे लगा, बस बाबा अब छोड़कर चले जाएँगे।

लाला चतरसिंह ने बाबा को 'जैराम जी की' की और मुझसे बोले, "क्यों वे उल्लू के पट्ठे। बाबाजी की कुर्सी से लगा क्या कर रहा है?" इतने लोगों में केवल लाला चतरसिंह ही मुझे उल्लू का पट्ठा कहकर सम्बोधित किया करते थे। बाबा के सामने तो कम, बाबूजी के सामने बिला नागा। एक बार जब दो वर्ष और छोटा था तो मेरे मुँह से निकल गया था, 'मैं क्यों होता उल्लू का पट्ठा...' इसके आगे की बात कहने से पहले ही बाबूजी ने घुड़क दिया था। हालाँकि मैं खिसियाना होकर बार-बार कहता रहा था, 'बाबाजी भी तो हमें कहते हैं...।' उन्हें बाबूजी 'चचा' कहते थे-हालाँकि दोस्त ज़्यादा थे।

बाबा ने उनकी तरफ़ देखा और उठ खड़े हुए। शायद लाला चतरसिंह समझ गए थे, मैं क्या चाहता हूँ। तुरन्त बोले, "अबे तू नहीं चलेगा...वहाँ मेम मिलेगी।"

मैं बाबा की तरफ़ देखने लगा।

बाबा ने कहा, "कपड़े तक तो पहने नहीं, चलना होता तो कपड़े बदलकर आता।"

लाला चतरसिंह तुरन्त बोले, "इस साले की क्या मजाल, आपके हुकम के बिना कपड़े पहनना तो मेरे बस की भी बात नहीं।"

बाबा ने चतरसिंह की तरफ़ देखा, जैसे वे शैतान बच्चे हों।

लाला चतरसिंह ने तुरन्त दीना को आवाज़ लगाई, "अरे भई दीना, ज़रा इस उल्लू के पट्ठे को आदमी का बच्चा बना ला।"

ये सब बातें बाबा बड़ी तटस्थता से सुनते और देखते रहे। दीना जब मुझे ले जा रहा था, बाबा को चतरसिंह से कहते सुना, "तुम इस लड़के से इस तरह मत बात किया करो।"

सड़क पर धूप और छाँह की त्रिपालें बिछी थीं। धूप की त्रिपाल पर आते ही जोड़ी के अन्दर चाँदना हो जाता था। धूप के कई छोटे-बड़े बिन्दु इधर-उधर से अन्दर

घुस आते थे। जब तक गाड़ी छाँह में नहीं आ जाती थी, वे 'बारी' (सवारी) गाँठते रहते थे।

लाला चतरसिंह लगातार बातें कर रहे थे, बाबा बीच-बीच में 'हूँ' 'हाँ' कर देते थे या एक-दो एक बोल देते थे।

चतरसिंह ने बाबा से कहा, "राय साहब, इस बार अपने लोगों में से भी किसी का नाम 'रायबहादुरी' के लिए जाना चाहिए। आपका तो 'नाइटहुड' के लिए जाएगा ही..."

कई मिनट बाबा की ख़ामोशी के बीच से निकल गए, तब वे बोले, "कौन जानता है!"

लाला चतरसिंह जोर से हँस दिए, "आप भी क्या मज़ाक करते हैं, ब्राउन आपका चेला है।"

"वहीं चल रहे हैं, देख लेना।" बाबा के चुप हो जाने के अन्दाज़ से लगा, ये शब्द उनके मुँह से अनायास निकल पड़े हैं।

कुछ देर तक लाला चतरसिंह भी चुपचाप बैठे रहे। गाड़ी कम्पनी-बाग के सामने से गुज़र रही थी। सिवाय पेड़ों और उनकी छाँहों के सड़क बिलकुल खाली थी। कलक्टर साहब की कोठी की तरफ़ से एक बग्घी चली आ रही थी।

उस बग्घी में जुते घोड़ों की टापों की आवाज़ अभी कुछ दूर थी। वज़ीर शायद उसी बग्घी के कारण दो-तीन बार घंटी बजा चुका था। अपनी जोड़ी उसने बाएँ को भी दबा ली थी।

बाबा ने पूछा, "कौन है?"

"रायबहादुर साहब!" वज़ीर ने धीरे-से कहा।

बराबर से गुज़रते हुए सामने से आनेवाली बग्घी थोड़ी हल्की पड़ी। चतरसिंह लपककर उस हाथ पर पहुँच गए जिस तरफ़ से बग्घी गुज़र रही थी। उसमें ख़ानबहादुर को बैठा देखकर बोले, "अच्छा, ख़ानबहादुर, तुम इनके साथ!" दोनों गाड़ियाँ लगभग रुक-सी गईं। ख़ानबहादुर ने तुरन्त जवाब दिया, "भाई जान, हम रात को रायसाहब के साथ रहते हैं, दिन में रायबहादुर के साथ! तुम दिन में भाई साहब के साथ और रात में..."

बाबा ने हाथ की बेंत गाड़ी के फ़र्श पर ज़ोर से मारी। वज़ीर ने गाड़ी बढ़ा दी।

गाड़ी बढ़ने पर बाबा ने कहा, "चतरसिंह, ये बचपना कब जाएगा, ख़ानबहादुर को छेड़ने की क्या ज़रूरत थी!"

लाला चतरसिंह ने बहुत गम्भीर होकर कहा, "राय साहब...इस बार म्युनिसपिलटी के चुनाव में रायबहादुर आपके ख़िलाफ़ आप ही का मोहरा चलने की तैयारी कर रहा है।"

बाबा ख़ामोश रहे। रायबहादुर के घोड़े की टापों की आवाज़ काफ़ी देर तक लौट-लौटकर आती रही।

कलक्टर साहब के बँगले के बाहर काफ़ी बग्घियाँ और ताँगे खड़े हुए थे। एक-दो फोर्डियन कारें भी थीं। वज़ीर ने जोड़ी बँगले के अन्दर मोड़ दी। गाड़ी के मुड़ते ही सिपाही दौड़कर आया और वज़ीर से कहा, ''अन्दर गाड़ी नहीं जाएगी।'' वज़ीर ने समझाना चाहा, ''राय साहब की गाड़ी है, हमेशा अन्दर ही जाती है।''

''लेकिन आज नहीं जाएगी।''

वज़ीर ने एक बार और कहा, ''अन्दर और लोगों की गाड़ियाँ भी तो हैं।''

''मैं कुछ नहीं जानता।''

लाला चतरसिंह ने भी समझाना चाहा, लेकिन वह सिपाही वहीं खड़ा रहा।

बाबा ने थोड़ी गर्दन निकालकर सिपाही की तरफ़ देखा और वज़ीर से कहा, ''बढ़ाओ!'' वज़ीर ने रास फटकारी और गाड़ी झटके से बढ़ गई।

लाला चतरसिंह ने बाबा के चेहरे की ओर देखा। उनके सीट के सहारे रखी बेंत, हाथ में आकर सीधी खड़ी हो गई थी। वज़ीर ने गाड़ी कलक्टर साहब की पोर्टिको में जाकर खड़ी की।

बाबा और लाला चतरसिंह गाड़ी से उतरकर गोल कमरे में चले गए। उसी में मुलाक़ात करनेवाले लोग इन्तज़ार किया करते थे।

लाला चतरसिंह ने उतरते हुए बाबा की तरफ़ देखकर कहा, ''राय साहब, आप तो हमेशा बड़ेवाले कमरे में बैठते थे।'' बाबा ने जवाब नहीं दिया।

वज़ीर ने आकर कहा, 'सरकार, बीरबल पंडित गाड़ी को बाहर खड़ी करने के लिए कह रहा है।''

बाबा ने बीरबल को वहीं बुलवा लिया।

बीरबल के आने पर बाबा ने पूछा, ''क्यों पंडित, क्या मामला है?''

''हुज़ूर, गाड़ी बाहर ही खड़ी की जाने का हुक्म है।''

''मेरी ही?''

वह चुप रहा।

''कह दो, जिसका हुक्म है...जब तक मैं हूँ गाड़ी भी यहीं रहेगी। साहब कहाँ हैं?''

''बड़े कमरे में लोगों से मिल रहे हैं, कप्तान साहब भी वहीं बैठे हैं।''

''तो स्मिथ यहीं है!''

बाबा ने 'विज़िटिंग कार्ड' उसे देकर कहा, ''साहब को हमारा सलाम दो।''

बीरबल पंडित चला गया। लाला चतरसिंह की भवों का तिरछापन माथे पर बुरी तरह चिपक गया था।

बीरबल पंडित के विज़िटिंग कार्ड लेकर अन्दर जाने के कुछ ही देर बाद, स्मिथ कमरे से निकला और सीधा जोड़ी के पास आ खड़ा हुआ। मैं गाड़ी में ही था। जिस तरह रात 'गुड ईवनिंग' करके हाथ मिलाया था, तुरन्त उसे 'गुड मार्निंग' की और हाथ बढ़ा दिया, लेकिन उसने बड़े रूखेपन से 'गुड मार्निंग' का जवाब दिया और नत्थी से डाँटते हुए कहा, "टुमको गारी लाने को कौन बोला...बार नेकालो।" नत्थी जोड़ी हाँकने में मदद तो कर देता था पर अकेला नहीं सँभाल सकता था। वज़ीर बाबा के पास था। गोरे कप्तान साहब की इस डाँट से नत्थी थर-थर काँपने लगा। वह कहना चाहता था, "साईस अन्दर गया है।" लेकिन नत्थी का हाथ उस कमरे की तरफ़ उठा था और मुँह से 'ऊ...ऊ...' निकल रहा था।

"टोम निकालटा अे या नाई," वह फिर चिल्लाया। घबराहट में नत्थी की घिग्घी बँध गई। स्मिथ ने कोच-बक्स के बराबर में लगा हंटर उतार लिया। हंटर को घोड़ियों की पीठ पर छोड़नेवाला ही था, बाबा अन्दर से निकल आए।

"ख़बरदार मिस्टर स्मिथ, अन्दर मेरा बच्चा बैठा है, अगर कुछ हो गया तो..."

बाबा इतनी ज़ोर से चिल्लाए, एक बार को पूरी कोठी आवाज़ के साथ उठी और बैठ गई। स्मिथ का हाथ क्षण-भर को घूमा-का-घूमा रह गया। बाबा की आवाज़ की गूँज ख़त्म होते ही स्मिथ ने घोड़ियों पर हाथ छोड़ दिया। वज़ीर तब तक छलाँग लगाकर कोच-बक्स पर सवार हो गया था और नत्थी को चिल्लाकर कह रहा था, "नत्थी, अन्दर भैया के पास बैठ जा।" लेकिन वह इतना घबराया हुआ था कि उसे कुछ सूझ नहीं पड़ रहा था। बाबा के पीछे खड़े लाला चतरसिंह छलाँग लगाकर मेरे पास आ गए। दोनों घोड़ियाँ एक बार अलिफ़ हुईं और दौड़ने लगीं।

बस बाबा की एक झलक दिखलाई पड़ी, उनके हाथ में रिवाल्वर था और मिस्टर ब्राउन उनका हाथ पकड़ने के लिए पीछे से झपट रहे थे।

मुझे याद है, लाला चतरसिंह एक हाथ से मुझे अपनी गोद में दबाये हुए थे, दूसरे हाथ से 'टब' का डंडा पकड़ रखा था। वज़ीर हाथों से दोनों घोड़ियों की रास खींच रहा था, पाँव से घंटी बजा रहा था, मुँह से भी लगातार चिल्ला रहा था, "बचो...बचो...।" सड़क के बराबर में खड़े पेड़ अहसास मात्र रह गए थे। सड़क पानी की सतह हो गई थी। उस धूप में वह जोड़ी कभी सड़क पर और कभी सड़क के नीचे, हचकोले खाती हुई दौड़ती चली जा रही थी। लाला चतरसिंह की टोपी, चश्मा, सब न जाने कब के गिर गए थे। वह गाड़ी भयंकर तूफ़ान में पत्ते की तरह

थी, जाने कहाँ गिरे। सड़क के मोड़ पर अचानक ठेला सामने आ गया, वज़ीर ने बहुत बचाना चाहा, लेकिन दाहिनी घोड़ी ठेले से टकरा गई। वज़ीर के मुँह से चीख निकली–'मार डाला'। घोड़ी का सीना फट गया था। दोनों घोड़ियाँ रुकीं नहीं। ग़नीमत यही थी, ठेला खींचनेवाले लोग बच गए थे। शायद राहगीरों में से भी किसी को चोट नहीं आई थी।

सब सड़कों का चक्कर काटने के बाद, वे दोनों घोड़ियाँ हवेली की तरफ़ घूम गईं। हवेली की तरफ़ जानेवाली सड़क बहुत नेड़ी थी। लोग सड़क पर आ-जा रहे थे। वज़ीर बुरी तरह से चिल्लाने लगा 'बच के, बच के...घोड़ियाँ बिगड़ी हुई हैं'। क्षण-भर में सड़क खाली हो गई। लोग दुकानों में घुस गए थे। जहाँ जो खड़ा था वहीं से चिल्लाने लगा 'बच के...' 'घोड़ियाँ बिगड़ी हुई हैं'। बच्चों को झपट्टा मारकर सड़क पर से हटा दिया गया था। हवेली के ठीक दरवाज़े पर पहुँचकर दाहिनी घोड़ी गिर पड़ी, दूसरी घोड़ी जोत तुड़ाकर अन्दर घुस गई। जहाँ तक मुझे याद है, वज़ीर कोचबक्स से नीचे गिरा नहीं, टपक पड़ा था। हम दोनों भी नाली के किनारे छिटककर जा गिरे थे। मुझे शायद तब तक होश था जब बाबूजी ने आकर गोद में उठाया।

आँखें खुलीं तो सिरहाने डॉ. हालदर और डॉ. शर्मा बैठे थे। बाबा मुझे पथरायी आँखों से देख रहे थे। बाबूजी के चेहरे पर अपेक्षाकृत कातरता थी। दीना मेरे पाँयत बैठा था। एक सन्नाटा सब लोगों को पिरोये हुआ था। उस समय भी मुझे लग रहा था गाड़ी दौड़ी चली जा रही है। बराबरों के पेड़ पानी में परछाईं मात्र हैं। वज़ीर चिल्ला रहा है 'बचो...बचो...।' चतरसिंह मुझे कसकर पकड़े हुए हैं। मैंने फिर आँखें कसकर बन्द कर लीं। शायद मुझे डर लग रहा था, कहीं गाड़ी के पहिये निकलकर लुढ़कने न लगें।

बाबा ने मेरे माथे पर हाथ रखा। हाथ रखने से लगा, दौड़ती गाड़ी धीरे-से रोक दी गई है। आँखें खोलकर बाबा की ओर देखा। उनकी आँखों में वही भाव अभी भी मौजूद था।

"दूध लोगे?" बाबा पूछ रहे थे।

"सुबह हो गई?" मेरे इस सवाल की प्रतिक्रिया में बाबा ने दोनों डॉक्टरों की तरफ़ देखा। डॉ. शर्मा ने कहा, "बेटा, अभी तो शाम है।" मुझे ध्यान आ गया गाड़ी दौड़नेवाली घटना तो दोपहर की है। जोड़ी की याद आ गई। "जोड़ी कहाँ है?" मैंने पूछा।

बाबा के जबड़े में एक लहर उठती-सी महसूस हुई। धीरे-से बोले, "अस्तबल में!"

“नहीं, वह तो टूट गई।” मेरे मुँह से निकल गया।

मैंने देखा बाबूजी और दीना की आँखें झुक गई हैं। बाबा वहाँ से उठ गए और डॉक्टरों को लेकर बाहर बरांडे में चले गए। उनके जाने के बाद दीना ने मेरा शरीर सहलाते हुए पूछा, “कहीं से दुखता तो नहीं?” दीना के हाथों का खुरदरापन फाँस की तरह चुभता महसूस हुआ। मैं चुप रहा।

मैंने दुखन का अन्दाज़ लगाना चाहा, पर शरीर के किसी भी भाग में दुखन नहीं थी। अपने दिल की धड़कनें खोखले मटके में रखी घड़ी की टिक-टिक-सी मालूम पड़ती थीं।

डॉ. हालदर हमेशा की तरह (हस्बमामूल) ज़ोर-ज़ोर से बोल रहे थे, “डॉरने का बात नॉई...बॉच्चा ठीक है...” डॉ. शर्मा ने भी यही कहा, “मन में हौल बैठ गई, सुबह तक ठीक हो जाएगा, गर्म दूध पिलवा दीजिए।”

बाबा ने डॉ. शर्मा से पूछा, “चतरसिंह का क्या हाल है?”

“सिर में चोट है, लेकिन कोई ख़ास बात नहीं।”

शाम का अँधेरा अब महसूस होने लगा था। लैम्प लाकर रख दिया गया था। रोशनी धुँधलके के कारण पीली, अशक्त और बीमार मालूम पड़ रही थी। ख़ानबहादुर इक़रामुल हक़, रायबहादुर जगदीश शरण, कुँवर साहब, राय नीलमणि कान्त आदि बाहर कई लोग मिलने आए थे। बाबा बाहर चले गए थे। मेरा मन भी बाहर ही बैठने को हुआ। मुझे बाहर बरांडे में आरामकुर्सी पर बिठा दिया गया।

ख़ानबहादुर बड़ी चिन्ता में दिखलाई पड़ रहे थे। बार-बार कह रहे थे, “रायसाहब, मुझे तो रात ही अन्देशा था।”

रायबहादुर ने भी धीरे-से कहा, “जी हाँ, मुझे तो ख़ानबहादुर साहब ने रात का क़िस्सा कलक्टर साहब के यहाँ से सुबह लौटते हुए बताया। स्मिथ बड़ा हरामज़ादा है। हम सब लोगों को गवर्नर को लिखना चाहिए। आज आपकी बेइज़्ज़ती की, कल हम लोगों की करेगा।”

बाबा ने तरेरी आँखों से रायबहादुर की ओर देखा, “जगदीश शरण, मेरी बेइज़्ज़ती की बात करके अपनी इज़्ज़त की बात करना चाहते हो।”

कुँवर साहब तुरन्त बोले, “क्या बात कहते हैं राय साहब, मैं तो वहीं था। आपके हाथ में रिवाल्वर देखकर स्मिथ थर-थर काँपने लगा था। बल्कि मिसेज़ ब्राउन ने उसे ही कहा था, ‘इट इज़ इन ह्यू मन मिस्टर स्मिथ।”

इस बात पर बाबा ख़ामोश रहे। वे सब बाबा की ख़ामोशी के पर्तों में छिप गए।

जब वे लोग उठने को हुए, बाबा ने कुँवर साहब से कहा, ''आपसे मुझे बात करनी है।''

''मैं रुक जाता हूँ।''

''नहीं, मैं ही आऊँगा।'' कुँवर साहब आगे नहीं बोले।

अम्मा और बाबूजी ने उस रात मुझे अन्दर सुलाने का बहुत प्रयत्न किया। यहाँ तक कि बाहर सोने की मेरी ज़िद ने उन दोनों के दिलों को ठेस पहुँचाई थी। बाबूजी कुछ बोले नहीं थे, अम्मा की ओर दबी नज़रों से देखकर गर्दन झुका ली थी। पहली अम्मा के न रहने के बाद से ही मैं बाबा के पास सो रहा था। हालाँकि पूरी तरह होश सँभालने पर मैंने इन्हीं को अम्मा के रूप में पाया था। दिनभर मैं अम्मा के पास रह सकता था। रात, मुझे बाबा के साथ पूरी तरह जोड़ देती थी।

बाबा रात को सोने से पहले किताब पढ़ा करते थे। सिरहाने जलता लैम्प बाबा के चेहरे को दीप्त करता रहता था। बीच-बीच में पन्ने पलटना उस पूरे वातावरण का सन्दर्भ बदल देता था। उस समय मुझे एक आश्चर्य और हुआ करता था, बाबा बिना बोले और होंठ हिलाये कैसे पढ़ लेते हैं।

जब तक बाबा पढ़ते रहते थे, रात बढ़ती नहीं थी। बीच-बीच में करवट बदलते समय आँखें खोलकर देख लेता था, पढ़ रहे हैं। लैम्प की बत्ती कम होते ही बाबा के चेहरे की दीप्ति मद्धम हो जाती थी। मद्धम लैम्प की अधखुली अकेली आँख रातभर उन्हें मेरे निकट बनाए रखती थी। मुझे याद है, जब कभी भी अन्दर हवेली में सोना पड़ा था तो सही शाम से अँधेरा गुप्प हो जाने के कारण, मेरे आसपास सोए बाबूजी और अम्मा न जाने कहाँ खो गए थे। अकेलापन जंगली जानवरों की तरह मेरे चारों ओर रात-भर चक्कर काटता रहता था।

उस रात बाबा ने भी मुझसे इशारतन कहा था, ''ऊपर ठंडा है'' बाबा के आदेशपूर्ण सुझाव ने मुझे गुम कर दिया था। कुछ देर बाद वे स्वयं ही कहने लगे थे, ''तो यहीं सो जाओ।'' मैंने देखा था, सोते समय बाबा ने तकिए के नीचे चुपचाप रिवाल्वर रख लिया। दीना के अतिरिक्त और भी दो लोग नीचेवाले सहन में सोए थे। बाबा के सिरहाने जलते लैम्प की रोशनी में उस रात मुझे महसूस होता रहा था, मैं भी कुछ पढ़ रहा हूँ।

सुबह काका साहब आ गए थे। बाबा उस समय लाला चतरसिंह को देखने गए हुए थे। बाबूजी के मुँह से पहले रोज़वाली घटना सुनकर काका साहब आपे से बाहर हो गए थे। उनके मुँह से अनायास निकला था, ''भाई साहब ने स्मिथ

के बच्चे को गोली क्यों नहीं मार दी।'' ज़ोर-ज़ोर से रोने लगे थे। बाद में बिसूरते हुए मेरे पास आकर, बहुत देर तक मेरा शरीर प्यार से सहलाते रहे थे।

बाबा के आने पर काका साहब ने संयम रखने का पूरा प्रयत्न किया। बाबा के पूछने पर, ''एक दिन की देर कैसे हो गई?'' काका साहब के मुँह से केवल, ''भाई-साहब'' निकला। वे पुनः रोने लगे थे। बाबा के माथे पर चिन्ता की कई सलवटें उभर आईं, ''क्या हुआ?''

काका साहब ने जवाब देना चाहा पर इतना ही कह पाये, ''हरामज़ादे स्मिथ ने।''

''तुम्हारे साथ भी कुछ किया?'' बाबा की मुट्ठियाँ कस गईं।

काका साहब ने जल्दी से बात स्पष्ट की, ''नहीं, आपकी मोती जैसी आब...''

बाबा के चेहरे पर आए हुए तनाव का स्थान ग़ुस्से ने ले लिया ''मेरी आब! उसकी चिन्ता मत करो, ख़ुद निबट लूँगा।'' काका साहब उनकी उस डाँट से ख़ामोश होकर इधर-उधर देखने लगे।

मैं वहाँ से खिसककर बैलख़ाने में चला आया था। दीना अपनी मुट्ठी में सिगरेट दबाये नत्थी से कल का क़िस्सा सुन रहा था। बैलख़ाने के दरवाज़े के पास ही चिलम भरने के लिए उपले दबे हुए थे। धुएँ के पतले-पतले तार ऊपर ढँकी राख के आर-पार निकलकर उड़ रहे थे।

नत्थी बता रहा था, ''भाई दीना, बस कलक्टर और उनकी मेम न आए होते तो जाने क्या हो गया होता। वे तो लाला चतरसिंह कूदकर गाड़ी पर चढ़ गए थे, नहीं तो छोटे भैया के साथ भी जाने क्या गुज़रती।''

दीना के चेहरे पर खिंचाव था और ख़ामोशी भी। नत्थी कहे जा रहा था, ''जब सरकार ने जेब से पिस्तौल निकाला तो वो साला बन्दर अंग्रेज़ी में चिल्लाया बचाओ, बचाओ। सरकार के सामने आने की किसकी हिम्मत थी। आँखों में से चिनगारियाँ निकल रही थीं-वे तो कलक्टर साहब ने आकर पीछे से हाथ पकड़ लिया। मैं तो सरकार के हुक्म का इन्तज़ार कर रहा था, इशारा मिले और साले की चटनी बना दूँ। इसलिए तो मैं दीना के कहने पर भी गाड़ी में नहीं चढ़ा था।''

''मेम साहब सरकार को जैसे ही अन्दर ले गईं, वो बन्दर मुटरिया में बैठकर रफ़ूचक्कर हो गया।''

दीना ने सिगरेट में ज़ोर का दम लगाया और पूछा, ''सरकार वापिस कैसे आए?''

“मेमिया तो कह रही थी, राय साहब आपको मैं गाड़ी से छोड़ आऊँगी, सरकार ने मना कर दिया। कुँवर साहब की गाड़ी में आए।” धीरे से दीना के कान के पास मुँह ले जाकर कहा, “हमारी सरकार जैसा मरद कोई है, मेमिया साली मस्ता रही थी। कोचबक्स पर बैठकर जब मैंने सलाम किया तो मुझे देखकर भी मुस्कराई।”

नत्थी हो-हो करके हँसने लगा।

दीना को उसका इस तरह हँसना अच्छा नहीं लगा, तुरन्त डपट दिया, “ज़्यादा बतोल्ले न मार। उस बन्दर की डाँट सुनकर तो घिग्घी बँध गई थी। वो तो लाला चतरसिंह ने भैया को सँभाल लिया, तुझे तो डर के मारे कुछ पता ही नहीं रहा था। मैं न हुआ तेरी जगह, जैसे ही कप्तान ने घोड़ियों पर हाथ छोड़ा था, साले को पटककर सीने पर चढ़ बैठता। बाद में फाँसी भले ही लग जाती।”

बाबूजी की आवाज़ सुनाई पड़ी। दीना की बुलाहट थी। मैं भी उसके साथ ही चल दिया। कमरे में बाबा, काका साहब और बाबूजी से कह रहे थे, “कुँवर किशोरीरमण से कहना बीस-पच्चीस हज़ार की किसी भी वक़्त ज़रूरत पड़ सकती है, जाने ऊँट किस करवट बैठे।”

बाबूजी ने कुछ कहना चाहा पर हम दोनों के पहुँच जाने के कारण ख़ामोश हो गए। बाबा ने दीना से पूछा, “दूसरी घोड़ी ने दाना खाया?”

“जी नहीं, खड़ी-खड़ी आँखों से पानी बहा रही है!”

बाबा ख़ामोश रहे। काका साहब से रहा न गया, बोले, “हमने तो इन घोड़ियों को बच्चों की तरह पाला था।”

उनकी बात काटकर बाबा ने पूछा, “दूसरी घोड़ी के बारे में डॉक्टर ने क्या बताया?”

“सीना कमज़ोर हो जाने से, मंज़िल पर जाने लायक तो नहीं ही होगी।”

“बच तो जाएगी?” बाबा ने पूछा।

“जी हाँ, डॉक्टर तो बताते हैं।”

काका साहब के मुँह से एकाएक निकल गया, “ठीक हो जाएगी तो आधे-पौने दाम मिल ही जाएँगे...”

बाबा ने उनकी ओर इस तरह देखा कि काका साहब सकपकाकर रह गए।

# 3

लाला चतरसिंह तो उन घटनाओं के छह-सात रोज़ बाद से ही आने-जाने लगे थे। वज़ीर के पाँव में थोड़ी लंग रह गई थी। फ़िटन मज़े में हाँक लेता था। जोड़ी का निकलना अब बन्द ही हो गया था। जिस घोड़ी का सीना फटा था, उसके ज़ख़्म भी भरने लगे थे, पर गर्दन अगले दोनों पैरों पर से जुड़ गई थी। थान पर खड़ी रहने पर भी उसकी गर्दन नीचे को झुकी रहती थी। कभी चलना पड़ता था तो कुदक-कुदककर चलती थी, चलने के साथ ही गर्दन भी टाँगों के साथ ही उठती-गिरती रहती थी।

बाबा ने उसे हवेली पर मँगवाकर देखा। उसे देखकर बाबा के चेहरे पर जो भाव आया था वह आज भी मेरे मन पर मूर्त है-कोई अपना प्रिय ही युद्ध से अपंग लौटा हो। वहाँ से उठकर वे अन्दर चले गए थे। उनके जाने के बाद बाबूजी और काका साहब में कई सुझावों का आदान-प्रदान होता रहा था, लेकिन घोड़ी के वहाँ से ले जाए जाने के बाद जब बाबा बाहर आए तो बहस-मुबाहसा बन्द हो गया था। उन्होंने वज़ीर को बुलाकर आदेश दिया, ''इस घोड़ी के रातब में किसी तरह की कमी नहीं होनी चाहिए।'' बाबूजी और काका साहब की तरफ़ घूमकर कहा, ''जानवर के बेकार हो जाने पर अंग्रेज़ों के यहाँ गोली मार दी जानेवाली या ज़हर दे दिए जानेवाली बात इस पर लागू करने की ज़रूरत नहीं, हो सकता है कल...'' कहते-कहते वे रुक गए थे और पुनः अन्दर चले गए थे। बाबा के चले जाने पर भी काका साहब और बाबूजी के लिए उनकी उपस्थिति काफ़ी देर तक बनी रही थी।

दूसरी घोड़ी में बहुत दिन तक अस्तबल में बँधे रहने के कारण 'चमक' आ गई थी। साईस तक के हाथ लगाने पर उसके कान खड़े हो जाते थे। अन्त में जब उस पर फ़िटन के लिए साज़ लगाया गया तो भयंकर उपद्रव मचा डाला था। किसी तरह खींच-तानकर जब फ़िटन की दोनों बमों के बीच खड़ा करके जोत लगा दिए गए थे, तो ज़ेरबन्द लगा होने पर भी वह दोनों पैरों से सीधी खड़ी हो गई थी (ग़नीमत यही थी कि गाड़ी चौपइया थी, उल्टी नहीं) और जोर के झटके के साथ

दौड़ पड़ी थी। उस रोज़वाली घटना के भय ने एक बार फिर वज़ीर को घेर लिया था। इत्तफ़ाक की बात थी कि वह फ़र्लांग भर जाकर एकाएक खड़ी हो गई। उसके बाद हज़ार कोशिशें करने पर भी एक इंच आगे नहीं बढ़ी। फ़िटन को ले जाने के लिए दूसरी घोड़ी लानी पड़ी थी और उसको हाथ पर ही ले जाया गया था।

वज़ीर ने जब बाबा को सारा क़िस्सा आकर बताया, बाबा ने यही कहा, "सहूलियत के साथ रास्ते पर लाने की कोशिश करो, ऐसा न हो मेरी नायाब घोड़ी बिगड़ जाए।" काका साहब बड़बड़ाते हुए उठकर चले गए थे, "साली एक मिनट में गज हो जाएगी...लेकिन यहाँ तो इन जानवरों की भी रईसी बर्दाश्त की जाती है। सहूलियत के साथ रास्ते पर लाने की कोशिश करो...कोई बात हुई!"

ज़नाने चौके में जाकर वे काफ़ी देर तक बड़बड़ाते रहे थे, "खिलाया जाएगा पूरा रातब...और बरती जाएगी सहूलियत से। साले घोड़े-घोड़ियाँ भी हमारी छाती पर मूँग दलेंगे। सब सालियों को गोली मरवा दूँगा...इस ससुरी की सवारी में चलते हुए जान निकलती है। यहाँ तो सबको हराम की चाहिए।"

हवेली की महिलाएँ छज्जों पर निकल आई थीं। सबके चेहरे पर हँसी का-सा भाव था। अम्मा ने पर्दे के पीछे से पुछवाया, "काका साहब, बहूजी पूछ रही हैं...क्या हमसे कोई ग़लती हो गई?"

काका साहब और ज़ोर-ज़ोर से बोलने लगे, "बहूजी बाबूजी सब एक से हैं...देखना इस घर का नास होगा...।"

अम्मा ने नौकरानी से इतनी ज़ोर से कहा कि काका साहब भी सुन लें, "काका साहब से कह दे, भरे पूरे घर में ऐसा न कहें...उन्हीं का तो घर है।"

"बस बस...मुझे शिक्षा न दो बहूरानी। यहाँ साले नौकरों को मुँह चढ़ाया हुआ है, भाई साहब को सब उल्टा-सीधा पढ़ा जाते हैं...घोड़ियाँ तक साली मालकिन हो गई हैं।"

अम्मा ने फिर नौकरानी से कहा, "काका साहब से कह दे...पिताजी आपके ही तो भाई हैं! आप तो उनकी आदत अच्छी तरह जानते ही हैं, आपका इतना बड़ा घर है, अगर ये घोड़ा-घोड़ी नहीं रहेंगे तो लोग क्या कहेंगे।"

काका साहब बोले, "हाँ मेरे भाई तो हैं ही, मैं कब कह रहा हूँ मेरे भाई नहीं हैं, हो तो ले किसी का ऐसा भाई।" बाबा दहलीज़ में खड़े सुन रहे थे। बीच-बीच में उनकी मूँछें फैल जाती थीं। आकर बोले, "क्या बात है रिपु?" काका साहब हकलाने लगे, "कु-कु-कुछ बी (भी) तो नहीं।" अम्मा के हँसने की दबी-सी आवाज़ सुनाई दी। वे तुरन्त उठकर अन्दर चली गईं। झपटकर अन्दर जाते हुए उनकी कोहनी की गोराई दिखलाई पड़ी। बाबा ने दूसरी ओर गर्दन घुमा ली। काका साहब से बोले, "चलो बाहर बातें करेंगे।" वे चुपचाप बाबा के पीछे हो लिये।

कमरे में ले जाकर बाबा ने पूछा, "तुम ये सब बातें अन्दर ज़नाने में जाकर क्यों करते हो, तुम मुझसे नाराज़ हो?" काका साहब बीच ही में बोल दिए, "भाई साहब, आप तो आप तो..." बिना वाक्य पूरा हुए उनकी आँखों से तर-तर पानी बहने लगा। बाबा ने धीरे-से उनके कन्धे पर हाथ रख दिया। आँखों से बहता पानी उनका हाथ रखते ही बन्द हो गया।

बाबा पिछले कई वर्षों से म्युनिसिपैलिटी के भी चेयरमैन थे। नए चुनाव नज़दीक आ रहे थे, इसलिए मीटिंग शुरू हो गई थीं। बाबा को वहाँ जाना था। काका साहब के चुप हो जाने पर बाबा कपड़े बदलने चले गए।

उनके जाने के बाद कुछ देर तक तो काका साहब ख़ामोश बैठे रहे फिर दीना को बुलाकर अपनी कुर्सी के पास बैठा लिया।

"देखा दीना, मुझे इस घर में कोई पूछता है! साली जबान भी तो ऐसी है मुँह से कुछ-का-कुछ निकल जाता है। भला भाई साहब के लिए ही पता नहीं क्या-क्या कह गया...घर का हाल देखा नहीं जाता। देख इक़रामुल को, यहाँ आकर रायसाहब रायसाहब किया करता है। सुना है रायबहादुर के कहने पर भाई साहब के ख़िलाफ़ खड़ा हो रहा है! इनकी माँ...!"

दीना को हँसी आने को हुई लेकिन चुपचाप बैठा सुनता रहा।

"नौकर-चाकर एक-से-एक हरामी...बिल्ली के भाई-बन्द साले! हर वक़्त सोचते हैं मालिक अन्धा हो हम खाएँ!" दीना गर्दन को थोड़ा और नीचा करके हल्का-सा हँस दिया।

"ये साला चतरू (लाला चतरसिंह) लड़के को बिगाड़े दे रहा है...सुना है रात को वहाँ बैठक होने लगी है। कोकीन खाई जाती है...शराब पी जाती है...औरत-वौरत भी आती हैं। दो बार तो कुँवर का साईस चूड़ीदार पाजामा और अचकन पहनाकर अपनी गाड़ी में लाया है, सब बारी-बारी से उतरे हैं।"

दीना ने काका साहब की तरफ़ देखा, वे जोश में बोल रहे थे। मैं पीछे खड़ा सुन रहा था। उसने खँखारा भी कि वे मुझे देख लें। लेकिन उनका ध्यान ज़रा भी नहीं बँटा, "तेरी चाची भी तो भरी जवानी में चली गई थी...और बड़ी बहूजी (बड़ी दादी) भी। हम दोनों भाइयों पे कोई उँगली उठा सकता है...भाई तो ख़ैर राजाराम के अवतार हैं..."

दीना ने कहा, "अच्छा अब चलूँ...बाज़ार जाना है।"

"अरे बैठ जा, इस घर का काम तो मरते दम लो भी न निपटने का...। तुझे तो याद होगा बड़ी बहूजी जब मरी थीं...हमारी तो वो माँ बराबर थीं। भाई साहब से तो थरथर काँपा करती थीं। मुझसे मन की दो-चार बात कर लेती थीं...जब मरीं तो भाई साहब के मन में अपना ब्याह करने की आई थी...। बस ये बच्चे बिरान

हो जाते...। भाई साहब की क्या खता। है न मेरा साढ़ू, हरामुद्दौला, उसने भाई साहब से हजार रुपए ऐंठ लिए थे...। वे तो तेरी चाची ने दरवाज़े के पीछे से कहा, 'ये आप क्या कर रहे हैं...घर बरबाद हो जाएगा...मैं तो हूँ घर देखनेवाली। अब तो देवा बड़ा हो रहा है, उसकी बहू आएगी।...' भाई साहब गर्दन झुकाए बाहर चले आए। दो रोज़ तक बाहर नहीं निकले थे।"

दीना ने मुझे बातें सुनते हुए देखकर कहा, "जाओ भइया तुम खेलो... बच्चे बड़ों की बातें नहीं सुनते!"

मैं वहाँ से हट तो गया लेकिन चुपके से फिर किवाड़ के पीछे आ खड़ा हुआ। काका साहब कहे जा रहे थे, "जब हम लोगों ने भरी ज़वानी इस तरह काट दी, इसकी तो अच्छी सोनी बहू है...। भाई दीना तू समझा, तेरे साथ तो बचपन से खेला है...भाई साहब को पता चल गया, गोली मार देंगे। मेरी चले तो इस चतरू को इस दरवाज़े में पाँव न रखने दूँ...राय साहब, राय साहब करके आनरेरी मजिस्ट्रेट बन गया।...हमारे इन भाई साहब को तो आदमी की पहचान ही नहीं, जिसे देखो वही इस घर का चिराग बुझाने पर लगा है..."

दीना ने धीरे-से कहा, "काका साहब, भैय्याजी मेरे तो मालिक ही हैं! मैं उन्हें क्या समझा सकता हूँ। आप तो उनके पिता के समान हैं...।"

काका साहब एकाएक नाराज़ हो उठे, "तू भी कानून छाँटने लगा...मैं सौरा क्या पिता के बराबर होता, कोई मेरी सुनता है। भाई साहब से कहूँगा तो वो भी समझेगा शिकायत कर दी, और वे सुनेंगे तो उसकी जान निकाल डालेंगे..." कुछ सोचकर बोले, "वैसे तो अभी लड़का ही है, अपने आप ठोकर खाएगा, मुझे क्या, हाँ-आँ-आँ।"

दीना जाने लगा। उसे दोबारा बुलाकर कहा, "आज शाम को जल-जीरा बने तो कैसा रहे, मैं सब मसाले लिखे देता हूँ...बाज़ार से ले आ।"

काका साहब जलजीरे के मसालों का पर्चा अपनी कापी से उतारने गए तो दीना खिसक गया।

दोपहर को बाबा और बाबूजी साथ ही लौटे। काका साहब ज़नाने सहन में कुएँ वाले घर में जलजीरा बनवाने में लगे हुए थे। सिल पर मसाले पिसवा रहे थे। दो नौकर व्यस्त थे। काका साहब स्वयं भी कुर्सी डलवाए वहीं बैठे थे। बीच-बीच में पूछते जाते थे।

"क्यों भई, बीस-पच्चीस आदमियों के लिए तो काफ़ी हो जाएगा...किसी बाहरवाले को एक बूँद नहीं दूँगा। खर्चे और मेहनत के वक़्त तो सब ग़ायब हो जाते हैं...। इस दीना को देखो,...बस ग़ायब है। जैसा है मैं ही जानता हूँ...।"

"मथुरा के चौबे का नुस्ख़ा है। तैयार हो जाने दो, बस कैसी लपटें उठती हैं..." बार-बार चटकारा लगा रहे थे।

बाबूजी ने आकर पूछा, "काका साहब ये क्या बनवा रहे हैं..."

"बनवा रहा हूँ अपनी ऐसी-की-तैसी...! दीना से अनारदाना लाने को कहा था, अब तक नहीं लौटा, मेरे सिर थोड़े ही पड़ा है...मेरी तरफ़ से बने या न बने। मैं थोड़े ही सब पी जाऊँगा।"

बाबूजी ने पूछना चाहा, "मुझे बताइए मैं अभी मँगाये देता हूँ..."

"तुम क्या मँगवाओगे मैं नहीं मँगवा सकता। ये सब जूते के यार हैं, बिना उसके बाज़ थोड़े ही आते हैं।"

बाबूजी ने बात को टालते हुए कहा, "चलिए काका साहब, रसोई तैयार है। पिताजी भी आ गए।"

काका साहब ने कोई जवाब नहीं दिया। सिल पर से मसाला उठाकर देखने लगे फिर उस पर नाराज़ होकर बोले, " 'बच्चो', तेरे हाथ में जान नहीं...मोटा-मोटा पीसे दे रहा है। हट, मैं पीसूँ, उठ खड़ा हो।"

उसने बाबूजी की ओर देखा। बाबूजी ने आँख के इशारे से मना कर दिया। डाँटते हुए बोले, "ठीक तरह क्यों नहीं पीसता..." काका साहब बड़बड़ाते हुए उठ खड़े हुए, "चलो, चाहे साला जलजीरा दो कौड़ी का बने, रोटी खानी ज़रूरी है...काम की अहमियत को नहीं समझते ना, यही तो मुश्किल है इस घर में।"

बाबूजी चुप रहे।

किसी आदमी के आ जाने के कारण बाबा ने कहला दिया था, देर से खाएँगे। उन दोनों के लिए रसोई में आसन लग गए। मैं बाबूजी के साथ बैठा। काका साहब और बाबूजी ने 'कृष्णार्पण' के लिए आँखें बन्द कीं, पहले तो मुझे हँसी आई फिर काका साहब को एक आँख खोलकर अपनी ओर देखते हुए पाकर मैंने भी आँखें बन्द कर लीं।

रोटी का टुकड़ा तोड़ते ही काका साहब महाराज पर एकाएक नाराज़ होने लगे, "महाराज, खिलाना हो तो ठीक तरह खिला...कच्ची-पक्की रोटी देनी है तो मैं उठ जाऊँ..." बाबूजी का हाथ भी रुक गया।

महाराज ने कुछ कहना चाहा, बाबूजी ने उसकी ओर भी देखकर आँख से इशारा करते हुए कहा, "महाराज ठीक तरह से रोटी सेंको...काका साहब दो-चार रोटी तो खाते ही हैं...उस पर भी कच्ची रोटी।" वह चुप हो गया। अगली रोटी उसने काफ़ी कुरकुरी कर दी। थाल में पड़ते ही टन्न से बोली। काका साहब ने जब टुकड़ा तोड़ा तो भी कर्र...र्र...। उन्होंने हाथ हटा लिया, "हमारे बस का नहीं खाना...बस खा चुके। अब साली को ठीकरा कर दी..." काका साहब ने आसन

पर से अपना एक घुटना खड़ा कर लिया और हाथ पीछे टिका लिए। बाबूजी को फिर बीच में बोलना पड़ा, "महाराज तुम्हें आज क्या हो गया, ठीक तरह से सेंको...इतनी सख़्त रोटी काका साहब कैसे खाएँ..."

काका साहब की थाल में एक-एक टुकड़ा तोड़ी हुई दो रोटियाँ पड़ी थीं। मैं तब तक एक रोटी खा चुका था। महाराज के माथे पर पसीने की बूँदें आ गई थीं। वह बार-बार अपने चीकट हुए बाल अँगोछे से माथा पोंछकर पीछे की तरफ़ रख देता था। उसका अँगोछा घी में डूबा हुआ-सा लग रहा था। उसे देखकर मन को बहुत वितृष्णा होती थी। इस बार उसने ज़रा ऊपर से उनकी थाली में रोटी रखी, "इतनी धीरे-से क्यों रखी...मेरे सिर में फेंककर मारता..."

बाबूजी ने महाराज को फिर टोका, "धीरे रखो..."

"क्या धीरे रखो, बिना घर की औरतों के ऐसा ही काम होता है, फटकन्तु... पेट तो भरना है ही।"

काका साहब के चेहरे पर काफ़ी घिराव नज़र आया। वे एक-एक टुकड़ा तोड़कर रोटी खाने लगे। बाबूजी ने एक बार उनके चेहरे की तरफ़ देखा और गर्दन झुकाकर खाना खाने में व्यस्त हो गए। बीच-बीच में चूल्हे से रोटी निकालकर वह पटककर झाड़ता था, चिमटा सिंडासी और करछी काम में लाता था। ये सब आवाज़ें वहाँ की ख़ामोशी पर भारी हो उठती थीं। बीच-बीच में काका साहब के मुँह से 'चप'-'चप' भी बाहर निकल जाती थीं।

खाना खाकर नीचे जाते हुए अम्मा ने मेरे द्वारा काका साहब से कहलवाया, "अगर आप कहें तो मैं स्वयं कल से आपके लिए खाना बना दिया करूँ..."

"नहीं तुम कहाँ बनाओगी..." काका साहब बड़े ठंडेपन से कहकर ज़ीने से उतर गए। सीधे कुएँ वाले घर में पहुँचे। मसाला पीसनेवाले के दोनों आदमी वहाँ से रफ़ूचक्कर थे। उनके ग़ुस्से का ठिकाना नहीं रहा।

"हरामज़ादे कहीं के...बस ग़ायब हैं, साले! मुझे ही क्या पड़ी है, मेरी तरफ़ से जलजीरा बने या न बने, मेरी ही जबान थोड़े ही कटी पड़ रही है, बहन के टोप्पे!" काका साहब की चिल्लाहट सुनकर वे दोनों कान दबाए आ खड़े हुए। काका साहब किचकिचाए और अपने-आप सिल पर बैठ गए। उन दोनों ने आगे बढ़कर काका साहब से उठ जाने का आग्रह किया। काका साहब ने उनकी ओर देखा और घूरकर बोले, "मेरे आकाओं, यहाँ से मुँह काला करो, मैं ख़ुद कर लूँगा।" वे दोनों वहीं खड़े रहे।

उन दोनों नौकरों की नज़रें बार-बार बाहर की तरफ़ जाती थीं। एक बार उधर देखते थे दूसरी बार काका साहब की ओर।

"सरकार इस बार माफ़ कर दीजिए, आगे से ऐसा नहीं होगा...।"

बाबा की खड़ाउँओं की आवाज़ धीरे-धीरे निकट आती जा रही थी। शायद खाना खाने जा रहे थे। उन दोनों ने काका साहब के पाँव पकड़ लिए, "सरकार माफ़ कर दें, बड़े सरकार ने देख लिया तो हम लोगों की मुसीबत हो जाएगी...।"

काका साहब मुस्कुराते हुए उठ गए। वे दोनों तुरता-फुरती काम में लग गए।

बाबा के क़दम कुएँ वाले घर के सामने रुकते महसूस हुए। फिर वे उधर ही की तरफ़ मुड़ गए। काका साहब का चेहरा घिरा-सा लगा। बाबा आकर सामने खड़े हो गए थे, "क्या हो रहा है?" उनके पूछने से लगा, उन्होंने कम-से-कम शब्द बोले हैं।

"भाई साहब, जलजीरा बनवा रहा था...वो मथुरावाले चौबे आए थे, उन्हीं का नुस्ख़ा है।"

बाबा ने उन्हें देखा। गालों में हल्का-सा कम्पन हुआ, पर मूँछों के कारण फैलते हुए मालूम नहीं दिए, "अन्दर बहूरानी से कहलवा देते...ये सब तुम अपने-आप क्यों करते हो, दोपहर भर यहाँ बैठे रहोगे।" गर्मी में मुझे वहीं बैठा देखकर फटकार-भरी आवाज़ में बोले, "चलो, जाकर लेटो..." बाद में मुझे लगा वह डपट काका साहब के लिए भी उतनी ही थी।

काका साहब ने मुझे वापिस भेज दिया, "तुम जाओ, यहाँ क्या लड्डू बँट रहे हैं। जब बन जाएगा पीने को मिलेगा ही।" दरअसल मुझे बनते देखने में मज़ा आ रहा था। उनकी डाँट सुनकर एक बार मैंने दोनों नौकरों की तरफ़ देखा और वहाँ से दौड़ पड़ा।

दोपहर को बड़ेवाले कमरे में सब लेटते थे। कालीनों पर बड़े गाव-तकिये लगे हुए थे। बड़े तकियों पर बाबा, काका साहब और बाबूजी सिर रखते थे। एकदम दाएँ कोनेवाला तकिया बाबा के लिए छोड़ दिया जाता था। बाबा यदि वहाँ लेटे भी नहीं रहते थे तो लगता रहता था, लेटे हुए हैं। एकदम आख़िरी कोने में एक छोटा-सा तकिया मेरे लिए था।

कमरे में बाबूजी अकेले लेटे हुए थे। मुझे देखकर पूछा, "धूप में कहाँ थे?"

"काका साहब के पास...!"

बाबूजी चुप हो गए। फिर कुछ देर बाद बोले, "दोपहर में अपनी अम्मा के पास सो जाया करो...।"

मैं चुप रहा। उन्होंने दोबारा पूछा, "क्यों?"

"मन नहीं लगता..."

बाबूजी ने मेरी ओर देखा भर।

लेटकर, हमेशा मैं कमरे की ऊँचाई का अन्दाज़ा लगाया करता था। लोग कहा करते थे, बँटवारे के समय बाबा ने इन दोनों कोठियों की वजह से ही यह हवेली

ली थी। हवेली का बाकी भाग ख़ुद अपना पैसा लगाकर बनवाना पड़ा था। छतें असाधारण ऊँची थीं। जब कभी पुताई वग़ैरह होती थी तो हम लोग खाली कमरों में बोल-बोलकर देखा करते थे। अख़रोट की लकड़ी पर सुनहरी नक़्क़ाशी थी। रात को जब कमरे में रोशनी होती थी, छत गमकती थी।

मोटी-मोटी बेड़ों से छत में बँधा (कमरे की चौड़ाई में बराबर) पंखा एक ख़ास समयान्तर से कभी आगे जाता था, कभी पीछे। उसकी झीनी-झीनी परछाईं, सामने और बराबर की आधी-आधी दीवारों पर लगे आदमकद चित्रों से नीचे उतरा करती थी, फिर ऊपर चढ़ जाती थी। बाहर लगी घिर्री रस्सी के आते-जाते आवाज़ करती थी। फलके में लगे कुंडे भी खटक जाते थे।

मैंने लेटे-लेटे बाबूजी से अचानक पूछा, "बाबूजी कोकीन क्या होती है?"

बाबूजी दूसरी ओर मुँह किए थे, तुरन्त मेरी ओर घूम गए, "क्यों...?"

"काका साहब ताऊ से कह रहे थे, आप खाते हैं..." बाबूजी के चेहरे पर हालाँकि छोटी-छोटी मूँदें थीं पर मुझे लगा बाबा की मूँछों की तरह ही वे भी हिलने लगी हैं। उन्होंने पंखा कुली को पुकारा और दीना को बुलाने के लिए कहा। उसने लौटकर बताया, बड़ी सरकार का पेचवान तैयार कर रहा है।

"बड़े सरकार खाना खाकर अपने कमरे में आ गए...?"

"जी..." कहकर वह फिर जाकर पंखा खींचने लगा। रुकी हुई परछाईं पुनः उतरने-चढ़ने लगी। बाबूजी एक बार उठे और लेट गए। लेकिन कुछ देर चुप पड़े रहने के बाद उन्होंने फिर पंखा कुली को पुकारा, "जाओ, दीना को बुलाकर लाओ।"

दीना आया तो बाबूजी ने पूछा, "काका साहब क्या कह रहे थे?" उसने मेरी तरफ़ देखा, मैंने गर्दन दूसरी ओर घुमा ली। दीना ने सधे हुए स्वर में कहा, "कुछ नहीं।"

"कह तो रहे थे...कोकीन-वोकीन की कोई बात!"

दीना ने धीरे से कहा, "भैयाजी, आप बच्चे की बात में आ गए, आपको डाँटना चाहिए था। अभी से ये बड़ों की बातों में मज़ा लेने लगे हैं।"

बाबा की पदचाप सुनाई पड़ी। दीना धीरे-से खिसक गया। बाबूजी ने मेरी ओर नाराज़गी से देखा और बोले, "तुम बहुत बिगड़ गए!" बाबा अन्दर आ गए थे।

"अभी रिपुदमन नहीं आए?" बाबा ने आते ही पूछा।

"अभी तो नहीं, जलजीरा बना रहे हैं," बाबूजी ने संक्षिप्त-सा जवाब दिया। काका साहब की आवाज़ सुनाई पड़ी। बाहर दीना से कह रहे थे, "बस ऐसा चुखारदार बना है...सुरग एक अंगुल दूर रह जाएगा।"

बाबा दाँत कुरेदते-कुरेदते मुस्कुरा दिए।

# 4

बाबा के साथ, क्लब और कलक्टर साहब के बँगले पर घटी घटनाओं के कई दिन बाद तक हमारा घर बाहर-बाहर बना रहा था। हर एक कमरे की छत में तलवारें लटकने लगी थीं जो निरन्तर सिरों पर काँपती रहती थीं।

घर को अपने में लौटने में काफ़ी समय लग गया। बड़ी कठिनाई से दीवारें, तस्वीरें, कमरों में खिंचते छोटे-बड़े पंखे, शाम को बाले (जलाये) जानेवाले फ़ानूस, लैम्प और लालटेनें, ओढ़ी हुई उस अमूर्तता को त्याग पाए थे। खाना खाने जाते समय बजती हुई बाबा की खड़ाऊँ अब बजने लगी थी।

बाबा के क्लब चले जाने के बाद उस दिन पहली बार काका साहब ने चाटवाले की भूमिका अदा की थी। जलजीरे की दावत करने के लिए काका साहब ने एक चाटवाले को पकड़ बुलवाया था। उसे अलग एक कोने में बैठा दिया था और स्वयं उसका खोमचा अपने सामने रखकर बैठ गए थे।

"हाँ सा', क्या दूँ सा'? दही की गुजिया सा' एक पत्ता?" जब काका साहब कहते थे तो सब ज़ोर से हँस पड़ते थे।

"हमको एक पता दही बड़ा..." जब कोई माँगता था, 'चार आने का सा'ब।' काका साहब चाटवाले के उसी अन्दाज़ में जवाब देते थे।

"अच्छा लाओ...पैसे बाद में देंगे।"

"नहीं, तुरन्त दान महाकल्यान, आज नक़द कल उधार...", हम सब लोग बड़ी ज़ोर-ज़ोर से हँस रहे थे।

लाला चतरसिंह और कुँवर किशोरीरमण को भी आमन्त्रित किया गया था। वे थोड़ी देर से आए थे। जब वे लोग आए, काका साहब मुझे और मोहल्ले के बच्चों को चाट खिला रहे थे। काका साहब को इस स्थिति में देखकर कुँवर किशोरीरमण ने उनका नया नामकरण संस्कार कर दिया था, "चौबेजी!"

काका साहब बड़ों को चाट खिलाने और जलजीरा पिलाने लगे थे। कुँवर साहब जलजीरा पीते थे और कहते थे, "चौबेजी की..." हम सब कहते थे,

"जय"। बीच में बड़ा लैम्प जला होने के कारण यह जलजीरे की दावत दीवारों पर अंकित हो गई थी। काका साहब जब हँसते थे तो दीवार पर बैठे चाटवाले के दाँत भी दीखने लगते थे।

काका साहब ने लाला चतरसिंह को 'छका' कर पूछा, "क्यों भाई चतरसिंह, सींक खड़ी हुई कि नहीं?"

लाला चतरसिंह इधर-उधर देखते हुए बोले, "इन बच्चों के सामने क्या जवाब दूँ..."

बाबूजी काफ़ी देर से अनमने बैठे थे, तुरन्त बोले, "चचा ज़रा तो लिहाज़ किया करो।"

"अबे लिहाज़-शर्म किसे कहते हैं, वक़्त पड़ने पर औरत भी साड़ी तहा देती है।"

कुँवर किशोरीरमण हँस दिए, "अब चतरसिंह की जबान चल निकली, अपनी-अपनी ख़ैर मनाओ।"

"ख़ैर मनाओ की क्या बात है, तुम सब हो बनिये। बनिया मैं भी हूँ पर शेरनी का दूध पिया है...कहीं जलजीरे से सींकें खड़ी होती हैं।"

काका साहब तुरन्त बोले, "चतरसिंह तेरी सोते हुए भी जबान रुकती है या नहीं।"

लाला चतरसिंह ने तपाक से जवाब दिया, "ये सवाल आपने किया है तो चौबेजी जवाब देना ही पड़ेगा। बीबी...सोने ही कब देती है, हर समय..." बाबूजी ने उनके मुँह पर हाथ रखकर आगे बोलने से रोक दिया। नौकर लोग गर्दन नीची करके हँसने लगे।

चाट का दौर-दौरा ख़त्म होने पर काका साहब ने ज़ोर से आवाज़ लगाई, "चाट है, बारह-बाट है, दो घड़ी का ठाठ है...अब चाटवाला घर जाता है, आप लोगों की ख़ैर मनाता है..." काका साहब की आवाज़ लगाने के ढंग पर सब कहकहे लगाकर हँस पड़े।

जाते समय लाला चतरसिंह बाबूजी को अपने साथ लेते गए। बाबूजी ने जाते समय बहुत हील-हुज्जत की पर उनकी एक तुरुप पर हथियार डाल दिए, "अबे यार, इस उम्र में भी मेरी बीवी तेरी बीवी से ज़्यादा हसीन होगी..." बाबूजी इस बात को ज़्यादा बढ़ने नहीं देना चाहते थे। पीछे-पीछे हो लिए। कुँवर साहब पहले ही चले गए थे।

सब लोगों के चले जाने पर सहन का खालीपन मुखर हो उठा। चाट के पत्ते ज़मीन से उल्टे होकर चिपक गए थे। रात एकाएक बढ़ती मालूम पड़ने लगी थी। मैंने नींद-नींद चिल्लाना शुरू कर दिया था। तीनों पलंग बराबर-बराबर बिछा दिए गए। मेरा पलंग बाबा और काका साहब के बीच में बिछता था। और उतना ही बड़ा

था! उन दिनों तो मुझे कभी ऐसा नहीं लगता था लेकिन जब सोच सकता हूँ, उन दोनों के बीच लेटा हुआ मैं आकार में कितना लघु लगता हूँगा।

मैं सो गया!

रात को एकाएक मेरी नींद खुल गई थी। नींद की गफ़लत में मुझे लगा, सहन में लालटेनें टहल रही हैं। मैंने दूसरी तरफ़ करवट बदल ली। कुछ देर बाद घोड़ों की टाप सुनाई पड़ी। मेरी नींद उचट गई। लेकिन मुझे शुबहा हो रहा था, कहीं परियों के अखाड़े की कल्पना तो साकार नहीं हो रही। मैं पलंग पर उठकर बैठ गया था। सामने बिलकुल मेरे पायत, दरवाज़े की ओर मुँह किए बाबा घुड़सवारी के लिए पोशाक पहने खड़े थे। हाथ में राइफ़ल थी। उनकी परछाईं पलंग समेत मुझे ढकती हुई दूसरी मंज़िल तक पहुँच रही थी। उनके बराबर में ही काका साहब खड़े थे। लैस!

उन लोगों के सामने से जब लालटेनें गुज़रती थीं तो परछाइयाँ बराबर की दीवारों, मेहराबों पर चहलक़दमी करने लगती थीं। न जाने मुझे क्यों लगने लगा था मैं इस सबके बहुत नीचे दब गया हूँ। दीना को तलाश करना चाहा, वह कहीं दिखलाई नहीं पड़ा। मैं चादर में लिपटकर लेट गया।

चादर लपेटे-लपेटे भी मुझे बाबा के टहलने का आभास मिलता रहा। वे मेरे पलंग से आगे निकल जाते थे तो चाँदना छनकर चादर के अन्दर तक पहुँचने लगता था और उनकी परछाईं अँधेरा कर देती थी।

बाबा की आवाज़ सुनाई पड़ी, "दीना अभी तक नहीं लौटा...?"

काका साहब ने धीरे-से कहा, "आता होगा..."

राइफ़ल के ज़मीन से टिकने की आवाज़ आई। थोड़े उत्तेजित-से बोले, "इतना समय कहाँ है..."

काका साहब ने धीरे-से कहा, "वह तो अकेला ही आ रहा है...!" दीना की पदचाप चबूतरे की काफ़ी निकट सुनाई पड़ने लगी थी। बाबा ने उससे पूछा, "कहाँ है...?"

"उनकी अभी-अभी आँख लगी है...जब से गए थे उल्टियों पर उल्टियाँ आ रही थीं।"

"चतरसिंह...?" वह भी बाबा की ही आवाज़ थी। दीना का कोई जवाब नहीं सुन पड़ा।

लम्बी साँस के साथ बाबा की आवाज़ फिर सुनाई पड़ी, "अच्छाऽऽ!" उन्होंने मेरी ओर इशारा करके दीना से कहा, "इसको हवेली में अन्दर से जाकर

सुला देना, बाहर का भी ख़याल रखना। रिपु भी मेरे साथ जाने को ज़िद कर रहे हैं, हवेली की ज़िम्मेदारी तुम पर है...।''

दीना ने पूछा, ''भैयाजी आएँ तो, क्या कहूँ...?''

बाबा बिना जवाब दिए आगे बढ़ गए। उनकी दूर होती पदचाप सुनाई पड़ रही थी।

घोड़ों के चलने की आवाज़ से मैंने चादर उघाड़ फेंकी। पीसने से तर-बतर फिर उठ बैठा। बाबा जोड़ीवाली घोड़ी की लगाम पकड़े खड़े थे।

वज़ीर ने पास जाकर धीरे-से कहा, ''सरकार, हुक्म दें तो मैं उस पर सवार हो जाता हूँ...बड़ी अड़ियल हो गई है।''

बाबा तब तक उसकी पीठ पर चढ़ गए थे। घोड़ी आगे-पीछे को तिरछी-बिनकी हुई पर बाबा ने रास झटककर ऐड़ लगा दी, वह दौड़ पड़ी। उसके बाद काका साहब, वज़ीर और दोनों सन्तरी एक के बाद एक हवेली से बाहर हो गए।

सहन छोटा पड़ गया, अटारियाँ नीचे झुक आईं।

मैं और दीना सहन में रह गए थे। दीना मेरे सिरहाने खड़ा हुआ था।

दहलीज़ की कुंडी बजी। अम्मा एक नौकरानी के साथ नीचे आ गई थीं। उन्होंने दीना से पूछा, ''भाई...ये लोग सब कहाँ गए हैं?''

दीना ने बहुत धीमे-से कहा, ''कुछ कहकर नहीं गए...।''

अम्मा ने कुछ रुककर बाबूजी के बारे में पूछा, ''वे भी गए हैं...?''

उसने धीरे-से कह दिया, ''नहीं...!''

अम्मा की आवाज़ में उतावलापन आ गया, ''तो फिर कहाँ हैं?'' दीना चुप रहा। अम्मा ने फिर सवाल दोहराया, ''कहाँ गए हैं?'' अँधेरे में उसका चेहरा मुझे जमता हुआ-सा लगा। उसके मुँह से और भी धीमे-से निकला, ''कह नहीं सकता!''

अम्मा चटक गईं, आवेशपूर्ण स्वर में बोलीं, ''जाने मैंने कौन-सा क़सूर किया है, मैं भी इसी घर में रहती हूँ, घर के सारे मर्द बाहर हैं, यह दस-बारह साल का बच्चा है...बताओ मैं किससे पूछने जाऊँ?'' बोलते-बोलते वे रुक गईं। गला साफ़ करने के बाद मेरी तरफ़ इशारा करके बोलीं, ''यह भी मुझे कुछ नहीं मानता, आख़िर मेरे लिए भी तो यही है...कीकर के काँटों पर पड़ी कब तक सूखती रहूँगी।''

दीना ने उनकी बात का जवाब न देकर मुझसे कहा, ''जाओ तुम अपनी अम्मा के साथ अन्दर चले जाओ...सरकार कह गए हैं।''

मेरे मुँह से अनायास निकल पड़ा, ''ताऊ तू भी चल।'' वे बिना कुछ कहे लौट पड़ीं।

दीना मेरे सिर पर हाथ रखकर समझाने लगा, "भैया अब तुम बड़े हो गए हो, तुम्हारी अम्मा तुम्हें इतना प्यार करती हैं लेकिन तुम...अच्छा चलो अपनी अम्मा के पास सोना।" मैंने एक बार फिर उसका विरोध करना चाहा। सिर पर रखा दीना का वह हाथ मुझे गेंद की तरह लुढ़काता अन्दर हवेली में ले गया। ऊपर तक पहुँचते-पहुँचते मुझे लगा मैं गोल हो गया हूँ।

बाबूजी के पलंग पर अम्मा अकेली बैठी थीं। शायद उन्होंने दोनों नौकरानियों को सोने के लिए भेज दिया था। बहुत कमज़ोर चाँद था। उसकी चाँदनी उलझन ही ज़्यादा पैदा करती थी। चटखपन, न अँधेरा। उनके झुके हुए सिर की छाया बमुश्किल-तमाम उनके अँगूठे तक पहुँच रही थी।

दीना ने उनके हाथ में मेरा हाथ देते हुए कहा, "इसे यहीं सुला लीजिए।" उनके हाथ में दबी हुई अपनी कलाई पर मैंने हल्का-सा अतिरिक्त दबाव महसूस किया। उन्होंने मुझे उसी पलंग पर लिटा दिया और स्वयं अपने पलंग पर लौट गईं। दीना ने समझाने की मुद्रा में कहा, "आप बच्चे की बात पर बुरा मान जाती हैं, यह अभी समझता ही कितना है।"

अम्मा रुककर बोलीं, "नहीं इस बच्चे की बात का मैं क्यों बुरा मानूँगी, अपनी स्थिति का अहसास होने लगता है। आज सारे मर्द बाहर हैं, क्या मुझे तब पता चलेगा जब भाग्य फूट जाएगा। जाते वक़्त मुझे भी कहलाया जा सकता था। शायद स्त्रियाँ परिणाम ही भोगती हैं।"

दीना ने इस पूरी बात पर अपनी कोई प्रतिक्रिया ज़ाहिर नहीं की, "आदमी आया था...पुलिस रावतपुरवाले डेरे को घेरे हुए है।"

"हूँऽऽ" करके पूरी बात समाप्त करते हुए, अम्मा ने मेरी ओर संकेत करके पूछा, "और इसके बाबूजी?"

दीना ने एक क्षण के लिए मुझ पर नज़र डाली, फिर धीरे-से कहा, "आप तो जानती ही हैं, पिछले कई दिनों से कहाँ जाते हैं। लाला चतरसिंह के घर पर...।" उसने वाक्य पूरा नहीं किया।

"पिताजी को पता चला...?"

"नहीं, मैंने आकर यही कहा, यहाँ से जाते ही उन्हें उल्टी लग गई थी...अभी-अभी नींद आई है।"

अम्मा ने धीमे-से कहा, "अच्छा होता उन्हें भी पता चल जाता। ख़ैर, पता नहीं चला यह भी अच्छा ही हुआ।"

"अच्छा तुम नीचे जाओ...कोठी खाड़ी पड़ी है।"

ज़ीना उतरते हुए दीना के पैरों की धमक सुनाई पड़ती रही थी।

इतनी बड़ी छत पर मैं और अम्मा! बीच-बीच में सिसकियाँ सुनाई पड़ जाती थीं। मुझे लगता था उनकी सिसकियाँ मेरे मुँह और नाक के सामने आकर बार-बार अड़ जाती हैं। मैंने तकिए से मुँह गड़ा लिया था।

धीरे-धीरे नींद का अहसास बढ़ता जा रहा था। जैसे ही नींद गहरी होती थी, एक स्वप्न आने लगता था, धड़ाधड़ गोलियाँ चल रही हैं। देखते-देखते दृश्य बदल जाता था-एक घोड़ा अपने घायल सवार को लिए दौड़ता चला आ रहा होता था। सवार की शक्ल कभी बाबा से मिलने लगती थी, कभी एकाएक अपरिचित हो जाती थी। आँखें फिर खुल जाती थीं। आसपास देखता था। खुली छत, पीली मिट्टी के घोल-सा वातावरण, बराबर के पलंग पर करवट से लेटी अम्मा, उनका साँसों और उसाँसों से काँपता आँचल। नींद का अहसास फिर गहरा होने लगता था।

बाबूजी सुबह चार बजे लौटे। उनके ज़ीना चढ़ने से मेरी नींद फिर टूट गई। मैं जगकर टुकुर-टुकुर देखता रहा। अम्मा उठकर खड़ी हो गईं। बाबूजी के चेहरे पर रेत के गुब्बारे उड़ रहे थे।

अम्मा ने पूछा, ''आपके पलंग पर राजू लेटा है...दूसरा पलंग अभी निकलवाती हूँ।'' उनके बोलने से लगा उस पूरे वातावरण में पहलेवाली स्तब्धता ही बनी है।

''नहीं! मेरे कपड़े निकालो, अभी जाना है।''

अम्मा ने अन्दर जाकर मद्धम-मद्धम जलते लैम्प की बत्ती ऊँची की। कमरा बड़ा-बड़ा-सा लगने लगा। बाबूजी अम्मावाले पलंग पर दोनों हाथों से चेहरा ढाँपकर बैठ गए।

अम्मा ने आकर धीरे-से कहा, ''कपड़े बदल लीजिए।'' बाबूजी के कपड़े बदलने तक अम्मा फिर बैठ गईं और आसमान की ओर देखने लगीं।

बाबूजी बिरजिस वग़ैरह पहने, बाहर आए। अम्मा ने पूछा, ''कैसे जाएँगे?''

''कुँवर किशोरीरमण की घोड़ी मँगवा ली है।'' क्षण-भर खड़े रहे। उनके मुँह पर बात आई थी, पर इतना ही कहकर, ''क्या बताऊँ...'' झटके के साथ, ज़ीने से जल्दी-जल्दी उतर गए। थोड़ी देर के बाद बाहर घोड़ी के चलने की अनुगूँज सुनाई पड़ी। बाबूजी चले गए थे।

मैंने पुकारा, ''अम्मा!''

अम्मा पलंग पर आकर बैठ गईं। धीरे-से हुँकार भर दिया। मुझे उनकी आँखें कुछ बड़ी-बड़ी दिखलाई दीं। कुछ देर चुप रहा फिर पूछा, ''बाबूजी भी वहीं गए हैं?''

उन्होंने इस बार भी हुँकारा ही भरा।

''कब लौटेंगे?''

पहले वे चुप रहीं। फिर बोलीं, "राम जाने..."

मैं चुप हो गया।

शायद कुछ देर के बाद मुझे नींद आ गई थी। सुबह जब मैं जगा तो दीना झोले-मोले के कारण कुछ उजागर-सा, कुछ ढका-सा, अम्मा के पायत खड़ा कह रहा था, "सब लोग आ गए।"

अम्मा की आँखें लगी ही थीं। उसने फिर दोहराया, "सब आ गए।" अम्मा हड़बड़ाकर उठ बैठीं, "किसको गोली लगी...किसको लगी गोली...?"

दीना ने बड़ी सहूलियत से कहा, "गोली किसी को नहीं लगी, सब लोग ठीक-ठाक आ गए, यही बताने आया हूँ।"

अम्मा के मुँह से लम्बी साँस के साथ एकाएक निकला, "चलो..." फिर अपना आँचल ठीक करते हुए पूछा, "मार-पिटाई तो नहीं हुई?" उसके तुरन्त बाद ही उन्होंने दूसरा सवाल कर दिया, "इसके बाबूजी भी आ गए?"

दीना ने बताया, "उसकी नौबती ही नहीं आई, वे सब लोग वक़्त से पहुँच गए थे।" दूसरे सवाल का उसने जवाब नहीं दिया।

अम्मा ने अधिक उत्सुकता के साथ दूसरे सवाल को फिर दोहरा दिया।

दीना ने उसी ठंडेपन के साथ जवाब दिया, "हाँ।"

"वक़्त पर पहुँच गए थे?"

दीना शायद इस सवाल को अनसुना कर जाना चाहता था लेकिन उन्हें अपनी तरफ़ ग़ौर से देखते हुए पाकर कहा, "नहीं।"

दीना बिना अगली बात का इन्तज़ार किए नीचे चला गया।

पीछे-पीछे मैं भी नीचे दौड़ गया। अभी तक पलंग उसी तरह बिछे हुए थे। बाबा और काका साहब के बिस्तरों में ज़रा-सी भी शिकन नहीं थी। चबूतरे के नीचे सहन में कुर्सियाँ डाल दी गई थीं। वे तीनों बैठे थे। बाबा ने पाँव फैलाया हुआ था, नत्थी उनके जूते खोल रहा था। जूते खुल जाने पर, उन्होंने उँगलियों को ऊपर-नीचे चलाकर पैरों को आराम देना चाहा।

वज़ीर ने आकर पूछा, "हुजूर, सवारियाँ अस्तबल भिजवा दी जाएँ?" बाबा ने धीरे-से हुँकारा भर दिया, "हाँ, अभी आधा घंटे में गाड़ी चाहिएगी..."

घोड़े पसीने से नहाये हुए थे। उनके पेट चमक रहे थे। लाल घोड़े लगते थे, रोगन अभी गीला है। घोड़े मुँह में लगी लगामों को चबाए डाल रहे थे। सफ़ेद-सफ़ेद झाग चू रहे थे। जब ले जाए जा रहे थे तो पाँव पटक-पटककर चल रहे थे। उनके चलने से पैदा होनेवाली आवाज़ क्रमहीन थी। घोड़ों के दरवाज़े से बाहर निकलने तक, वहाँ का पूरा वातावरण बड़ा बेसुरा और अव्यवस्थित-सा महसूस होता रहा था।

बाबा ने नत्थी से पूछा, "सन्तरी उस आदमी को लेकर पहुँचे...?"

"जी सरकार, अभी-अभी आए हैं..."

"उसे यहाँ ले आओ।"

नत्थी के चले जाने पर काका साहब ने पूछा, "भाई साहब, दारोगा के मुँह पर गाँववालों से जो थुकवाया गया..." एक क्षण वे चुप रहे, "वो ज़रूर स्मिथ के पास पहुँचेगा। स्मिथ उसे कलक्टर साहब के पास लेकर जाएगा।"

बाबूजी के चेहरे पर कुछ कहने का भाव आया, लेकिन ज़ब्त करने का प्रयत्न करते हुए बोले, "जब मैं जा रहा था...स्मिथ की गाड़ी लौट रही थी..."

बाबा को जैसे एक सूत्र मिला, पर उन्होंने अपनी कोई प्रतिक्रिया ज़ाहिर नहीं की।

बाबूजी ने अपने-आप ही कहा, "राजबाहे के किनारेवाले शीशम के पेड़ के नीचे उसकी गाड़ी के पहियों के निशान भी थे।"

काका साहब ने बात को जोड़ने का प्रयत्न करते हुए कहा, "पता चल जाता तो लगे हाथ उस मादर..." तुरन्त ज़बान बदलकर बोले, "साले को भी मज़ा चखा दिया जाता..."

बाबा ने बिना किसी की ओर देखे कहा, "ग़लती हो गई..." और उठ गए।

उठते हुए काका ने हिम्मत करके पूछा, "गाड़ी मँगाई है, कहीं जाएँगे?"

"कलक्टर साहब के बँगले!" बाबा कहते हुए अन्दर चले गए।

बाबा के अन्दर जाने के बाद काका साहब ने बाबूजी से कहा, "अकेले जाएँगे, वहाँ स्मिथ मिल गया और उस रोज़ वाला झंझट खड़ा हो गया तो...!"

"आप चले जाइए!"

बाबूजी के कान के पास मुँह ले जाकर काका साहब ने धीरे-से कहा, "मेरे बस का नहीं...तबीयत घबराने लगती है। उस समय तो तुम नहीं थे मुझे जाना ही था। साथ में तुम चले जाओ, सँभाल तो लोगे।"

बाबूजी का चेहरा टूटता-सा नज़र आया, "क्या बतलाऊँ काका साहब, मैं तो ख़ुद मुलज़िम के कटघरे में खड़ा हूँ। देखिए, रात की ग़लती से कब मुक्ति मिलती है। आप कहकर देख लीजिए...मुझे तो गाड़ी में साथ बैठने की इजाज़त भी नहीं मिलेगी..."

"अच्छा देखो मैं बात करता हूँ..." कहकर काका साहब उठे और बाबा के कमरे की तरफ़ चल दिए।

कुछ देर तक काका साहब उनके कमरे के बाहर ही टहलते रहे।

बाबूजी सहन में अकेले ही बैठे थे। सूर्य की किरणों का कोण अभी तक ज़मीन की ओर नहीं हुआ था, आसमान के समानान्तर ही फैलती जा रही थीं। दीवारों पर वार्निश के पहले कोट जितनी चमक आ गई थी। कुल मिलाकर

वातावरण निथरा नहीं था। बाबूजी के बाल बेतरतीब से हवा में उड़ रहे थे। बाबा और काका साहब की राइफ़लें उनकी ख़ाली कुर्सियों के सहारे ऊपर की ओर मुँह किए खड़ी थीं।

वह आदमी ले आया गया। उसने आकर बाबूजी के पाँव पकड़ लिए। थर-थर काँप रहा था।

"मालिक, आपकी रिआया हूँ...झूठ नहीं बोलूँगा। मेरी कोई ख़ता नहीं, मुझे डेरे में उतारने के लिए ज़बरदस्ती लाया गया था...। दारोगा जी कह रहे थे, अन्दर उतरकर तू शोर मचा देना, हम पहुँच जाएँगे।" बीच में कुछ देर तक सुबकता रहा, फिर बोला, "और कहा बयान देना...हवेली पर औरत-बानी की मरजादा खतरे में है, मैंने अपने घरवाली को बेगार के लिए मना कर दिया था...मुझे क़तल करने को यहाँ लाया गया है...पर सरकार मैं मना कर रहा था-ऐसा नहीं कर सकता।" वह फिर ज़ोर-ज़ोर से रोने लगा, कुछ देर तक रोकर फिर बताने लगा, "हम ग़रीब आदमी हैं, आपकी रैयत हैं, ऐसा नहीं कर सकते...ये लोक बिगड़ गया, परलोक नहीं बिगाड़ेंगे..."

बाबूजी ने पाँव छुड़ाने चाहे, "बड़े सरकार से कहना..."

"नहीं सरकार, मुझे और मेरे बाल-बच्चों को पुलिस ठौड़ मा' डालेगी। सरकार, आपकी अमलदारी में पुलिस फटकती नहीं थी। अब उसका भी हिस्सा हो गया...मुझे बचाइए सरकार। बेमौत मारा जाऊँगा।"

बाबा कपड़े पहनकर कलक्टर साहब के बँगले पर जाने के लिए बाहर आ रहे थे। बाबूजी ने उनकी ओर इशारा कर दिया। उन्होंने शायद सुन लिया था। पास आकर बोले, "...तुम्हें कोई कुछ नहीं कहेगा, चलो हमारे साथ।"

वह खड़ा हुआ तो कँपकँपी छूट रही थी। बाबा ने उसे ऊपर से नीचे देखा और कहा, "इतने क्यों डरते हो, तुम्हें कोई कुछ कह रहा है...डरो मत, हमारे साथ अभी कलक्टर साहब के बँगले पर चलकर सब कुछ कह देना...।"

काका साहब ने बाबूजी की ओर इशारा करते हुए धीरे-से पूछा, "आप कहें तो...ये आपके साथ चला जाए।"

बाबा ने बिना उनकी ओर देखे कहा, "रात-भर की थकान है, इससे कहो आराम करे...।"

बाबूजी गर्दन झुकाए बैठे रहे।

गाड़ी आ गई थी। बाबा चले गए। बन्दूकें और राइफ़लें उठा-उठाकर अन्दर रखी जाने लगी थीं।

# 5

जब बाबा लौटे; राय नीलमणि कान्त, कुँवर किशोरीरमण, चौधरी केहरसिंह, सेठ दुर्गादास खत्री, पंडित राधिकानाथ चतुर्वेदी और लाला चतरसिंह प्रतीक्षा कर रहे थे।

बाबा के प्रवेश करते ही सब लोग खड़े हो गए। बाबा ने थोड़ा झुककर, दोनों हाथ फैलाकर बैठने का आग्रह किया। सबके बैठ जाने के बाद कई मिनट तक कमरे में शान्ति बनी रही। पंखा धीरे-धीरे आगे आता, पीछे लौटता रहा। पंखे के फलके में कटे फूल दीवार पर घटते-बढ़ते रहे। काका साहब और बाबूजी की गर्दनें झुकी थीं। सब लोग दबी-दबी नज़रों से एक-दूसरे को बोलने के लिए उकसा रहे थे। लेकिन बाबा ने ही बात शुरू की।

"आप लोग बड़े ख़ामोश हैं...?"

राय नीलमणि कान्त ने आवाज़ को थोड़ी भारी बनाकर कहा, "काका साहब से अभी पता चला, रात बड़ी परोशानी रही...आपने कहला क्यों न दिया।"

बाबा की मूँछें कुछ फैल गईं। उनकी मूँछें किसी बात को गोल करने के लिए या आभार प्रदर्शन के लिए, इसी तरह फैल जाया करती थीं। छोटा-सा साँस लेकर बोले, "तो आप उसी की मातमपुर्सी में इतनी देर से चुप थे..."

बात कुछ इस अन्दाज़ से कही गई, हल्की-सी मुस्कुराहट उन सबके चेहरों पर आ गई। राय नीलमणि कान्त अपनी उम्र से अधिक उत्तरदायित्वपूर्ण स्वर में बोले, "रायसाहब, यह बात नहीं! अब तो किसी भी इज़्ज़तदार आदमी का इस शहर में रहना ही मुश्किल होता जा रहा है..."

बाबा कई दिन बाद आवाज़ के साथ हँसे थे।

"इज़्ज़तदार!" कहकर, थोड़ा रुके, फिर बोले, "हाँ, हम सब इज़्ज़तदार ही हैं। दादाओं की दौलत पर दौलतमन्द और उन्हीं की इज़्ज़त पर इज़्ज़तदार!"

लगभग मिनट-भर सन्नाटा रहा। बात शुरू करने के लिए छोरों की तलाश होती रही। बाबा ने ही फिर बात शुरू की, "नीलमणि कान्त...ये सब बातें बड़ी

ख़तरनाक होती हैं, इज़्ज़त और बेइज़्ज़ती के खेल साथ-ही-साथ चलते हैं... ख़ैर छोड़िए, अपनी म्युनिसिपैलिटी की बात सुनाइए।''

उन्होंने पंडित राधिकानाथ चतुर्वेदी से कहा, ''पंडितजी, आप बताएँ...।''

पंडितजी 'हरे राम हरे राम' कहने की तर्ज में बोले, ''अरे...रे...रे आप क्या बात कहते हैं, आप ही कृपा कर कहें मा' राज!''

बाबा ने पंडितजी और राय नीलमणि कान्त की ओर मुस्कुराकर देखते हुए कहा, ''आप लोगों के मन की बात मैं ही कहे देता हूँ, इस बार इलेक्शन में मुझे नहीं खड़ा होना चाहिए, यही बात है न, क्यों?'' काका साहब और बाबूजी की नज़रें एकाएक उनकी ओर चली गईं।

चौधरी केहरसिंह गर्दन हिलाकर बोले, ''योइ तो हो बड़े आदमियों की बात! सच्ची बात तो यूइ है जी, हम तो पुच्छन ई आए थारी क्या राजी?'' चौधरी साहब की बात पर कुँवर किशोरीरमण ने लाला चतरसिंह की तरफ़ देखा, और तुरन्त बोले, ''जब से कलक्टर साहब का म्यूनिसिपैलिटी का चेयरमैन होना बन्द हुआ है, राय साहब ही म्यूनिसिपैलिटी के चेयरमैन हैं। लेकिन इस बार की हालत को देखते हुए, मैं तो रायसाहब को चेयरमैनी के लिए खड़े होने की सलाह हरगिज़ नहीं दूँगा। रायसाहब हमारे बुजुर्ग और शहर की 'मुअज़िज़ हस्ती' हैं।''

सेठ दुर्गादास के मुँह से अनायास निकल गया, ''तो कौन खड़ा होगा...?'' कुँवर साहब कुछ कहना ही चाह रहे थे, बाबा बोले, ''आप इसीलिए परेशान हैं न, कि ख़ानबहादुर इकरामुल हक़ हमसे टूट गए, जगदीश उनको मेरे ख़िलाफ़ खड़ा कर रहे हैं...बोर्ड में मुस्लिम मेम्बर हिन्दुओं से ज़्यादा हैं...जगदीशशरण भी एक-दो हिन्दू मेम्बरों को तोड़ देंगे और मैं बुरी तरह से हार जाऊँगा, क्यों?'' बाबा वाक्यों को तोड़-तोड़कर समझाते हुए बोल रहे थे।

उनके बोल चुकने के बाद भी सब लोग ख़ामोश रहे। निर्णय जानने की उत्सुकता सबके चेहरों पर लुकती-छुपती-सी मौजूद थी। काका साहब ने कुछ कहना चाहा, पर बाबा ने उन्हें रोककर स्वयं कहा, ''खड़ा होऊँगा! मुझे उस आदमी से हारकर सन्तोष होगा। वह हमेशा मेरी जीत का कारण रहा है। हारने के डर से न खड़े होने की बेइज़्ज़ती ज़्यादा शर्मनाक है...'' सबके चेहरे उलझ से गए थे।

काका साहब क्रोध से बिलबिला उठे, ''इकरामुल...रोज-रोज रायसाहब, रायसाहब किया करता था,...ख़िताब दिलाने के लिए भाई साहब ने अपने यहाँ गवर्नर को दावत दी, अहसान-फ़रमोश साला! जुलाहे की औलाद!'' बाबूजी ने काका साहब का हाथ दबाकर रोकने की कोशिश भी की पर वे बोलते ही चले गए, ''भाई साहब को पूरा बोर्ड ही 'मंसूख' करा देना चाहिए...हिन्दू-मुसलमान

के बल पर बोर्ड चलेगा!'' राय नीलमणि कान्त तुरन्त बोले, ''यही तो हम लोग भी चाहते हैं।''

बाबा साहब गर्दन नीचे किए काका साहब की बात सुन रहे थे। बुलन्द आवाज़ के साथ एकाएक बोले, ''नहीं!''

फरफराते काग़ज़ों पर पेपरवेट रख दिया गया।

कुछ देर तक की ख़ामोशी को बाबा ने पुनः तोड़ा, ''यह बात ग़लत होने के साथ-साथ, एक मुश्किल और भी है–आपके ख़ासुल-ख़ास दोस्त डॉ. चन्द्रा...'' बाबा ने रुककर राय नीलमणि कान्त की तरफ़ देखा, ''महात्माजी के चेले। सारी दुनिया में प्रचार करेंगे हम लोग एक मुसलमान भाई के चेयरमैन होने के ख़िलाफ़ थे, इसलिए बोर्ड 'मंसूख' किया गया है...कह नहीं सकता महात्माजी जैसा बुद्धिमान आदमी 'साइकोलोजी' क्यों नहीं समझता...!'' लम्बी साँस छोड़कर बोले, ''महात्माजी की ये ग़लती पूरे देश को भुगतनी होगी...''

सब लोगों के चेहरों से लगा, इस पूरी बात के सन्दर्भ के प्रति लोग पूरी तरह से उदासीन हैं।

''डॉक्टर चन्द्रा इकरामुल हक़ की तरफ़ जाएँगे?'' लाला चतरसिंह के इस प्रश्न का जवाब स्वयं न देकर बाबा कुँवर किशोरीरमण की ओर देखने लगे। कुँवर साहब ने चिन्तनशील मुद्रा बनाकर कहा, ''क्या कहा जा सकता है... ख़ानबहादुर के इस करतब से तो ऐसा लगने लगा है, अब तो मेरी और आपकी बात का भी क्या इतमीनान!'' इस बात पर सब हँस दिए। बाबा मुस्कुराए तक नहीं।

हँसी का दौर ख़त्म होने पर बोले, ''कुँवरजी की बात से मैं सहमत नहीं...आप लोगों को इकरामुल हक़ के साथ छोड़ देने का इतना मलाल क्यों होना चाहिए। सियासत है। जहाँ तक डॉ. चन्द्रा के मेरे साथ जाने का सवाल है, वे मेरे साथ जाते हैं तो मुझे दुख होगा। महात्माजी के सिद्धान्तों का पालन करने की हामी भरने वाला...मेरे साथ कैसे जा सकता है। अगर जाता है तो वह मेरे साथ भी वही कर सकता है जो गांधीजी के साथ...!''

''इकरामुल हक़ तो डाग्दर सा'ब से चिढ़ें...'' चौधरी केहरसिंह ने अपनी सफ़ेद मूँछों पर हाथ फेरते हुए आपत्ति की थी।

''इससे क्या हुआ...गांधीजी भी तो जिन्ना की ख़ुशामद करते हैं, डॉ. चन्द्रा इकरामुल की कर लेंगे!'' लाला चतरसिंह ने बड़े तीखेपन से बात कही।

इस बात से राय नीलमणि कान्त के चेहरे पर शिकन पड़ गई। उन्होंने अपनी उत्तेजना को सँभालते हुए कहा, ''इस बात पर मेरे ख़याल से किसी को आपत्ति नहीं होगी, इतनी बड़ी हुकूमत से लोहा लेना किसी मामूली आदमी का काम नहीं है...''

लाला चतरसिंह ख़ामोश हो गए। बाबा हँस दिए। राय नीलमणि कान्त अपनी बात को बीच में छोड़कर बाबा की ओर देखने लगे। हँसने के बाद जब वे पुनः गम्भीर हो गए और अपनी कोई प्रतिक्रिया ज़ाहिर नहीं की तो उन्होंने बाबा से पूछा, "रायसाहब क्या राय है?"

बाबा ने धीरे-से कहा, "इतना काफ़ी नहीं..." इस बात से, बैठे हुए सब लोगों की खिलखिलाहट 'कठपुतलियों के नाच' के अन्तर्गत होनेवाली खिलखिलाहट की तरह लगी। सेठ दुर्गादास काफ़ी देर तक खींसे निपोरते रहे। चौधरी केहरसिंह और पंडित राधिकानाथ चतुर्वेदी के चेहरों पर ज्ञान की बात सुन लेने के बादवाली सन्तुष्टि थी।

लाला चतरसिंह ने मज़ाक उड़ाने की मुद्रा में कहा, "हाँ भाई, तुम्हारे गांधीजी की हिम्मत की क्या बात! वो कौन-सा सत्यानाश, नहीं सत्याग्रह था जिसमें दो सिपाही मारे गए थे...गांधीजी ने मारे डर के सत्याग्रह ही वापिस ले लिया था। अमाँ यार बातें मरोंड़ते हो, लँगोटी पहनकर लड़ाई नहीं लड़ी जाती भीख माँगी जाती है। एक वो है जिन्ना, मानिन्द अंग्रेज़!"

राय नीलमणि कान्त का चेहरा तमतमा गया। बाबा उनके कुछ कहने से पहले ही बोले, "नहीं, महात्माजी की हिम्मत में किसी तरह से शक नहीं किया जा सकता...उनकी रहनुमाई (नेतृत्व) इतने आलिम-फ़ाज़िल लोगों (विद्वानों) ने मानी है। लेकिन..." बाबा सोचने के लिए रुक गए। राय नीलमणि कान्तजी के चेहरे का तनाव कुछ कम हो गया था। बाबा ने फिर "लेकिन..." कहा, और आगे कुछ नहीं बोले। कुछ देर बाद एकाएक उत्तेजित होकर बोले, "महात्मा का बाना पहनकर सियासत की लड़ाई लड़ना बेईमानी है...हिन्दुस्तान सा देश है किसी के सामने महात्मा के आ जाने का मतलब उसकी मजबूरी होती है। भूखा रहना...लड़ाई के मैदान में तो बहादुरी हो सकती है, लेकिन लड़ाई के लिए इसे धमकी के तौर पर इस्तेमाल करना अपनी कमज़ोरी ज़ाहिर करना है!...ये भी तो दबाव ही है। इसका मतलब तो यह हुआ अगर कोई अपने को जलाकर मारे...उसका ज़्यादा असर होना चाहिए, कि नहीं? नहीं...बिलकुल ग़लत! लड़ाई, लड़ाई है। लड़ाई की तरह ही लड़ी जानी चाहिए...।"

बाबा क्षण-भर चुप रहकर पुनः बोले, "मैं अपने बारे में कह सकता हूँ अगर महात्माजी की इस ज़नाना धमकी के सामने सरकार घुटने टेक गई तो मेरी नज़रों से वह भी गिर जाएगी..." लोगों के चेहरों से लगा उनके सामने किसी गूढ़ बात का नया अर्थ खुल गया है।

कोई बात राय नीलमणि कान्त के मुँह पर आ गई थी लेकिन कुँवर किशोरीरमण बीच में ही बोल दिए, "छोड़ो भी यार, अब आगे की सोचो, कैसे सब करना है...! तो हम लोगों को क्या करना है राय साहब?"

इस बार भी बाबा आवाज़ के साथ ही हँसे थे। शायद यह पहली ही बार था जब वे इतना बोले थे और बार-बार इस तरह हँसे थे। हँसकर बोले, "हारने के लिए क्या किया जाता है। मैं खड़ा हूँगा, आप मुझे वोट देंगे। इस बार मेरे साथ आप लोगों को भी हार का मुँह देखना होगा... बस हार का मुँह देखने के लिए अपने को तैयार करना है।"

सेठ दुर्गादास ने हँसकर कहा, "जब आपने हार मंजूर कर ली तो हमें कौन जीतने की ज़रूरत पड़ी..." सब लोग हँस दिए थे। बाबा ने कोई जवाब नहीं दिया।

सब लोगों के चले जाने के बाद काका साहब ने पूछा, "कलक्टर साहब से क्या बातें हुईं?"

"कमिश्नर साहब के साथ खादर में शिकार पर गए हैं, हफ़्ते-भर का कैम्प है।"

"फिर...?"

"फिर क्या, जब आएँगे तब ही बातें होंगी!"

"इस बीच स्मिथ ने कुछ किया?"

"भुगता जाएगा।" बाबा ने बात को आगे न बढ़ने देने के अन्दाज़ में कहा। बाबा काका साहब और बाबूजी की ओर बिना देखे अपने कमरे की ओर बढ़ गए।

काका साहब ने हिम्मत बटोरकर पुकारा, "भाई साहब..." बाबा रुक गए थे।

"कहो..."

"अगर आप नाराज़ न हों, तो एक बात पूछूँ..." काका साहब के पूछने में हिचक आ गई थी।

"हूँ"

"रातवाली बात पर आप देवा से बहुत नाराज़ हैं न?" क्षण-भर के लिए बाबूजी का चेहरा अनिश्चय की स्थिति में लबलबा उठा था। बाबा ख़ामोश रहे। काका साहब ने बात को आगे बढ़ाते हुए कहा, "रात की बात पर देवा को बहुत अफ़सोस है...आगे से ऐसा नहीं होगा।"

बिना कुछ बोले बाबूजी उनके पाँवों पर झुक गए थे। बाबा गर्दन सीधी किए दीवार की ओर देखते रहे। बराबर की दीवार पर लगे बड़े शीशे में उनकी एक आँख की आधी पुतली दिखाई दे रही थी। बिना बोले अन्दर चले गए!

मैं बाहर चला गया था। चिक से उन्हें अपने कमरे में जाते हुए देखता रहा था।

# 6

बाबा ने उस आदमी के परिवार को हवेली पर बुलवा लिया था। गाँव में दो हथियारबन्द सिपाही तैनात कर दिए गए थे। गाँववालों को समझा दिया गया था अगर कोई भी उन्हें तंग करने की कोशिश करे तुरन्त हवेली पर ख़बर पहुँचाई जाए। अगर पकड़ा-धकड़ी या मारपीट की नौबत आए तो उनसे ठीक तरह से निबट लिया जाए। बाद मे बाबा स्वयं सुलट लेंगे।

तीन-चार रोज़ से बराबर ख़बरें मिल रही थीं, पुलिसवाले राह चलते गाँववालों को परेशान कर रहे हैं। एक चमारी की घास की गठरी दरोगाजी के घोड़े को खिला दी गई थी। एक चौधरी की गाड़ी रोक ली गई थी, लेकिन जब साथ के लोग मारने-मरने को तैयार हो गए थे तो पुलिसवाले भाग गए थे। बाबा ने स्मिथ को एक व्यक्तिगत पत्र लिखा था। पत्र में इस बात की प्रार्थना की गई थी कि "बहैसियत पुलिस कप्तान आप अपने लोगों को हिदायत कर दें कि ज़मींदारी के किसी भी आदमी को बेवज़ह तंग न करें। अगर कोई मामला हो, जिसमें पुलिस तहक़ीक़ात करना चाहती हो तो मुझे सूचित किया जाए, जैसा पहले से होता आया है। अगर इस पर ध्यान नहीं दिया जाएगा तो ज़मींदारी के लोगों में असन्तोष तो फैलेगा ही, मुझ-जैसे सरकार के शुभचिन्तक दोस्तों के दिलों में भी अपनी सरकार के बारे में खामखा बदगुमानी पैदा होगी।" बाबा ने आख़िर में इस बात का भी उल्लेख कर दिया था कि "हुक्मरान को इस बात का भी ख़याल करना चाहिए कि मैं इस इलाके के उन ज़मींदारों में से हूँ जिनकी जिल्दबन्दी सबसे बड़ी है। अगर मेरे साथ ऐसा व्यवहार होगा तो बाक़ी लोगों के साथ क्या होगा।"

स्मिथ ने इस पत्र का कोई जवाब नहीं दिया था। उसके आदमी गुरिल्लाओं की तरह छुटपुट गड़बड़ियाँ करते रहे थे।

गाड़ी तैयार खड़ी थी। बाबा क्लब जाने के लिए तैयार थे। डेरे से हरकारा कारिन्दे की चिट्ठी लाया था। पढ़कर बाबा का चेहरा भभक उठा था। बाबा ने खड़े ही खड़े उससे पूछा, ''कब का वाक़या है?'' हरकारे ने बताया, ''अभी तीन बजे के क़रीब पकड़कर ले गए हैं, पानी चला रहा था। जंगल से ही बाहर के बाहर ले गए।''

''हूँऽऽ...''

बाबा ने स्वयं दहलीज़ में जाकर बाबूजी को पुकारा, ''देवा!'' उनकी आवाज़ पूरी हवेली में गुब्बारे की तरह भर गई।

बाबूजी बाहर आए। उनके चेहरे पर आकस्मिक घटना की आशंका मौजूद थी। बाबा ने उनके हाथ में चिट्ठी पकड़ा दी। चिट्ठी पढ़कर बाबूजी ने क्षण-भर बाबा के चेहरे की तरफ़ देखा। कुछ न समझ पाने के अहसास को दबाने का प्रयत्न करते हुए पूछा, ''तो मैं रावतपुर चला जाता हूँ।''

''वहाँ जाकर क्या करोगे!'' इस सवाल से बाबूजी रल (खो)से गए थे। सोचते हुए बाबा ने पूछा, ''रिपु कहाँ है?''

''सत्संग भवन गए हैं, किसी महात्मा का प्रवचन सुनने।'' बाबा ने केवल 'हूँ' की, बाबूजी से कहा, ''तुम मेरी चिट्ठी लेकर सिटी मजिस्ट्रेट जोशीजी के पास चले जाओ। वे उस आदमी की तुरन्त ज़मानत ले लेंगे। रावतपुर तहसील सदर में ही आता है!''

बाबूजी कपड़े बदलने चले गए थे।

बाबा अपने दफ़्तर में चले गए थे। वहाँ अँधेरा था। मेज़ और ऊँचे तकिएवाली कुर्सी के बीच कुछ पलों तक बाबा परछाईं-से खड़े रहे। फिर उन्होंने पुकारा, ''कोई है...लैम्प!'' लैम्प आने तक बाबा उसी अँधेरे में बैठे रहे थे। उनका एक पाँव मेज़ के नीचे फैला हुआ था, दूसरा घुटना अधफैला-सा खड़ा था। हाथ कुर्सी पर टिके थे। लैम्प लाकर रखा गया तो कमरे में रख ी सब वस्तुओं की स्थितियाँ बदल-सी गईं। बाबा के बाएँ हाथ पर रखे बक्स का प्रभाव ज़मीन पर पहुँच गया था और उस पर बाबा का ऊपरी भाग टिक गया था। माथे पर आई पसीने की बूँदें कुछ मोटी हो गई थीं। लैम्प लेकर आनेवाला व्यक्ति पंखा लेकर खड़ा हो गया। पंखा हिलने से लैम्प की बत्ती भभकती थी।

बाबा मेज़ पर झुककर पत्र लिखने लगे। लिखते-लिखते बीच में एक बार रुके थे। फिर पत्र समाप्त करके ही गर्दन उठाई। बाबूजी अचकन, चूड़ीदार पायज़ामा और गोल टोपी पहनकर आ गए। उस समय वे अधिक लम्बे लग रहे थे! बाबा ने पत्र उनके हाथ में पकड़ा दिया। जाते हुए समझाया, ''जोशीजी से कहना मैं कलक्टर साहब और कमिश्नर साहब से मिलने जा रहा हूँ। वे स्वयं ही

थाने तक चेल जाएँ, आज ही ज़मानत हो जानी चाहिए। वैसे वे स्वयं भी स्मिथ को जानते हैं।''

बाबूजी उसी गाड़ी में चले गए थे।

जोशीजी रात को ही अचानक थाने का मुआयना करने जा पहुँचे थे। पुलिसवाले उस आदमी को लेकर पहुँचे ही पहुँचे थे। बाबूजी भी जोशीजी के पीछे-पीछे थाने में पहुँच गए थे। उन्हें देखकर जोशीजी ने अनजान बनते हुए पूछा, ''आप इस नामाक़ूल जगह कहाँ? हम ही लोगों के लिए रहने दीजिए।''

जैसा कि बाबूजी ने लौटकर बताया था, उन्होंने भी उस बात का मज़ाक में ही जवाब देना चाहा था। लेकिन शायद वे आवेश में आ गए थे। उनके मुँह से यही निकला, ''ग़नीमत हुई दारोगाजी ने जहन्नुम में नहीं बुलाया-थाने में ही आना पड़ा।'' इस बात से थानेदार के चेहरे पर थोड़ी घबराहट आ गई थी। जोशीजी ने थोड़ा गम्भीर होकर पूछा था, ''ख़ैरियत तो है...!''

बाबूजी ने जब पूरा क़िस्सा सुनाया था तो जोशीजी दारोगाजी पर एकाएक उखड़ गए थे। उन्होंने उस आदमी को तुरन्त पेश करने का हुक्म दिया था। थानेदार ने कुछ आना-कानी करनी चाही थी। जोशीजी एकाएक बिगड़ उठे थे, ''तुम हुक्मउदूली की सज़ा समझते हो!''

थानेदार ने तुरन्त बात उगल दी थी, ''हुज़ूर, आप भी हमारे अफ़सर हैं, लेकिन कप्तान साहब खाल खिंचवा लेंगे...''

जोशीजी क्षण-भर के लिए सोचने लगे थे, फिर बोले थे, ''लेकिन तुम्हारे कप्तान साहब कानून तो नहीं बदल सकते...उस आदमी की पेशी इसी वक़्त मेरे सामने होगी।''

जब वह आदमी लाया गया, बाबूजी को सामने देखकर ज़ोर-ज़ोर से रोने लगा था। शायद काफ़ी मारा-पीटा गया था। जोशीजी ने सिपाहियों से तहक़ीक़ात की। काग़ज़-पत्तर देखने से पता चला, अभी तक उसके ख़िलाफ़ किसी तरह का कोई केस दर्ज नहीं हुआ है। यहाँ तक कि आसपास के किसी गाँव तक में चोरी-चकारी की रिपोर्ट दर्ज नहीं है। जोशीजी ने उसे तुरन्त छोड़ दिया था। और दरोगाजी से जवाब तलब कर लिया था।

लौटते हुए जोशीजी ने बाबूजी को बताया था, ''पिछले तीनों जिलों से यह साला स्मिथ पीछे लगा है...हर जगह यही ख़ुराफ़ात करता है। पहली मुलाक़ात में ही इस हरामज़ादे से झगड़ा हुआ था...साला कलक्टर साहब से शिकायत करेगा। ख़ैर, देखा जाएगा। इस साले दरोगा को तो रगड़ूँगा ही!''

रात को जब बाबूजी ने लौटकर बाबा को पूरा क़िस्सा सुनाया तो उनके चेहरे पर हल्की-सी निश्चिन्तता का भाव दिखाई पड़ा। पीछे बाबा ने राय नीलमणि

कान्त, लाला चतरसिंह तथा कुँवर किशोरीरमण से इसके बारे में सलाह की थी। उनकी भी यही राय थी, कमिश्नर और कलक्टर से मिलना बहुत ज़रूरी है। उन तीनों ने भी बाबा के साथ जाने की इच्छा प्रकट की थी। सुबह चार बजे चलना तय हुआ था। कुँवर साहब और राय नीलमणि कान्त की गाड़ियाँ भी साथ चलनेवाली थीं। तमोटियाँ, रसद, महाराज, ख़िदमतगार और सन्तरियों को तुरन्त ही चलता कर दिया गया था।

जब जाने की बात हो रही थी तो मैं भी बाबा का ध्यान आकर्षित करने के लिए उनके आसपास चक्कर काटता रहा था। एक बार उनकी कुर्सी से सटकर खड़ा हो गया था। बाबा एक बार कह भी चुके थे, "चैन से बैठ जाओ!"

मेरा मन हुआ था, वहाँ से भाग जाऊँ। लेकिन लाला चतरसिंह के सफाचट चेहरे पर हल्की-सी मुस्कान आ गई थी। उन्होंने एक आँख का कोना दबाकर पूछा था, "क्यों बे...(उल्लू का पट्ठा कहते-कहते रुक गए थे) चलेगा, मेम और शेर दोनों से एक साथ मुलाक़ात होगी।"

तब तक काका साहब भी लौट आए थे, उन्होंने मेरी ओर देखते हुए कहा था, "एक बार तो ले जाकर इस बेचारे को भी मुसीबत में डाला था, ख़ुद भी पड़े थे।"

कुँवर किशोरीरमण ने लाला चतरसिंह का समर्थन किया, "चौबेजी, आप भी क्या बातें करते हैं, इस बार चतरसिंह अकेले नहीं हैं...।" किशोरीरमण और नीलमणि कान्त की तरफ़ देखकर धीरे कहा, "और रायसाहब भी हैं" बाबा पहले ख़ामोश रहे थे। फिर बोले थे, "बच्चा है, मालूम नहीं क्या मौका है।"

राय नीलमणि कान्त ने बिना किसी की ओर देखे मुझसे कहा, "बेटा, तुम हमारी गाड़ी में चलना...बस!"

मैं बाबा और काका साहब की ओर देखने लगा था। बाबा ने भी मेरी तरफ़ देखा था। उनके चेहरे पर नाराज़गी झलक आई थी। मैंने धीरे-से कहा था। "नहीं, मैं नहीं चलूँगा।" बाबा का चेहरा एकदम मुलायम पड़ गया था और उनके मुँह से निकला था, "ख़ैर, चलना...!" सबके जाने के बाद, उन्होंने मुझे पास बुलाकर समझाते हुए कहा था, "पढ़ते-लिखते तो हो नहीं, बड़ों की बातों में बैठे रहते हो...हर वक़्त ज़िद मत किया करो।"

उनके यह सब कहने के बहुत देर बाद तक अपनी बेइज़्ज़ती का अहसास बना रहा था।

मेरी आँखें बाबा की खड़ाउँओं की खटपट से खुलीं। बाबा स्नान के लिए जा रहे थे। उनके नहाने के लिए जाने के कुछ देर बाद ही दीना ने मुझे आकर जगाया था,

"उठो, साढ़े तीन बज गए!" उस समय सहन में मात्र एक लालटेन जल रही थी। उसका क्षीण-सा प्रभामंडल प्रकाश की उपस्थिति का अहसास मात्र करा रहा था। मैं उठ गया।

स्नान करते समय पानी गिरने और गंगाल से लोटा टकरा जाने की आवाज़ लगातार आ रही थी। बाबा नहाते हुए अस्पष्ट मन्त्र भी बोलते जा रहे थे। दीना ने मुझे चार बजे तक तैयार होने की सख़्त ताकीद कर दी थी। ये जानते हु भी कि अभी आधा घंटा तो बाबा को पूजन में ही लगेगा।

जब मैं नहा-धोकर तैयार हुआ तो बाबा अपना पीताम्बर सँभालते हुए पूजाघर से निकल रहे थे। सिर पर, बहाये हुए पन्द्रह-बीस बालों के कारण उनका चेहरा बड़ा अपना लग रहा था। उन्होंने हल्की-सी मुस्कान के साथ कहा, "अरे, तुम तो हमसे पहले तैयार हो गए...हम तो फिसड्डी ही रह गए।" फिसड्डी शब्द पर मुझे बचपन में हँसी आती थी। उस समय भी आ गई। बाबा के चेहरे पर वह हँसी कपड़े बदलने के बाद भी बनी रही थी।

लगभग सवा चार बजे तक सब लोग इकट्ठे हो गए थे। लाला चतरसिंह को कुँवर किशोरीरमण अपने साथ लाए थे। राय नीलमणि कान्त अपने ख़िदमतगार के साथ पहले ही आ गए थे। मैं और दीना, राय नीलमणि कान्त की गाड़ी में बैठे। उनकी गाड़ी बिलकुल नई थी। उसमें बैठकर मुझे अधिक अच्छा लग रहा था।

तीनों गाड़ियाँ आगे-पीछे जा रही थीं। बाबा की गाड़ी बीच में थी। हमारी पीछे थी। लगभग घंटा-भर गाड़ियों को अँधेरे की सुरंग से गुज़रते रहना पड़ा था।

सड़क पर कहीं-कहीं मेहतर सड़क साफ़ करते हुए दीख पड़ जाते थे। गाड़ियों को आते देखकर वे एक तरफ़ पटरी पर हट जाते थे और तीनों गाड़ियों को झुक-झुककर सलाम करते रहते थे। गाड़ियाँ उठती हुई धूल के बीच से गुज़रती रहती थीं। तीनों गाड़ियों के चलने की आवाज़ उस पूरी तरह से रिक्त वातावरण में पिघलते सीसे की तरह जमती रहती थी। गाड़ियों का चलना आदत-सी बन गई थी।

घंटे-भर बाद सुबह पूरी तरह से उजल गई थी। मैं फ़िटन की पीछे वाली खिड़की से सड़क को देख रहा था। प्रत्येक कण एक-दूसरे को पकड़ने के लिए दौड़ता नज़र आता था। रास्ते में कहीं-कहीं पर हलवाई अपनी भट्ठियाँ सुलगा रहे थे। धुआँ थोड़ी देर तक उठता था, फिर खील-खील होकर बिखर जाता था और अस्तित्वहीन होकर मारा-मारा फिरने लगता था। कुओं की मनों पर लोग डोल उड़ेलकर खड़े-खड़े या बैठकर नहा रहे थे। सुबह सजे हुए रंगमंच का-सा आभास दे रही थी।

दीना हर गाँव के पास से गुज़रते समय उसके बारे में बताता जाता था। यह जानकर मैं प्रसन्न था कि रास्ते में पड़नेवाले उन आठ-दास गाँवों में सबसे अधिक हमारे ही थे।

हम लोग लगभग दो घंटे तक यात्रा करने के बाद खादर पहुँचे। सड़क से थोड़ी दूर एक छोटे-से टीले पर हमारी तीनों तमोटियाँ गाड़ दी गई थीं।

गाड़ियाँ सड़क पर छोड़ दी गईं। हम लोग ऊपर टीले पर चलकर गए। सुबह गैस-भरे रंग-बिरंगे गुब्बारों की तरह टँगी-सी लग रही थी।

सब लोगों की यही राय हुई थी कि सबसे पहले कमिश्नर साहब से मिल लिया जाना चाहिए। सब तमोटियों में कपड़े बदलने चले गए थे। लगभग आधा घंटे में ही सब लोग तैयार हो गए थे। तौलिए तमोटियों की रस्सियों पर सूखने लगे थे।

कमिश्नर और कलक्टर साहब के डेरे लगभग सौ गज़ पर ही लगे थे। सवारियाँ वहीं छोड़ दी गई थीं। दो नौकर डालियाँ लेकर पीछे-पीछे गए थे। बाबा दूर से ही देखकर ठिठक गए। कमिश्नर और कलक्टर साहब निकर और बनियान पहनकर बाक्सिंग कर रहे थे। उनकी मेमें पास खड़ी ज़ोर-ज़ोर से क़हक़हे लगा रही थीं। बाबा लौट पड़े। डेरे पर लौटकर बाबा ने मिस्टर ब्राउन के नाम पत्र लिखा। उसमें कमिश्नर साहब और उनसे मिलने के लिए समय माँगा था। इस बात के लिए अफ़सोस ज़ाहिर किया था कि उनके व्यक्तिगत समय में से मिलने का समय माँग रहे हैं। कलक्टर ने उसी पत्र की पुश्त पर लिख दिया था 'कमिश्नर साहब आपसे दस बजे मिलकर बहुत प्रसन्न होंगे, मैं भी वहीं रहूँगा।''

हम लोग दस बजे पहुँचे थे। कमिश्नर साहब और कलक्टर साहब अपने बड़ेवाले तम्बू में बैठे इन्तज़ार कर रहे थे। कमिश्नर साहब का चेहरा गोल और भरा हुआ था। लेकिन उनकी मेम साहब की खाल पुरानी रबड़-सी लगती थी।

पहुँचते ही बाबा ने सबका परिचय कमिश्नर साहब से कराया। उन्होंने सभी से बड़े तपाक से हाथ मिलाया था। अन्त में बाबा ने मेरा परिचय कराया था, ''ही इज़ माई ग्रांड सन'' कमिश्नर बड़ी जोर से हँसकर बोले थे, ''ओ, सो यू आर ग्रांड फ़ादर...'' फिर होंठों को आगे की तरफ़ निकालकर मुस्कुराते हुए कहा था, ''बट यू लुक वेरी यंग!''

कलक्टर साहब और दोनों मेमें हँस दिए थे। बाबा के चेहरे की झुर्रियाँ कम हो गई थीं और मूँछें चेहरे पर फैल गई थीं।

कमिश्नर ने बाबा से पूछा, ''आप हमारे साथ...नाइट हंटिंग कॉरेगा...''

''नो थैंक्यू सर...मुझे अभी लौटना होगा...'' फिर बाबा ने थोड़ा गम्भीर होकर कहा, ''बटू यू हैव पोस्टेड ए पैन्थर इन अवर सिटी...'' इस बात पर मिसेज़ ब्राउन थोड़ा मुस्कुराई थीं।

कमिश्नर ने थोड़े आश्चर्य के साथ बाबा की तरफ़ देखा था, ''पैन्थर! व्हाट..?''

मिसेज़ ब्राउन तुरन्त बोली थीं, ''योर मिस्टर स्मिथ...''

कमिश्नर हँस पड़े थे। थोड़ा गम्भीर होकर बोले थे, ''बट पीपुल कॉल हिम टाइगर...''

बात बाबा के मुँह पर आकर लौट गई थी।

कमिश्नर उठकर दूसरे टेंट में चले गए। बाबा ने कलक्टर साहब से कहा, ''मिस्टर ब्राउन...मि. स्मिथ मुझे बहुत परेशान कर रहे हैं।''

कलक्टर साहब ख़ामोश होकर सोचने लगे। कुछ देर बाद बोले, ''आई विल टॉक टु कमिश्नर। बट...अम सोचटा अै, आप सिटी का इम्पोरटेंट मैन...सरकार का ट्रस्टेड डोस्ट। मिस्टर स्मिथ आलसो एन इम्पोरटेंट ऑफिसर एंड रिप्रेज़ेंट्स दी ब्रिटिश गवर्नमेंट...आपको फ्रेंड ओना माँगटा।''

मिसेज़ ब्राउन अपनी भूरी आँखों से बाबा की ओर देख रही थी। उनका चेहरा नर्म और प्रतिक्रियाहीन था। कमिश्नर की मेम का पीला और झुर्रियोंदार चेहरा एकदम शून्य, मिट्टी की मूर्तिवत् लग रहा था। बाबा की नज़र मिसेज़ ब्राउन से टकराई। बाबा के चेहरे पर अनायास आक्रोश के चिह्न नज़र आने लगे थे।

कमिश्नर साहब हाथ में पेग लिए हुए लौटे थे। उनके दोबारा अन्दर घुसते ही उन दोनों मेमों के अतिरिक्त सब पुनः खड़े हो गए। कमिश्नर साहब ने गर्दन से बैठने का इशारा करते हुए, हल्का-सा 'प्लीज़' कहा। फिर सबकी तरफ़ देखकर मज़ाक किया, ''यू ग्रेट इंडियन्स डू नोट वांट टु रिलेक्स...यू आर बर्डंड विद स्प्रिचुअलिज़्म!'' और कन्धे उचकाकर होंठ बिचका दिए। कमिश्नर की मेम साहब काफ़ी ज़ोर से खिलखिला पड़ीं।

''एमंग्स्ट रईसेज़ ऑफ़ दिस डिवीज़न ओनली बोड प्रकाश सिना (बुध प्रकाश सिंह) कोओपरेट्स विद मी...''

कमिश्नर की इस बात पर बाबा ने हल्की-सी चुटकी ली, ''आई विल कांग्रेच्यूलेट हिम...''

बाबा और राय नीलमणि कान्त के चेहरों के सिवाय बाक़ी दोनों के चेहरे बड़े पस्त-से नज़र आ रहे थे। कमिश्नर, कलक्टर या उन दोनों की मेमों में से किसी के चेहरे पर भी मुस्कुराहट आती थी तो लाला चतरसिंह के होंठ भी फैलकर उतने ही लम्बे हो जाते थे। अगर वे लोग किसी बात पर गम्भीर हो जाते थे, उनका चेहरा भयाक्रान्त हो जाता था। कुँवर साहब गर्दन नीचे किए बैठे थे, बीच-बीच में कमिश्नर या कलक्टर साहब की तरफ़ देख लेते थे। उनकी मेमों की तरफ़ उन्होंने एक बार भी नहीं देखा था। राय नीलमणि कान्त बीच-बीच में मात्र हूँ-हाँ कर रहे थे।

कुछ देर बाद मिसेज़ ब्राउन उठ गई थी। कमिश्नर की मेम भी उन्हीं के पीछे–पीछे चली गईं! कमिश्नर ने सिप करते हुए कहा था! "लेट अस टॉक बिज़नेस..."

बाबा ने मिस्टर स्मिथ का पूरा क़िस्सा सुना दिया था। कमिश्नर साहब थोड़े गम्भीर हो गए थे। चिन्तित मुद्रा में बोले थे, "इफ़ इट इज़ लाइक दिस...वेरी बैड, ऑफ़कोर्स वेरी बैड! व्हाट डू यू थिंक मिस्टर ब्राउन, बी मस्ट रेस्पेक्ट अवर फ्रेंड्स।"

बाबा के चेहरे पर पूरा क़िस्सा सुनाते समय जो तनाव आ गया था उस बात से उसमें कुछ कमी आई।

मिस्टर ब्राउन ने बाबा की ओर देखते हुए कहा, "आई ऐग्री! जस्ट आई टोल्ड रायसाहब...ही इज़ ए ग्रेज फ्रेंड ऑफ़ गवर्नमेंट एंड मिस्टर स्मिथ इज़ रिप्रेजेंटेटिव। आई विश इफ़ ई बी कम फ्रेंड्स।"

कमिश्नर ज़ोर से चिल्लाए, "आफ़कोर्स...वेरी करेक्ट," बाबा के चेहरे का तनाव फिर गहरा हो गया। ज़ब्त करते हुए बोले, "तो हुज़ूर...आपका मतलब है मैं अपने घर जाऊँ।"

कमिश्नर बीच ही में बोल उठे, "नो...नॉट दैट, एनी वे आई विल इन्सट्रक्ट हिम..." फिर हँसकर बोले, "ही हैज़ गॉट ए कॉम्पलेक्स, बीइंग ऑफ़ रूलिंग क्लास।"

बाबा के चेहरे से लगा, एकाएक उनके हाथ से कुछ गिरकर टूट गया।

कमिश्नर साहब ने बातों को बीच में ही छोड़कर मुझसे पूछा, "वेल बॉय, टुम क्या करता अै?"

मैंने बाबा की ओर देखते हुए रटा हुआ वाक्य कहा, "स्टडीइंग इन सेवंथ क्लास सर..."

कमिश्नर साहब का चेहरा खिल उठा, "तुम इंगलिश...परता अै...!" मैं ख़ामोश रहा।

वे अपने आप ही बोले, "वेरी गुड...टुम अमारा फेथफुल फ्रेंड का ग्रांड सन होटा...आई विल गेट यू नामिनेटड एज़ डेपुटी कलक्टर..."

कमिश्नर की इस बात से बाबा के चेहरे पर प्रसन्नता दिखलाई पड़ने लगी थी। बाक़ी लोगों के चेहरे भी स्वत: खिल गए थे। वे मेरी ओर स्निग्ध दृष्टि से देखने लगे थे, मैं डिप्टी कलक्टर हो ही गया हूँ।

मिसेज़ ब्राउन लौटीं तो उनके हाथ में दो सेब थे। एक उन्होंने मेरे हाथ में दे दिया। एक स्वयं काटने लगीं। कमिश्नर और कलक्टर दोनों ही मिसेज़ ब्राउन की ओर उत्सुकता से देख रहे थे। कमिश्नर साहब और मिस्टर ब्राउन से 'एक्सक्यूज़मी' कहकर एक टुकड़ा मुँह में रख लिया। बाबा से बोली, "थैंक्यू वेरी मच!"

बाबा के चेहरे पर अनुग्रहीतता उतर आई।

बाबा ने जाने की आज्ञा माँगी तो कमिश्नर साहब, कलक्टर साहब और मिसेज़ ब्राउन टेंट के दरवाज़े तक छोड़ने आए। कमिश्नर ने बाबा से हाथ मिलाते हुए कहा, "डोंट वरी...नेक्स्ट टाईम ह्वैन आई विज़िट योर डिस्ट्रिक्ट आई विल सी ऐवरी थिंग इज़ राईट...मिस्टर ब्राउन विल आलसो लुक इनटु इट!" बाबा ने धन्यवाद झुककर दिया था।

मिसेज़ ब्राउन से हाथ मिलाते हुए भी बाबा झुक गए थे। हालाँकि लाला चतरसिंह सबसे पीछे थे, पर बाबा को मिसेज़ ब्राउन से हाथ मिलाते देखकर पीछे से आगे आ गए थे। मिसेज़ ब्राउन उनसे हाथ मिलाते हुए थोड़ा मुस्कुराई थीं। मिसेज़ ब्राउन ने मुझसे भी झुककर हाथ मिलाया था।

वापिस लौटते हुए बाबा प्रसन्न थे। मेरी उँगली पकड़े हुए वे आगे-आगे चल रहे थे।

वे तीनों लोग कमिश्नर साहब और कलक्टर साहब के बारे में ज़ोर-ज़ोर से बातें कर रहे थे।

राय नीलमणि कान्त ने कहा, "इतने दिन बाद भी कमिश्नर साहब ने पहचान लिया...यही तो अंग्रेज़ों की खूबी है। हिन्दुस्तानी तो अपने रिश्तेदार को न पहचाने...!" उनका स्वर आभार से भर गया।

कुँवर किशोरीरमण भी अत्यधिक प्रसन्न थे, "आपने देखा नहीं, कमिश्नर ने हाथ मिलाते हुए पूछा था...आपका कोई काम! कितनी परवरदिगार क़ौम है, तब ही तो इतनी बड़ी दुनिया पर राज कर रहे हैं। अपनी रिआया का कितना ख़याल रखते हैं।"

लाला चतरसिंह सबसे अधिक मग्न नज़र आ रहे थे। कुँवर किशोरीरमण की बात ख़त्म होने से पहले ही बोले, "इस कौम की क्या बात है...इनकी औरत भी अफ़सर होती है। मिसेज़ ब्राउन क्या फटा-फट अंग्रेज़ी में बात कर रही थीं। अब मिसेज़ ब्राउन से मिला हुआ ये हाथ किसी से नहीं मिलेगा क्या बात है उनकी!" लाला चतरसिंह ने अपने होंठ कसकर दबा लिए थे।

डेरे पर लौटकर बाबा ने मेरे हाथ मिट्टी से धुलवाये थे और स्वयं स्नान किया था।

# 7

चुनाव नज़दीक आता जा रहा था। इस वर्ष बाबा बोर्ड का काम निबटाने में एकाएक व्यस्त हो गए थे। हर बार तो काम अगली बार के लिए भी छोड़ दिया जाता था। लेकिन इस बार 'अपना दर्द अपने ही सिर...!' शाम को तो बोर्ड की बैठकें होती ही थीं, सुबह भी सेक्रेटरी के साथ घोड़े पर चढ़कर मुआयना करने जाया करते थे।

शाम को मैं भी उनके साथ टाउनहाल चला जाया करता था। जब तक मन होता था अन्दर बैठता था, नहीं तो बाहर आकर अपने दोस्तों के साथ टाउनहाल-पार्क में खेलने लगता था। टाउनहाल-पार्क शहर के बीचोबीच होने से सब बच्चे शाम को वहाँ इकट्ठे हो जाते थे। लॉन पर फुटबाल, गेंदतड़ी आदि खेलना मना था, लेकिन मेरे होने से यह सुविधा उन सबको मिल जाती थी। हालाँकि चौधरी (माली) की भूरी आँखें देखकर कभी-कभी मुझे भी लगने लगता था, मेरी ही ओर निकल आई हैं। लेकिन उसकी शीरीं ज़बान, फूलों का गुलदस्ता लाकर मेरे हाथों थमा देने की प्रतिक्रिया, उस अहसास से मुझे पूरी तरह मुक्त कर देती थी। पर यह बात सही है कि लॉन पर खेलनेवाले अन्य बच्चों के पीछे वह लाठी लेकर दौड़ा करता था। नामरजाद और फोश गालियाँ दिया करता था। सात-साढ़े सात बजे तक हम लोग ऊधम मचाया करते थे। सात बजे के बाद शहर-भर के 'ठाली' लोगों का ताँता लग जाता था! कोई बेंत टेकता हुआ आता था, किसी का कुर्ता मैला और धोती नई-नकोर होती थी! कुछेक 'माडर्न' लोग निकरनुमा जाँघिया और घर का सिला बिना बाँह का बनियान पहने चले आते थे। अधिकतर लोग 'रेडी-घर' (रेडियोघर) के आस-पास पड़ी बेंचों पर बैठने का प्रयत्न करते थे। यदि बेंचें भर जाती थीं, तो उसके चारों ओर जमी घास पर गंगा-जमनी अंगोछा बिछाकर लेट जाते थे या वैसे ही! स्थिति यह थी कि उस मीनार के चारों ओर की घास लगभग उड़ गई थी।

वहाँ पर बैठनेवाले लोग किसी भी रूप में कोई सीमा नहीं मानते थे। यहाँ तक कि उन लोगों की धोतियाँ बेपर्दगी की सीमा तक उघड़ी रती थीं। जाँघिया पहने

हुए लोगों की तो बात ही क्या! बच्चों के लिए यह बेपर्दगी एक तरह का खेल बन जाती थी!

धीरे-धीरे खोमचेवालों और तेल-मालिशवालों की आवाज़ें आने लगती थीं। खोमचेवाले पार्क के दरवाज़े पर ही बैठ जाते थे। खोमचों पर जलती कड़वे तेल की कुप्पियों से निकलती काले धुएँ की मोटी लौ रोशनी से अधिक फैलती थी। गन्ध भी! तेल-मालिशवाले कपड़ा लगी फोल्डिंग कुर्सी कन्धे पर टाँगे, हाथ में तेल की शीशियों का स्टैंड लिए 'लपचकने' से घूमते रहते थे। रंगीन तहमद और बाज़ार का मैला जालीदार सैंडो बनियाइन उन लोगों की 'परम-स्वीकृत' यूनीफॉर्म मानी जाती थी।

'तेल...मालेऽश।' की आवाज़ हर आधे सेकेंड के बाद सुनना, लोगों की आदत बन गई थी।

कुछ लोग मालिश कराते भी थे। सिर पर तालियाँ बजार-बजाकर या गुदगुदी करने के तौर से उँगलियाँ नचा-नचाकर...हम बच्चों के हँसने के लिए, वे लोग काफ़ी सामग्री उत्पन्न कर देते थे। 'मालेश' ख़त्म होने पर वे लोग उँगलियाँ चटकाते थे, कन्धों को झटका देते थे, कमर लचकाते थे और हाथों पर तौलिया डालकर मरोड़ा-मरोड़ी करते थे। यह सब क्रिया हम बच्चों को बड़ा आकर्षित करती थी। मौका पाकर हम भी एक-दूसरे की मालिश कर दिया करते थे। हममें से बहुत से तो तेल-मालिशवालों के पीछे-पीछे चिढ़ाने के लिए 'तेल-मालेश' की आवाज़ लगाते हुए दौड़ते भी थे।

लगभग आठ बजे तक लड़ाकू-सेनाओं की तरह भीड़ वहाँ अपनी स्थितियाँ सँभालती रहती थी। रेडियो से प्रसारित 'उर्दू में ख़बरें' सुनते समय लोग एकदम शान्त रहते थे। बीच-बीच में बच्चे बोलते थे तो उन पर डाँट पड़ती थी। भिन्न-भिन्न तरह की आवाज़ें सुनाई पड़ती रहती थीं, "अबे कौन 'सवरा' है, चपड़-चपड़ कर रा..."

"अरे भई चुप भी बैठा करो..."

"दिके, कतरनी-सी चलो जागी..."

बच्चों पर इसका असर कम ही होता था।

उर्दू ख़बरें ख़त्म होने के बाद जब दादरा, ठुमरी या ख़याल शुरू होता था तो लोग सुनी हुई ख़बरों पर टीका-टिप्पणी शुरू कर देते थे! अधिकतर ख़बरें कांग्रेस के स्वतन्त्रता आन्दोलन के बारे में होती थीं।

कोई बात शुरू करता था, "देक्खा लालाजी, इन सवरों कांगरसियों का उतपात। पेट्टों में गेहूँ की रोट्टियाँ गड़री...सच्ची बात तो यू है, गेहूँ की रोट्टी को फ़ौलाद का पेट चाहा। इन सवरों से कौन कहन गया था, हम गुलाम हैं तुम सौराज

दिवाओं हमें। काम न धन्धा। अरे भाई, सौद्दा सुलुफ बेच्चो...नौकरी-चाकरी करो। नईं जी हम तो सौराज लेंगे। लो सौराज...खाओ डंडे, पिटते-पिटते चूतड़ लाल हो जाँगे। आपो तो मरेंगे ई म्हारे 'लम्डी-लारों' को बी ठिकाने लगा के जाँगे।''

दूसरा कहता था, ''कहो तो तम ठीक ई हो। पर म्हारी कौन सुने! ये अंगरेज़ ई भले आदमी दिक्खें मुझे। अरे भई हम पुच्छें तम ने अबी-अबी हिटलर को ठौड़ मार दिया...ये कांगरसी नी थारे पै थमते। सौरों को सड़क पे खड़े करके बन्दुक्कें दगवा दो...सब अपनी माँ-बहन्ना के लहँगों में घुस जाँगे! अभी या 'रेडी' कहनी रई थी, पटने में उतपातियों को गिरफ़्तार कर लिया गया। मैं पुच्छूँ संगीन नी चढ़वाई गई...थारे पे। पर इने कौन समझावे...''

तीसरा बात को समाप्त करने की मुद्रा में कहता था, ''तुम नी समझ सकते। हम समझावेंगे तमै...तमने कभी सँपेरा देक्खा...सँपेरा बी तो पहले बीन बजा के साँप को खिलावे...बस यो ई तम यहाँ समझो। मौका आते ई दाँत तोड़ दिए जाँगे।'' कहनेवाला, 'दाँत तोड़ दिए जाँगे' शब्द पर अतिरिक्त ज़ोर देता था। लेकिन सँभालते-सँभालते भी उसके टूटे हुए दाँतों के बीच से काफ़ी हवा निकल जाती थी।

बहुत-से लोग स्थानीय राजनीति पर बातें करते रहते थे, ''कुछ सुना भाई चमन लाल...वो इकरामुल जुलाहे का राय सा'ब से टुट्टन लगरा।'' कोई हरगुलाल नाम के सज्जन कहते।

''किसकी तरफ़ा जागा...?''

''जगदीशसरन रा बहादुर्र ने उससे कहा तू चेरमैन बन जा...''

''तो चेरमन्नी बदलन लग री...''

हरगुलाल नाम का व्यक्ति बड़ी गम्भीरतापूर्वक सोचता हुआ कहता, ''दिको लाल सा'ब...हम तुमे बताओ दें...यू जो थारी रामलीला बड़े बाजार में कू निकल जाया करे थे, अब नी निकलने की। के मुसलमान अपनी महजिद के आगे बाज्जा नी बजने दें। वो तो राय सा'ब लड़भिड़ के निकलवा ले जाँवे थे। सुना अब तो पुलिस कप्तान बी राय सा'ब का दुस्मन हो रा। म्हारा ही कुत्ता हमीं को भौ...देक्खा इकरामुल को।''

चमनलाल हरगुलाल की हाँ-में-हाँ मिलाते हुए कहते, ''यो बात तो तमने पाव रत्ती सही कही। तमे याद नी...वो जो कस्साइयों के यहाँ से गाँ (गाय) भाग के राय सा'ब के बैलख़ाने में घुसगी थी, मुसलमानों का बच्चा-बच्चा लाठी-बरछे लेके उनकी हवेली के आगे जमा हो गया था...'हम तो गाँ लेके जाँगे।' राय सा'ब अन्दर से निकलके उनके आगे आके खड़े हो गए थे...'गाँ नी जाने की, तम मुजे मारो, मारो मुजे।'''

हरगुलाल को यह बात कहना 'तमें याद नी' बुरा लगा, ''हमें क्यूँ याद होता, हम तो दुद्धी पीवें थे। क्यूँ नवाब सा'ब और यो थारा 'इकरामुल जुलाहे के का' बीच में नी पड़े थे। गाँ के खून बहन लग रा था...मरम-पट्टी करी गई थी। गाँ को रेस्सम की डोरी में बाँधी थी...रेस्सम की झूल डलवाई थी...एक तरफ़ से राय सा'ब दूसरी तरफ़ से नवाब साहब गाँ की डोरी पकड़के बाज्जे-गाज्जे के साथ गोशाला ले गे थे...मैं राय सा'ब के पीच्छे नी था और 'इकरामुल जुलाहे के का' नवाब सा'ब के...। अब वो सवरा 'जुलाहे के का' कितना ई बड़ा आदमी हो गया हो...हम तो जानें सब...!''

चमनलाल तुरन्त बोले, ''अरे सौरा बड़ा आदमी क्या हो जाता...दोस तो म्हारा थारा है...राय सा'ब और राय बहादुर्र का है...उसे सवरे को पाला तो था राय सा'ब ने ई, उन्हीं का लौंड्डा नी! उसे बनाया तो हम तमने ई बड़ा। अब राय बहादुर्र ने तोड़ लिया...उसे तो जो दूद (दूध) जलेब्बी जादा देगा उसी के पास जागा!''

''बस तो ठीक है अब रामलीला भी बन्द हो जागी...गाँ बी कटेगी। फिर ना तम म्हारे से शिकायत करियो...कभी कहो दिको जी यो क्या होरा!''

''अजी म्हारा कहने का कौन-सा मूँ रह जागा। जिस मूँ से खाया जा उससे हगा नी जाता...।''

रात के साथ-साथ बातें सड़कों की तरफ़ बढ़ जाती थीं।

दीये जल गए थे। गाड़ी काफ़ी देर पहले दरवाज़े पर लग गई थी। मैं भी कपड़े पहने तैयार बाबा की इन्तज़ार में चबूतरे पर टहल रहा था। मेरे साथी बुलाने के लिए आकर जा चुके थे। अकेले जाने की इजाज़त नहीं थी, मैं मन-ही-मन दुखी था। इस बात के लिए मैं अम्मा से कई बार लड़ चुका था, ''सब अपने दोस्तों में खेलने जाते हैं, मुझे अभी तक भी जाने नहीं दिया जाता।'' अम्मा चुप रहती थीं। बाबूजी से भी कह चुकी थीं, ''इसको आप इसके हमजोलियों में क्यों नहीं खेलने देते?'' उनका यही कहना था, ''ऐसे-वैसे लड़कों के साथ खेलकर बिगड़ जाएगा...''

लगभग साढ़े सात बजे बाबा अन्दर से निकले। बिना मुझे लिए गाड़ी की तरफ़ चल दिए। दीना ने दहलीज़ में से हाथ के इशारे से कहा, ''जाओ, खड़े क्या हो...'' पहले तो हिम्मत नहीं पड़ी। फिर पीछे-पीछे चल दिया। बाबा ने गाड़ी में बैठते हुए मुझे देखा, पूछा, ''क्या बात है? अब तो तुम्हारे साथी चले गए होंगे। अब जाकर क्या करोगे?''

"...घूम आएँगे।"

बाबा कुछ नहीं बोले थे। मैं धीरे-से सामनेवाली सीट पर बैठ गया था।

जब गाड़ी गली से गुज़रा करती थी तो वज़ीर की घंटी बार-बार बजती रहती थी। एक बार 'टन्' हो जाती...कुछ क्षण के लिए मौन...फिर टन्। घंटी बजने का यह क्रम उस हल्के से अँधेरे में मुझे बड़ा रोचक लगा करता था। दो-तीन बार घंटी बजी, फिर एकाएक गाड़ी रुक गई। बाहर झाँककर देखा। गली के मोड़ पर कुछ महिलाएँ खड़ी बातें कर रही थीं। हमेशा बाबा की गाड़ी की घंटी सुनकर औरतें अन्दर हो जाती थीं। वज़ीर ने गाड़ी रोककर भी घंटी बजाई। बाबा ने पूछा, "कौन औरतें हैं?"

वज़ीर शायद एक को जानता था। उसने उस आदमी का नाम बता दिया 'फलाँ की घरवाली'। बाबा ने फ़ौरन उस आदमी को बुलाने के लिए चपरासी भेजा। शाम को बोर्ड की मीटिंग में जाते हुए म्युनिसिपैलिटी का एक चपरासी वज़ीर के बराबर में कोच-बॉक्स पर बैठा रहता था। बाबा का परवाना पाकर वह तुरन्त दौड़ा हुआ आया था। इस बीच औरतें हट गई थीं।

बाबा ने उस आदमी को गाड़ी में ही बैठा लिया था। उससे सब बातें पूछीं–उसका क्या नाम है? क्या करता है? पिताजी का क्या नाम है? शायद बाबा उसके पिता को जानते थे। थोड़ी देर बाद उन्होंने उससे कहा, "तुम्हारी घरवाली सड़क पर क्यों खड़ी हुई थी?"

वह ख़ामोश रहा था। बाबा उसे समझाते रहे थे, "भले घरों की औरतें इस तरह सड़कों पर खड़ी नहीं होतीं...ये समय घर में दीया-बत्ती करने का है, या सड़कों पर खड़े होने का।"

वह आदमी गाड़ी में बैठा लिए जाने पर जितना कृतकृत्य हो गया था, उतनी ही इस समय उसकी गर्दन झुकी जा रही थी। बाबा का उन महिलाओं के लिए ये कहना 'भले घरों की औरतें इस तरह सड़कों पर नहीं खड़ी होतीं' मुझे बड़ा अजीब-सा लग रहा था। भले घरों की महिलाएँ मैं अपने, राय नीलमणि कान्त या कुँवर साहब आदि के घरों की महिलाओं को ही समझता था। वे लोग डोलियों में या बन्द गाड़ियों में आती-जाती थीं। दहलीज़ के सामने आकर गाड़ी रुकती थी, उनके उतरने के लिए भी दोनों तरफ़ क़नातें लगा दी जाती थीं। क़नात लगानेवाले लोग भी पीठ फेरकर खड़े होते थे।

वह आदमी हाथ जोड़कर माफ़ी माँगने लगा था। टाउनहाल पहुँचकर, उतरते हुए बाबा ने उसके कन्धे पर हाथ रखकर उसे समझाते हुए कहा था, "कोई बात नहीं, ग़लती हो ही जाती है।" उस आदमी को पुनः घर तक छोड़ आने के लिए कहकर, वे अन्दर चले गए थे।

हॉल में लगीं विक्टोरिया-लालटनें जल गई थीं। लोगों के चेहरों पर रोशनी पतली नक़ाबों की तरह ठहरी थी। बाबा के अन्दर दाख़िल होते ही सब लोग खड़े हो गए। खान बहादुर इकरामुल हक़ और रायबहादुर जगदीश शरण के बीच में बैठा हुआ उमरा चमार खड़ा नहीं हुआ। बाबा ने देखा और अनदेखा कर दिया। वह रिज़र्व-सीट से चुना हुआ सदस्य था। पहले वह पीछे बैठा करता था, अब बिलकुल सामने बैठने लगा था। बाबा बीचोबीच बने मंच पर बैटते थे। चारों ओर पीतल की छड़ों का एक कटघरा-सा बना हुआ था। ऊँची तकियेवाली एक कुर्सी थी। मेज़ पर चाँदी का एक गुर्ज़ रखा रहता था। रेतघड़ी रखी रहती थी। हालाँकि काम जेबघड़ी से ही लिया जाता था।

उस रोज़ जिस मसले पर बात होनेवाली थी, वह सड़कों की मरम्मत का मामला था, लेकिन इस मसले पर से हटकर बात सेक्रेटरी-बोर्ड की बेईमानी की ओर चली गई थी। एक मेम्बर ने खड़े होकर कहा, "सड़कों की मरम्मत का मामला तब तक सुलझ नहीं सकता जब तक सेक्रेटरी-बोर्ड और ओवरसियर की बेईमानी नहीं रोकी जाएगी...।"

बाबा ने कहा था, "मैं चाहूँगा कोई भी बात कहने के साथ, सबूत भी दिया जाना चाहिए..."

"सबूत तो हज़ार मिल जाएँगे, पर फ़ायदा क्या होगा।"

बाबा ने आवाज़ में रूखापन लाकर कहा, "कोई भी मेम्बर किसी भी ऐसी मिसाल की तरफ़ इशारा कर सकता है, सबूत मिलने पर म्युनिसिपैलिटी के किसी भी अफ़सर या अहलकार के ख़िलाफ़ कार्यवाही न की गई हो?"

उस मेम्बर से जवाब देते न बन पड़ा था, घबराया-सा चुपचाप बैठ गया था। लेकिन उमरा चमार खड़ा होकर बोला, "सबूत तो राय सा'ब, म्हारे पास थारे ख़िलाफ़ बी है..."

पल-भर के लिए सन्नाटा खिंच गया था। रायबहादुर और ख़ानबहादुर ने गर्दन झुका ली थी।

अगले ही क्षण राय नीलमणि कान्त गरजकर बोले थे, "अबे चमार के...तेरे बहुत दिमाग़ ख़राब हो गए। बाबा (पिता) कल तक जूते गाँठता फिरता था...। मार जूतों के ज़मीन में बिछवा दिया जाएगा, कभी किसी और ने मुँह लगाया हो।" एकाएक उनका इतनी जोर से बोलना उस पूरे वातावरण पर भारी पड़ गया था।

बाबा ने उन्हें बैठने का इशारा किया। लेकिन राय नीलमणि कान्त ने बाबा से अनुरोध किया था, "इस चमार को आदेश दिया जाए, पीछे बैठा करे। अगर ये चमार किसी और का रिश्तेदार या 'महबूब' हो तो वह भी पीछे ही उसके पास बैठे...वरना..."

बाबा ने दबावदार स्वर में पुनः कहा था, "राय नीलमणि कान्त, आप बैठ जाएँ।" राय नीलमणि कान्त बैठ गए थे। वे क्रोध से काँप रहे थे। कुछ देर तक तो बैठे रहे, फिर बाहर चले गए।

उमरा राय नीलमणि कान्त के इतने ज़ोर से चिल्लाने पर एकाएक बैठ गया था। वह फिर खड़ा होकर बोलने लगा, "हमें निच्ची जात का समझा जाता है...यो सरासर म्हारी बेइज़्ज़ती है। बड़ी जात के सब एक होंगे...रायबहादुर्र और ख़ानबहादुर्र ही हम निच्ची जातवालों का ख़याल रक्खें। जुक्कर हमें पता चला उक्कर कह दिया..." उमरा थोड़ा ठहरकर होंठों पर जबान फिराता हुआ बोला, "हमने तो अबी-अबी अपनी आँखों देक्खा...गली में खड़ी बीर बान्नियाँ को देख के चेरमैन सा'ब ने गाड़ी रुकवा ली थी...उसके आदमी को बुलवा के उसे अपनी घोड़ागाड़ी में बिठा के बातें करते यहाँ तक आए थे..."

बाबा अपनी कुर्सी से उठ खड़े हुए थे। कुँवर साहब, चतरसिंह, पंडितजी...यहाँ तक कि राय बहादुर भी उठ खड़े हुए थे। इकरामुल हक ने खड़े होकर बोलना चाहा था, "राय सा'ब जैसा हीरा..."

बाबा ने बीच में ही डाँट दिया था, "आप बैठिए।" स्वयं उतरकर उमरा के सामने जाकर खड़े हो गए थे! ऊपर से नीचे तक उसे एक नज़र देखा था। उमरा को कँपकँपी छूट गई थी। छोटी-छोटी पसीने की बूँदें उसकी माथे पर छन आई थीं। बाबा ने उसका नाम पुकारा भर था, "उमरा सिंह...!"

वह गर्दन तक नहीं उठा पाया था। दूसरी बार अधिक ज़ोर देकर पुकारा, "उमरा सिंह...।"

उमरासिंह के गले में कुछ फँसता हुआ-सा लगा था। वह एकाएक टूटकर लटक-सा गया था। मेज़ के ऊपर से ही बाबा के पाँव पर झुक गया।

बाबा ने उस रोज़ बोर्ड की कार्यवाही 'स्थगित' कर दी थी। लोग ग़मी के अन्दाज़ में उठे थे। बाबा के गाड़ी तक पहुँचने से पहले ही मैं चुपचाप आ बैठा था।

रास्ते-भर बाबा जल की ठहरी सतह-से लगते थे। बीच-बीच में होंठ फ़रक जाने या भँवें तन जाने के कारण हवा का झोंका आ जाने का-सा अहसास हो जाता था। गाड़ी के दोनों ओर जलती लालटेनों की हल्की-हल्की मोमाई रोशनी त्रिकोणों में अन्दर आ रही थी। वह रोशनी मेरे ऊपर तो बिलकुल नहीं थी। बाबा के सामने ही बैठे होने के कारण रोशनी की एक रेखा उनकी गर्दन के नीचे बाएँ से दाएँ कन्धे तक खिंची हुई थी। दूसरी रेखा दाहिने कन्धे से एक विशेष कोण पर मुड़ गई थी और बाएँ पाँव से लिपटती हुई नीचे नुकीली हो गई थी। दूसरी तरफ़ लगी लालटेन की रोशनी गद्दी पर टिके दाहिने हाथ की बन्द मुट्ठी पर पड़ रही थी, जब वे दोनों हाथ पीछे बैक पर फैला लेते थे। चेहरे की ही तरह उनके

हाथ भी अँधेरे में हो जाते थे। दाहिने हाथ की मुट्ठी पर पड़नेवाली रोशनी, बिलकुल उपेक्षित-सी उनके बराबर में बैठी रहती थी। इस पूरे वातावरण में गाड़ी चलते रहने का आभास ग़ायब हो गया था।

घर पहुँचकर, बाबा अपने कमरे में चले गए। काका साहब बाहर ही बैठे थे। बाबा लौटने पर काका साहब से बाबूजी के बारे में, बाबूजी से काका साहब के बारे में पूछा करते थे। लेकिन उनको चुपचाप अन्दर चले जाते देख काका साहब ने मुझसे पूछा, "क्या बात हुई, भाई साहब ऐसे क्यों हैं?" मैंने उन्हें पूरी बात बता दी थी। काका सहब अकेले पत्ते लगा-लगाकर ताश खेल रहे थे। ताश फेंककर तुरन्त अन्दर चले गए। थोड़ी देर बाद सात-आठ नौकरों के साथ लौटे थे। काका साहब के मुँह से मारे क्रोध के बोल नहीं निकल रहा था। बड़ी मुश्किल से कह पाये, "उस हरामज़ादे उमरा चमार को पकड़कर ले आओ...उसके बाप को भी साथ लाना।"

जब वे चलने लगे तो उन्होंने उन सबको वापिस बुलाया और कहा, "अगर न आए तो ज़बरदस्ती लाना, सड़क पर खींचते हुए लाना..." एक सन्तरी को भी बन्दूक लेकर साथ कर दिया था। उनमें से दो आदमी तो मात्र इसी काम के लिए नौकर थे। एक आदमी को चपत मारने में ऐसी महारत थी कि पहले ही चपत में एक दाँत टूट जाता था। पिटनेवाला खून थूकने लगता था। दूसरे की आँखें बड़ी-बड़ी थीं...पहले स्तर पर तो वह आँख निकालकर ही डरा लेता था। दूसरे स्तर पर मात्र हंटर फटकारता और एक 'भुंडी-सी गाली देता था, जो उसके और पिटनेवाले आदमी की माँ-बहन के परस्पर सम्बन्ध को उजागर करती थी। लेकिन उस आदमी को मैंने कभी किसी को हंटर से पीटते नहीं देखा था।

बाबा कपड़े बदलकर गुसल के लिए चले गए थे। काका साहब का ख़याल था, बाबा गुसल के लिए जाने से पहले एक बार बाहर ज़रूर आएँगे। उनको बाहर न आते देखकर वे, और ज़ोर-ज़ोर से चहलक़दमी करने लगे। बार-बार गन्दी-गन्दी गालियाँ देते जा रहे थे। काका साहब की यह स्थिति देखकर, दीना स्वयं बाबूजी को बुलाने चला गया था। मुझे डर था, कहीं बाबा मुझ पर नाराज़ न हों-मैंने वहाँ की बात घर मे क्यों बतलाई। आगे से साथ ही ले जाना बन्द कर दें।

थोड़ी देर बाद बाबूजी भी आ गए थे। उन्हें देखते ही काका साहब चिल्लाने लगे थे, "देखा उऽऽउस उमरा चमार की बात! हरामज़ादा हमारे टुकड़ों पर पला...उसका बाप हर दशहरे को जूते पहनाने आया करता था...कमीना साला..."

बाबूजी ने बीच में रोककर पूछा, "क्या हुआ काका साहब...?"

काका साहब ने बाबूजी को अलग कोने में ले जाकर धीरे-से बताया। हालाँकि मेरे सिवाय वहाँ कोई नहीं था। बाबूजी के चेहरे पर भी अचानक ऐसा भाव आ गया, जाने क्या कर डालें...उनका साँस फूलता-सा नज़र आया। काका साहब के साथ बाबूजी भी टहलने लगे। शायद उनका इस तरह टहलना क्रोध को सँभालने के लिए अतिरिक्त शक्ति-संचय करने का प्रयत्न-सा रहा।

थोड़ी देर बाद अष्टगन्ध की सुगन्ध आने लगी थी। बाबा हवन कर रहे थे। उस दिन शाम को हवन करते देख आश्चर्य ही हुआ था।

बाबूजी ने रुककर कहा, ''आप बेफ़िक्र रहें...।''

लगभग आधा घंटे तक उन दोनों का ग़ुस्सा उफन-उफनकर बिखरता रहा था।

आधा घंटे बाद वे लोग उमरा चमार के बाप को लेकर लौटे थे। बाबा तब तक बाहर नहीं आए थे।

उसने आते ही काका साहब के पाँव पकड़ लिये थे, ''मालिक, म्हारी ज़िन्दगी आप ही हज़ूरों की जुतियाँ सिद्धी करती बित्ती...यो तन थारे झुट्टे टुकड़ों पे ही पला...उस नालायक को क्या करूँ सवरे कांगरेसियों के चक्कर में पागल हुआ फिरै...रहेगा तू नीच जात ई...।''

काका साहब ने इतनी ज़ोर से ठोकर मारी थी, बूढ़ा दूर लुढ़क गया था। मेरे मन में इस बात पर दोनों ही प्रतिक्रियाएँ हुई थीं...भली, बुरी!

बाबूजी ने उससे पूछा था, ''उमरा कहाँ है?''

''सरकार उसे तो ख़ानबहादुर साहब अपने साथ ले गए...उन्होंने ई उसकी ज़िन्दगी तबा कर दी...साला खाने का न कमाने का। बड़ों-बड़ों के मूँ लगता फिरे। ख़ुद तो लड़ा न जात्ता इस नीच को आगे कर दें-सरकार मैं क्या करूँ, मेरा तो बुढ़ापा ही बिगड़ गया।'' बूढ़ा रोने लगा था। सब लोग उस बूढ़े के चारों ओर जंगला बने खड़े थे।

बाबा की खड़ाऊँ बजने लगी थी। पूजा से उठ गए थे। बाहर आ रहे थे। काका साहब और बाबूजी थोड़ा ख़ामोश हो गए। बाबा ने एक पाँव दहलीज़ की चौखट के बाहर रखा, उनकी नज़र उमरा चमार के बाप पर गई। वह अपने मैले-कुचैले डेढ़ हाथ के साफ़े से आँखें पोंछ रहा था। उस साफ़े के बीच से उसकी चाँद दिखलाई पड़ रही थी।

बाबा सफ़ेद धोती पहने, रेशमी चादर ओढ़े बाहर निकल रहे थे। उनका चेहरा इस समय अधिक शान्त था। दूसरा पाँव ड्योढ़ी के बाहर आते ही, बूढ़ा बाबा की ओर लपका। वे उसी जगह रुक गए।

''क्या बात है...वहीं ठहरो।'' उनकी आवाज़ से लक्ष्मण-रेखा सी उसके आगे खिंच गई थी।

बूढ़ा घिघियाता हुआ बोला, "मालिक...मैं आपके मैल का पुतला हूँ, सरकार ऐसा ना सोचियो...इससे तो मुझे कुत्तों से नुचवा दो। पर मैं नमकहराम नीं...।"

बाबा उसके थोड़ा निकट आ गए थे। उसने फिर पाँव छूना चाहा। बाबा ने फिर रोक दिया था। "नहीं...।" चारों तरफ़ एक नज़र देखा। खड़े हुए उन मुस्तैद नौकरों को देखकर वे समझ गए थे। उनका शुबा बाबूजी पर था, "तुमने बुलवाया है?"

काका साहब बाबूजी के कुछ कहने से पहले ही बोले, "नहीं, मैंने।" बाबा काका साहब के पास आ गए थे। उनके कन्धे पर हाथ रखकर कहा, "इसमें इसकी क्या ख़ता...?"

"ख़ता किसी की भी हो, इन सब सालों को एक-एक कर ज़मीन में उतरवा दूँगा...ये चमार चट्टे आपके मुकाबले पर आएँगे...बीज ही नेस्तनाबूद कर दूँगा।"

इस बात से मुझे पुनः डर लगने लगा था, हो सकता है 'बाबा मुझे न डाँटें, क्यों कहा?' लेकिन बाबा का ध्यान मेरी तरफ़ बिलकुल ही नहीं था। उन्होंने काका साहब को पुनः समझाने का प्रयत्न किया, "क्या तुम वाकई समझते हो...ये बेचारे मेरी बेइज़्ज़ती कर सकते हैं? शक्तिशाली या बराबर के लोगों द्वारा की गई इज़्ज़त या बेइज़्ज़ती का अर्थ होता है समझे!"

काका साहब ने कुछ कहना चाहा, लेकिन उनकी आँखों से तर-तर पानी गिरने लगा। बाबा ने बूढ़े से कहा, "जाओ, उसे समझा देना वह इस सबके बीच में न पड़े...घुन का कोई अस्तित्व नहीं होता।"

खुँख़ार जानवर की तरह चारों तरफ़ से घेरे हुए खड़े नौकरों को बाबा ने वहाँ से चले जाने का इशारा कर दिया। सबके चले जाने पर बाबा भी खट-खट करते अपने कमरे में चले गए। तने हुए तम्बू की रस्सियाँ काट दी गई थीं। काका साहब ने लम्बी साँस छोड़ते हुए कहा, "बड़ा ख़राब ज़माना आता जा रहा है...!" बाबूजी चुप-चुप रहे।

कुछ देर तक खड़े रहकर बाबूजी भी अन्दर चले गए। काका साहब कुर्सी पर बैठ गए।

बाबा घुड़सवारी से लौटे थे। पसीने से लथपथ उनका चेहरा तमतमाया-सा लग रहा था, लेकिन भाव वैसा नहीं था। नौकर उनके पैरों में बँधे चमड़े के लेगगार्ड खोल रहा था। गोल-गोल लाल गार्ड रँगी हुई सुडौल और चिकनी पिंडली का आभास देते थे। बराबर में कुर्सी पर उनका हंटर रखा था।

ख़ानबहादुर ने आकर अचानक सलाम किया। बाबा ने देखा, शायद देखते रहने में पल-भर से अधिक वक़्त लगा। बराबर की कुर्सी पर रखे हंटर को हटाकर,

धीरे-से बैठने का इशारा कर दिया। बोले कुछ नहीं। ख़ानबहादुर ने धीमे से कहा, ''भाई साहब!'' बाबा ने उनके 'भाई साहब' कहते ही गर्दन घुमाकर देखा। उनका पूरा-का-पूरा चेहरा निषेधात्मक हो उठा। ख़ानबहादुर की साँस-सी टूट गई। तुरन्त जबान बदलकर बोले, ''राय सा'ब...'' बाबा की मुद्रा कुछ ऐसी हो गई 'सुन रहा हूँ, कहिए।'

''वो मैं...ये अर्ज़ करने आया था, के...शायद उमरा के उस तंग नज़रिए की...'' बाबा ने उनकी ओर पुनः देखा। उनके देखते ही एकाएक शब्द बदल गए, ''मेरा ख़याल था बदइख़लाख़ी को आपने मेरा क़सूर न समझा हो...''

बाबा चुपचाप बैठे रहे। हाथ का हंटर कभी ज़मीन पर ही फेंककर लम्बा कर लेते थे, कभी लपेट लेते थे। ख़ानबहादुर के चेहरे से लग रहा था, बात आगे बढ़ाने के लिए शब्द उन्हें ढूँढ़े नहीं मिल रहे हैं।

हंटर को थोड़ा-सा झटका देते हुए बाबा ने ज़ोरदार 'हूँऽऽ' की और रुक-रुककर दो-चार शब्द कहे, ''ख़ानबहादुर...मैं सब जानता हूँ..।'' ख़ानबहादुर के चेहरे पर आगे कुछ और सुनने की उत्तेजना काफ़ी देर तक क़ायम रही। लेकिन बाबा हंटर को ही खोलने और लपेटने में व्यस्त रहे। ख़ानबहादुर के चेहरे की वह उत्तेजना धीरे-धीरे कम होती गई। कुछ समय बाद बाबा ने फिर कहा, ''गलतियाँ भी वही आदमी करता है, जिसके अपने निर्णय होते हैं...मैं क्या आपको जानता नहीं...!''

ख़ानबहादुर ने बात को आगे बढ़ाने के लिए कहा, ''मैंने बड़ी लानत मलामत की...बहुत शर्मिन्दा था। क्या बतलाऊँ...?''

बाबा हँसे, ''बतलाने के लिए अब भी आपके पास कुछ है...?''

ख़ानबहादुर इकरामुल हक़ का चेहरा मिट्टी के मुखौटे की तरह गिरकर टुकड़े-टुकड़े हो गया। शायद ख़ानबहादुर को काफ़ी देर तक ऐसा लगता रहा था, चारों ओर लोग इकट्ठे होकर उन्हें देखे चले जा रहे हैं। उनकी नज़र ठीक नाक की सीध में ज़मीन के किसी बिन्दु पर जमी थी। कुछ देर तक बाबा इन्तज़ार में रहे, फिर स्वयं बोले, ''आप तशरीफ़ रखें, मैं निवृत्त हो लूँ...'' और बिना उनके जवाब का इन्तज़ार किए उठ गए।

पूरे सहन में ख़ानबहादुर अकेले खड़े थे। एक ही नज़र में उन्होंने ऊपर अटारी से लेकर चबूतरे तक का जायज़ा ले लिया था। फिर उनकी नज़र सहन में घूम गई थी। ख़ाली कुर्सियाँ, दीवार के सहारे खड़े घुड़-सवारी के पैड...। कुछ देर तक खड़े रहकर ख़ानबहादुर अपने रास्ते चले गए थे।

मैंने देखा था बाबा ने बाहर आकर ख़ानबहादुर के बारे में किसी से कुछ नहीं पूछा था।

बोर्ड की बैठक अगले दिन के लिए भी निश्चित थी। समय से कुछ देर पहले तीनों सरग़ना राय नीलमणि कान्त, कुँवर साहब, लाला चतरसिंह आ गए थे। बाबा ने उस समय तक कपड़े वग़ैरह भी नहीं पहने थे, अपना पेचवान गुड़गुड़ा रहे थे।

सब लोगों को आते देखकर बाबा हल्का-सा मुस्कुरा दिए थे। निकट आ जाने पर पूछा, ''आज बेवक़्त इनायत कैसे?''

लाला चतरसिंह ने ही कहा, ''हम लोगों ने सोचा...राय साहब को भी लेते चलें...!''

बाबा इतनी ज़ोर से क़हक़हा लगाकर हँसे कि जैसे उनके पास इसके सिवाय कोई और रास्ता न हो। फिर बोले, ''क्या आप लोग समझ रहे थे...मैंने ही बोर्ड की मीटिंग बुलाई है और मैं ही ग़ायब रहूँगा...!''

राय नीलमणि कान्त ने झेंप उतारने का प्रयत्न करते हुए उत्तर दिया, ''नहीं ये बात नहीं...बस वैसे ही चले आए।''

बाबा मुस्कुराए।

कुछ देर बाद बाबा यह कहकर उठ गए, ''अगर मुझे साथ ले चलना है तो इन्तज़ार करना पड़ेगा...अभी तो मुझे तैयार होना है।''

सब लोगों ने हामी भर दी। बाबा तैयार होने चले गए।

बाबा के जाने के बाद राय नीलमणि कान्त ने लाला चतरसिंह से कहा, ''क्यों भाई साहब...कल रातवाली बात का क्या हुआ...?''

''हो जाएगा, आप बेफिक्र रहें...''

''ये सोचे रहिये रायबहादुर जान अड़ा देंगे...कप्तान इधर वैसे ही ख़िलाफ़ है...।''

''कहिये तो रायबहादुर का भी इन्तजाम करा दूँ! जहाँ तक कप्तान का सवाल है, अब कुछ नहीं करेगा।''

राय नीलमणि कान्त हँस दिए। कुँवर साहब ने इस बात का प्रतिवाद किया, ''चतरसिंह, ये सब ख़ुराफ़ातें न करो। इससे शहर भर में रायसाहब की और हम सबकी भी बदनामी होगी...''

लाला चतरसिंह ने कुँवर किशोरीरमण पर तुरन्त चोट की, ''यार तुम्हारे ख़ानदानियों को ठाकुर का ख़िताब किसने दे दिया था, हो तो पूरे बनिये।'' नीलमणि कान्त हँस दिए।

''अरे भाई, रायसाहब इस बीच में कहाँ आते हैं...? उन बेचारों को तो पता भी नहीं...'' लाला चतरसिंह ने अपनी बात पूरी की थी।

''नहीं, नहीं...जो कुछ करो सब उनके नोटिस में होना चाहिए...'' नीलमणि कान्त ने हँसकर कुँवर साहब की बात काटते हुए कहा, ''छोड़िए भी कुँवर साहब,

रायबहादुर के लिए तो ये मज़ाक कर रहे थे...चमरटे का अलबत्ता इन्तज़ाम होना चाहिए।''

कुँवर साहब ने कहा, ''उस साले का क्या इन्तज़ाम, आप कहें कल ही पूरे ख़ानदान समेत बुलाकर पाख़ाने के तोबरे चढ़वा दूँ...''

''नहीं इसकी ज़रूरत नहीं पड़ेगी...साला अपने ज़ोर में ही गिरेगा...खोपड़ी सड़क-किनारे पड़ी सैन मटकाएगी।'' लाला चतरसिंह की इस बात पर कुँवर किशोरीरमण ख़ामोश हो गए।

राय नीलमणि कान्त ने थोड़ा गम्भीर होते हुए पूछा, ''क्यों वो तुम स्मिथ के बारे में कैसे कह रहे थे, अब कुछ नहीं करेगा। वो साला तो हम सबके ही ख़िलाफ़ हो गया। ये लोग रोज़ जा-जाकर कान भरते हैं...।''

लाला चतरसिंह ने धीरे से कहा, ''अपने दरोगाजी आजकल पेशी में हैं न, बता रहे थे, कमिश्नर की हिदायत आ गई है...हम लोग गए थे न!''

कुँवर साहब ने बात को टटोलने की कोशिश की, ''क्या हिदायत आई है?'' लाला चतरसिंह ने ज़रा अपने को जमाते हुए कहा, ''अब ये सब बातें रहने दो...बस इतना समझो, अब बिना कमिश्नर सा'ब के हुकम के वह साला कुछ करेगा नहीं...याद नहीं, चलते वक़्त कलक्टर की मेम ने हाथ मिलाया था।'' लाला चतरसिंह ने इस तरह आँख दबाई, सब को हँसी आ गई।

बाबूजी को पता चल गया था। वे अन्दर हवेली से बाहर आ गए थे। लाला चतरसिंह ने उन्हें आते देखकर तुरन्त गाली बकी, ''लुगाई के लहँगे में घुसे हो...इतना भी ख़याल नहीं, तुम्हारे चचा बाहर बैठे हैं।''

बाबूजी के चेहरे पर खिलखिलाहट बिखर गई, बोले, ''चचा छोटे-बड़ों का कुछ तो लिहाज़ किया करो।''

लाला चतरसिंह बनावटी ग़ुस्सा दिखाते हुए बोले, ''अबे हम लिहाज़ नहीं करते या तू? लिहाज़ न करते होते तो दुनिया के काम-धन्धे छोड़कर हम भी तुम्हारी तरह अपनी लुगाई के लहँगे में घुसे होते।''

राय नीलमणि कान्त तुरन्त बोले, ''अब छोड़िए!'' लाला चतरसिंह ने बाबूजी की तरफ़ देखकर कहा, ''ख़ैर माफ़ किया...अच्छा, ये बता कुछ हुआ?''

बाबूजी एक क्षण के लिए सकपका-से गए। धीरे से बोले, ''शाम को घर पर ही आऊँगा!''

''अबे फिर वही टाँवेवाली बात...शाम को घर आना या न आना, पहले मुझे बता हुआ क्या।''

''होना क्या था...चचा मौक़ा भी देखा करो।'' बाबूजी ने लोगों की नज़र बचाकर धीरे से इशारा कर दिया।

लाला चतरसिंह की बाछें खिल गईं। बाबूजी की पीठ पर हाथ मारकर, ''वाह मेरे बेटे...तो आज ही रहे!''

बाबा कपड़े बदलकर अन्दर से निकल रहे थे। सफ़ेद चूड़ीदार पाजामा और चाइना सिल्क की अचकन पहने, एकदम नए आदमी लग रहे थे। यह पोशाक बाबा सैर-सपाटे या किसी महफ़िल के समय पहनते थे। उनके बाहर आते ही लाला चतरसिंह की बात ख़त्म हो गई। चलने के लिए खड़े हो गए। गाड़ी में बैठते वक़्त उन्हें मेरी याद आई, पास बुलाकर कहा, ''तुम तो अभी तैयार भी नहीं... अच्छा थोड़ी देर में गाड़ी आकर ले जाएगी, तैयार रहना।''

बाबा चले गए थे। कल की घटना के बाद अपने ही मन के भय से मैं छिपता घूम रहा था। इस समय उनकी बात सुनकर मुझे बहुत अच्छा लगा।

थोड़ी देर बाद गाड़ी लेने आई। मैं कपड़े पहनकर तैयार सहन में टहल रहा था। गाड़ी में अकेले बैठकर जाते हुए मैं बाबा की मुद्रा में ही बैठा, इधर-उधर देखता रहा, कोई सलाम करे। कई लोग बाबा की गाड़ी आते देखकर पहले से ही सलाम करने की मुद्रा में तैयार खड़े थे...बाबा के धोखे में की गई सलाम के जवाब में तपाक से मैंने बाबा की तरह ही दोनों हाथ उठाकर जवाब दिया।

टाउन हाल में अन्दर जाकर देखा, उमरा उस रोज़ सबसे आख़ीर में बैठा था। केवल रायबहादुर ही आगे ही लाइन में थे। बहस-मुबाहसे में बाबा ने दो-तीन बार पूछा, ''कहिए उमरासिंह, आपकी क्या राय है?''

उमरासिंह का चेहरा चौड़ा गया था, खड़े होकर हाथ जोड़ दिए थे। थोड़ी देर बाद उठकर, वह बाहर चला गया।

# 8

दिन-छिपे बाबा क्लब के लिए तैयार हो रहे थे। दीया-बत्ती हो गई थी। लैम्प, लालटेनों की बत्तियाँ जैसे अपने-आप ही बढ़ती जा रही थीं। फिर भी अभी अस्पष्ट थीं।

पंडित राधिकानाथ चतुर्वेदी का ताँगा दरवाज़े पर आकर रुका। पंडितजी गले में चादर का एक लपेट डाले, पीले चन्दन पर लाल टीका लगाये, गोल पगड़ी सिर पर रखे, अधमैला ज़ीन का कोट पहने, ऊँची धोती बाँधे, कपड़े के लाल जूतों में चबूतरे पर आकर टहलने लगे थे। दूर से तो उनका आना मात्र पता चलता रहा था। पास आकर शक्ल साफ़ हुई थी। कुछ देर तक कमर पर बेंत रखे, वे चहलक़दमी करते रहे थे। उन्हें टहलते देखकर मैं बाहर निकल आया था। उनके चेहरे ने कुछ ऐसा आभास दिया था, मुझे देखते ही उनकी बाँछें खिल गई हैं। मेरी ठोड़ी पर हाथ लगाकर पूछा था, "कहो बेटा, पहचाना?"

उत्तर में मैंने हाथ जोड़ देना पर्याप्त समझा था। उन्होंने अपना हाथ मेरी ठोड़ी से हटा लिया था और मतलब की बात पर आ गए थे, "बाबा कहाँ हैं?"

उनका बाबा कहना मुझे नागवार गुज़र गया था। बाबा मैं ही कह सकता था। औरों के लिए रायसाहब आदि अनेकों सम्बोधन थे। मेरे कुछ जवाब देने से पहले ही बाबा बाहर आ गए थे।

"कहिए पंडितजी!"

पंडितजी दोनों हाथ जोड़कर थोड़ा झुक गए, "राय सा'ब की कदाचित कहीं जाने की तैयारी है!"

"नहीं, आज्ञा कीजिए, क्लब जा रहा था।"

"अच्छा तो आप जाएँ, मैं सुबह उपस्थित हो जाऊँगा।"

"वाह, यह कैसे हो सकता है..." आग्रह के साथ बाबा पंडितजी को अन्दर लिवा ले गए। फ़ानूस अभी-अभी जलाये गए थे। हिल रहे थे। प्रकाश भी, फ़ानूसों में कटी जाली और काँच के टुकड़ों के माध्यम से अपना कम्पन और सतरंगापन

दीवारों पर चिपकाए हुए था। बाबा और पंडितजी के अन्दर पहुँचने पर लगने लगा था वे दोनों भी उस कम्पन के अंग बन गए हैं। बाबा कुर्सी पर बैठने लगे, लेकिन पंडित को खड़ा देख बाबा अधबीच में रुक गए थे और आग्रह किया, ''बैठिए, खड़े कैसे रह गए।''

बैठ जाने पर बाबा ने पंडितजी से पूछा, ''कहिए पंडितजी, शहर के क्या हाल-चाल हैं?''

पंडितजी के आधे चेहरे पर किसी वस्तु की हल्की-सी छाया पड़ रही थी। केवल नाक के नीचे का भाग रोशनी में था। पंडित राधिकानाथ चतुर्वेदी ने एकाएक बोलना प्रारम्भ कर दिया, ''बस मा' राज, क्या कहूँ। अपना तो बुढ़ापा ही काला हो गया। रायबहादुर्र ने कहीं का नी छोड़ा। लोक-परलोक दोनों गए। धोबी का कुत्ता हो गया हूँ, कहाँ जाऊँ!'' पंडितजी की आँखें उस ओट में भी काँच के पुराने टुकड़ों की तरह मालूम पड़ रही थीं।

बाबा ने सान्त्वना देते हुए कहा, ''कहिए, क्या हुआ...इतना क्यों घबरा रहे हैं?''

''मैं तो किसी को भी 'मूँ' दिखाने जोग्गा (योग्य) नी रहा। राय बहादुर्र जीते-जी पुंगी नरक भोगेगा...हरे राम, हरे राम, ऐसा अधम प्राणी! बताइए, मैं बैठक में सो रहा था। आकर मेरे हाथ पर गंगाजली रख दी। शिव...शिव...! गंगा माँ के जल का ऐसा दुरुपयोग। मैंने धरती माँ से कहा, हे धरती माँ, अपनी गोद में समो ले, अब इस जग में नहीं रहा जाता। कमबख़्त ने कहीं का भी तो नहीं छोड़ा। क़सम दे दी, गर राय सा'ब को राय दी...अब मैं क्या करूँ।''

एक साँस में इतना सब बोलकर पंडितजी के चेहरे पर थकन उभर आई थी। आत्मग्लानि की पर्त काफ़ी मोटी हो गई थी। बाबा हल्के से मुस्कुरा दिए।

कुछ देर चुप रहकर पंडितजी को समझाते हुए कहा, ''इसमें घबराने की क्या बात है पंडितजी! आप जानते ही हैं इस बार तो हारना ही है, आख़िर कब तक बोर्ड के सीने पर मूँग दलूँगा। हारना, हारना! एक वोट से या दस वोट से। आप धर्मसंकट में क्यों पड़ते हैं, अपनी वोट इकरामुल को दे दें। आपका मन तो हमारे ही साथ है, वोट का क्या!''

पंडित राधिकानाथ ने दबी नज़र बाबा की ओर देखा। एकदम भावहीन!

''मा' राज, मन की क्या बात। वो तो एक हुतो...गयो शाम संग।'' कहकर स्निग्ध भाव से मुस्कुरा दिए। फिर थोड़ा गम्भीर होकर बोले, ''मेरे बेटे की कलाई हाथ में पकड़ाकर क़सम दी गई होती तो मैं नकार जाता-पर गंगा माँ का जल...हरिओम, हरिओम! शंकर भगवान के शीश से अवतरित होनेवाली गंगा माँ का जल! उनका तिरस्कार...मुझसे नहीं हो सकेगा। आप मुझे दंड दें।''

बाबा ने उनके कन्धे पर हाथ रखकर समझाने का प्रयत्न किया, "पंडितजी, आप किस दुविधा में पड़े हैं। आपने ख़ुद थोड़े ही गंगाजली उठाई है। आपके हाथ पर रख दी गई..." कहते समय भी बाबा के चेहरे पर मुस्कुराहट थी।

"आप यक़ीन करें, इस बात का मुझे ज़रा भी अफ़सोस नहीं होगा, न आप से कोई शिकायत होगी। आप ख़ुशी से रायबहादुर की बात मान लीजिए।" पंडितजी की दृष्टि ने बाबा के चेहरे की परिक्रमा की। बाबा के होंठों का दाहिना कोना कुछ खिंच गया था। पुतलियाँ और भवें तिरछी थीं।

पंडित राधिकानाथ चतुर्वेदी कुछ देर तक चुपचाप बैठे रहे। बाबा भी। अपने-आप ही बाबा की ओर देखकर धीरे से बोले, "आज्ञा दें।"

बाबा उठकर खड़े हो गए थे। कमरे में ही थोड़ी दूर तक जाकर पंडितजी ठिठक गए। किसी बात को याद करने का आभास देते हुए, दरवाज़े से बाहर निकलने लगे। लेकिन दो-दार क़दम चलकर ही लौट आए। बाबा अपने स्थान से एक इंच नहीं हटे थे। बाबा को अपनी ओर गौर से देखते हुए पाकर पंडितजी के चेहरे पर सकपकाहट उभर आई।

बाबा ने उसी मुद्रा में पूछा, "कहिए?"

"कुछ नहीं, वैसे ही! आप भी तो चल रहे होंगे, चलिए।" पंडित जी ने घबराहट के स्वर में कहा।

बाबा ने मुस्कुराकर उत्तर दिया, "रास्ते तो अलग-अलग हैं।"

"हाँ, वह तो हैं! मैं आपको छोड़ता चलूँगा। ताँगा लाया हूँ, क्या फ़रक पड़ेगा!"

बाबा ने धीमे से कहा, "पंडितजी, मेरी गाड़ी खड़ी है।"

"ओह, हाँ, हाँ! वह तो खड़ी है!"

"अच्छा, तो मैं चलूँ!"

बाबा ने हाथ जोड़ दिए। लेकिन वे रुके रहे। झिझकते हुए बोले, "वो...मैं कह रहा था। इसमें मेरा दोष नहीं, बाध्य हो गया था। मतलब, कुछ कह नहीं सका। यानी मुँह बन्द हो गया। मुँह बन्द, मेरा मतलब था, उन्होंने कहने ही नहीं दिया! मैं क्या करता...हाथ पर गंगाजली रखी हुई थी...आप समझ नहीं सकते, मैं कितना मजबूर था!" पंडितजी कहते-कहते और निकट सरक आए। काफी पास आकर बोले, "इन लोगों से यानी लाला चतरसिंह आदि से कुछ न कहिएगा, मैं क्या कहूँ...अभी भी मेरे हाथ पर गंगाजली रखी हुई है..." उन्होंने अपनी हथेली पसार दी और उसे देखने लगे। पंडितजी के चेहरे पर निरीहता उभर आई थी।

"अच्छा; मैं चलूँ!" पंडितजी बेंत बग़ल में दबाकर बाहर जाने लगे। बाबा उनके पास जाकर दबंग आवाज़ में बोले, "पंडितजी, घर जाइए!"

"हाँ, वो तो जा रहा हूँ लेकिन आप...आप तो अपनी फ़िटन में ही जाएँगे। अच्छा, ठीक है, मैं ही जाता हूँ।"

बाबा ने बिना कुछ कहे, उनकी पीठ थपथपा दी। पंडित राधिकानाथ चतुर्वेदी चले गए।

बाब ने मुझे बाहर बुलाकर कहा, "अब देर हो गई, क्लब नहीं चलेंगे।" उस वक़्त तक हिलते फ़ानूस और उनकी रोशनी एकदम स्थिर थे। बाबा काफ़ी देर तक कमरे में अकेले बैठे रहे। उठकर टहलने भी लगते थे। जब वे टहलते थे तो जो छाया पंडित राधिकानाथ चतुर्वेदी के चेहरे पर बराबर बनी रही थी, कभी-कभी उनके चेहरे पर से भी होकर गुज़र जाती थी।

लगभग आधा घंटे बाद राय नीलमणि कान्त, लाला चतरसिंह, काका साहब और बाबूजी चुनाव के दौरे से लौटे। बाबा ने तब तक कपड़े नहीं बदले थे। वे लोग अन्दर घुसे तो पूरे कमरे में घिराव-सा आ गया। उनके बैठ जाने पर फिर छँटा छँटा-सा लगने लगा। बाबा ने हँसकर पूछा, "कहो, क्या हाथ लगा, आप लोग अब भी समझते हैं, कुछ होगा।"

लाला चतरसिंह ने थोड़ा हँसकर कहा, "जी हाँ, सिर्फ़ पहचान!" बाबा हँस दिए, "ये बात ठीक है!"

काका साहब के चेहरे पर तनाव था। सब लोग हँस हरे थे। काका साहब अतिरिक्त गम्भीर थे। थोड़ी देर बाद बोले, "देखा, राधिकानाथ को, रोज आ-आकर मीठी-मीठी बातें किया करता था, राय सा'ब ये है..राय सा'ब वो है।"

बाबा ख़ामोश रहे।

काका साहब बोलते रहे, "मिल गया जाकर उधर, कहता है गंगाजली रख दी! माँगनी-खानी जात!"

बाबा ने गम्भीरता के साथ कहा, "क्या बातें करते हो रिपुदमन! पंडित राधिकानाथ का क्या दोष है...जगदीश ने उनके हाथ पर गंगाजली रख दी! ब्राह्मण आदमी हैं!"

लाला चतरसिंह के चेहरे पर हल्की शैतानी दिखलाई पड़ी, कहा, "इसमें क्या शक! रायबहादुर ने एक ज़्यादती और भी की, उस गंगाजली को रखी छोड़कर चला गया।"

"क्या मतलब?" बाबा का चेहरा एकाएक सिकुड़कर इकट्ठा हो गया।

"दरअसल चाँदी की होने के कारण काफ़ी वज़नी हो गई थी। हथेली पर लाकर रख तो दी गई पर उतारे नहीं उतरी।" थोड़ा रुककर धीरे से कहा, "चिपक गई!"

सब लोग ज़ोर से हँस दिए। बाबा और अधिक गम्भीर हो गए।

काका साहब के चेहरे पर घृणा का भाव काफ़ी देर तक बना रहा। धीरे-धीरे बड़बड़ाते रहे, "हमारे तो अन्न में ही साला दोष है, खाते हैं और गुर्राते हैं।"

बाबा का चेहरा तमतमा गया। लेकिन संयत आवाज़ से बोले, "क्या कहे जा रहे हो, कुछ समझते हो!" काका साहब उठकर अन्दर चले गए। बुड़-बुड़ दाने से भूनते रहे। बाबा चुपचाप बैठे थे। उनके चेहरे पर भी क्रोध बना हुआ था।

राय नीलमणि कान्त ने उठते हुए कहा, "राय साहब, अगर यह बात सही है तो दुनिया में किस पर विश्वास किया जा सकता है। ज़बान और गंगाजली में कोई फ़र्क तो होना चाहिए।"

बाबा ने कोई उत्तर नहीं दिया।

सब लोग उठ गए।

चलते समय कुँवर साहब ने बाबूजी को बुलाया, "ज़रा बाहर तक चलो!"

बाबूजी बाहर चले गए थे। बाबा कमरे में अकेले रह गए थे। उन लोगों के चले जाने से कमरे का भराव ज़रा भी कम नहीं हुआ।

कुँवर साहब ने बाबूजी के कन्धे पर हाथ रखकर कहा, "आज से तीसरे दिन चुनाव है, कल ही चार-छह लोगों को घर में बन्द कर लेना पड़ेगा। पिला-पिलाकर डाउन। तब ही कब्ज़े में आएँगे...नहीं तो फूट लेंगे।"

लाला चतरसिंह बाबूजी की तरफ़ आँख का इशारा करके बोले, "वो इन्तज़ाम भी कल ही! कुँवर साहब की कोठी काफ़ी बड़ी है," हाथ नचाकर बोले, "तक् ताक थई...बस!" सबके चेहरों पर हँसी आ गई।

कुँवर साहब ने थोड़ा मुँह बनाते हुए कहा, "रायसाहब से पूछ लेना चाहिए!"

"हर बात रायसाहब से पूछी जाती है?" लाला चतरसिंह ने थोड़ी कड़वाहट के साथ कहा। बाबूजी की ओर देखकर उसी अन्दाज़ में बोले, "ठीक है रहने दो, चुनाव के बाद हमारे यहाँ होगा।"

कुँवर साहब ने सफ़ाई दी, "अरे, मैं मना थोड़े ही कर रहा हूँ, मैंने तो एक बात कही है।"

"हमने भी तो दो बात नहीं कही!" राय नीलमणि कान्त ख़ामोश खड़े मुस्कुरा रहे थे। लाला चतरसिंह उनकी ओर देखकर पुनः बोले, "देखा आपने, अन्दर से मन करता है, मौका लगे तो घाघरा उठा दे। लेकिन पारसा बनने की आदत का कोई क्या करे..."

राय नीलमणि कान्त हँस दिए, बोले, "अच्छा, अब चला जाए।" लाला चतरसिंह ने चलते-चलते कहा, "सब चीज़ें बोलत-वोतल कुँवर साहब के यहाँ भिजवा देना। वही सबको घेर लाएँगे।"

वे लोग चले गए। बाबूजी अन्दर आ गए। बाबा अपने कमरे में चले गए थे। बाबूजी एक आरामकुर्सी पर टाँगें फैलाकर लेटे से हो गए। हॉल हल्का होकर ऊपर उठ गया था।

अगले रोज़ तड़के, झुटपुटे से पहलेवाली स्थिति थी। मेरी आँखें खुलीं तो काका साहब बाबा से धीरे-धीरे कह रहे थे, "भाई साहब, कुँवर किशोरीरमण और बन्ने मियाँ आए हैं।"

"अच्छा, मैं अभी तैयार हुआ जाता हूँ! उनको दीवानख़ाने में बैठा दो।" बाबा मुँह-हाथ धोने के लिए ग़ुसलख़ाने में चले गए। उस अँधेरे में आदमी लिपटा हुआ-सा आँख-नाक हीन लगता था। बाबा मुँह-हाथ धोने के बाद कपड़े बदलकर बाहर आए। सुबह थोड़ी और साफ़ हो गई थी। बड़े कमरे में फ़र्श पर झाड़ू देने की आवाज़ आ रही थी।

बाबा ने उन दोनों को वहीं बुलवा लिया।

"कहिए इतनी सुबह!"

"जी हाँ, सोचा सुबो की सलाम कर आऊँ।" बन्ने मियाँ की इस बात पर बाबा हल्का-सा हँस दिए, "अच्छाऽ! इतनी उम्र में यह पहली सुबह है जो सलाम के साथ गुज़री है, वह भी आपके।" बन्ने मियाँ थोड़ा हतप्रभ-से हो गए।

कुँवर किशोरीरमण ने बात शुरू की, "राय साहब, बन्ने मियाँ तो रात तीन बजे से मेरे घर पर आए बैठे हैं, उस वक़्त आपको जगाना ठीक न होता। रात इन लोगों की मजलिस थी, उसी के बारे में आपसे बात करना चाहते थे।"

"हाँ ज़रूर, फ़रमाइए!" बाबा ने थोड़ी तटस्थता से कहा।

"दरअसल मुआमला ये है, आप हमारे बुज़ुर्ग हैं। वज़हदार, ख़ानदानी और अपने शहर की अज़ीम हस्ती। हम लोग नहीं चाहते हमारे शहर की चुंगी (म्युनिसिपेलिटी) का सरग़ना कोई हलका आदमी हो। चेरमैन का बड़े-बड़े अफ़सरान-कलक्टर, कमिश्नर, लाट, सबके साथ बराबर का दर्जा न हो तो बात नहीं बनती। हम लोगों ने मौजूदा हालात पर ग़ौर किया और इस नतीजे पर पहुँचे, हमारी चुंगी के चेरमैन आप ही बनना क़बूल करें!"

बन्ने मियाँ की इस बात से बाबा के चेहरे पर अतिरिक्त गम्भीरता आ गई। थोड़ा सोचते हुए बोले, "बन्ने मियाँ, इसके लिए मैं शुक्रगुज़ार ही हो सकता हूँ। जहाँ तक क़बूल करने की बात है..." होंठों पर थोड़ा तिरछापन लाकर बोले, "मैं तो चुनाव में खड़ा ही हूँ। वैसे मामला काफ़ी बिगड़ चुका है। हालाँकि इकरामुल हक़ के ख़िलाफ़ खड़ा होना मेरी शान के ख़िलाफ़ है। ये दाँव

जगदीशशरण का है। मैं जगदीशशरण के इस दाँव को किसी भी अपने आदमी को खड़ा करके काट सकता था। लेकिन वह बीसों साल से मात खा रहा है। मैंने सोचा, इस बार वह सुर्ख़रूह हो ले। इकरामुल हक़ की हार का कोई मतलब है न जीत का!''

''अल्लाह ने चाहा तो हम लोग इस बार भी अपना चेरमैन आपको ही बनाएँगे।'' बन्ने मियाँ ने तेवर के साथ कहा।

बाबा हँस दिए। बन्ने मियाँ ने उठते समय बड़े झुककर सलाम किया।

कुँवर किशोरीरमण की कोठी पर गाड़ी जा रही थी। साथ में दीना भी जा रहा था। मैं भी साथ हो लिया। काग़ज़ और फूँस में लिपटी बोतलों की पेटियाँ गाड़ी में रखी थीं।

मैंने दीना से पूछा, ''ताऊ, उन बोतलों में क्या है?''

''कुछ नहीं।'' कहकर वह इधर-उधर देखने लगा।

''कुछ नहीं, तो कुँवर साहब के यहाँ क्यों ले जा रहा है?''

दीना थोड़ा ग़ुस्सा दिखलाता हुआ बोला, ''इसीलिए मैं तुम्हें नहीं ला रहा था। मतलब हो या न हो, हर बात में मीनमेख निकालते हो।''

मैं थोड़ी देर तक ख़ामोश बैठा रहा। फिर पूछा, ''ताऊ, इसमें शराब है?'' दीना ने आश्चर्य से मुझे देखा, ''तुमसे किसने कहा?''

''किसी ने भी नहीं।''

''तुम्हें कैसे पता चला?''

''काग़ज़ में लिपटी ऐसी ही बोतलें बाबूजी की अलमारी में रखी रहती हैं। शराब की बोतल, नत्थी ने बताया था।''

दीना चुप हो गया। मैंने उसके चेहरे पर एक अजीब-सा खिंचाव देखा। शायद मैंने उस नाम से परिचित होकर देवताओं के प्रकोप को निमन्त्रण दे दिया था। वह काफ़ी देर तक उसी तनाव में बैठा रहा।

थोड़ी देर बाद बोला, ''किसी से कहना मत।''

''क्या?''

''यही...!''

''शराब गाली होती है?''

''नहीं, बाबूजी की अलमारी में शराब रखी रहती है।''

''क्यों?''

''हर बात पूछने की नहीं होती। बाबूजी बहुत नाराज़ होंगे।''

कुँवर साहब की कोठी आ गई थी। उनके दरवाज़े पर सन्तरी खड़ा था। मैंने दीना से पूछा, "ताऊ, कुँवर साहब भी बड़े आदमी हैं, उनके दरवाज़े पर भी सन्तरी खड़ा है!"

दीना ने कहा, "हाँ!"

"बाबा से भी बड़े?"

मेरे इस सवाल के जवाब में वह कुछ बोला नहीं। बोतलों की पेटी उतरवाने लगा। वज़ीर मेरी ओर देखकर हल्का-हल्का मुस्कुरा रहा था। मैंने देखा, पेटियाँ उतरवाते समय उसकी आँखें आश्चर्य और उत्तेजना के मिश्रित भाव से चमक रही हैं। इतनी बोतलें!

कुँवर साहब के बड़े दरवाज़े और हवेली के बीच में हमारी हवेली की भाँति छोटा दरवाज़ा नहीं था। लेकिन सहन काफ़ी बड़ा, तिरछी और लम्बी ईंटों का फ़र्श, साफ़। ऊँची-ऊँची अटारियों से फिरा। हरे रंग की किवाड़ों की जोड़ियों, खिड़कियों आदि सबमें नयापन था।

मैंने दीना से पूछा, "ताऊ, यह हवेली हमारी हवेली से भी नई है।"

"हमारी हवेली सबसे पुरानी है...इसका क्या, ये तो मेरे देखते-देखते बनी है।" दीना की आवाज़ में थोड़ी गर्व की भावना थी।

जूतों और कपड़ों के बारे में तो मैं यही जानता था 'नये अच्छे होते हैं।' अपनी हवेली कुँवर साहब की हवेली से पुरानी है यह जानकर मेरे मन को कष्ट हुआ। दीना से पूछा, "हमारी हवेली नई क्यों नहीं?"

उसके चेहरे पर चमक आ गई, "हवेलियाँ पुरानी ही अच्छी होती हैं, कोठियाँ नई! हमारी हवेली ग़दर से पहले की है। इनका क्या, जुम्मा-जुम्मा सात रोज़ तो रईस बने हुए हैं।" दीना की आँखों से लग रहा था, कुँवर साहब का रईस होना कोई अर्थ नहीं रखता।

कुँवर साहब सहन में ही मिल गए थे, "कहो भाई दीना, ठीक हो!" दीना का चेहरा फैल गया था और हाथ माथे से लगाकर बोला था, "सरकार की इनायत है!"

उसके पीले-पीले दाँत काफ़ी देर तक निकल रहे थे। फिर उनकी नज़र मुझ पर चली गई थी, "अरे, हमारा राजा बेटा भी आया है..." कहकर उन्होंने मुझे गोद में उठा लिया था।

गोद में लिए ही लिए उन्होंने दीना से पूछा, "ले आए?"

"जी...।"

"कहाँ है?"

"गाड़ी से उतार रहे हैं!"

उन्होंने पुकारा, "अरे भई मौलाना, आ गई!"

अन्दर से आवाज़ आई, "लालपरी, या ताक...ताक...थई...थई..."

कुँवर साहब ने थोड़ी संजीदगी के साथ जवाब दिया, "रायसाहब ने भिजवाई है!"

"अच्छा, तो लालपरी है, उस चीज़ का तो रायसाहब ने रास्ता भी नहीं देखा।" कुँवर साहब बिना कोई जवाब दिए थोड़ा आगे आकर खड़े हो गए थे।

वज़ीर और कुँवर साहब का सन्तरी पेटी पकड़वाकर ला रहे थे। कुँवर साहब ने इशारे से अन्दर ले जाने के लिए कह दिया।

कुँवर साहब ने मुझे गोद से उतार दिया था और हाथ पकड़े हुए खड़े थे। दीना ने घर चलने का संकेत किया। कुँवर साहब तुरन्त बोले, "अरे, पहली बार तो आया है! ऐसे ही चला जाएगा।"

उन्होंने तुरन्त पुकारा, "घसीटा..."

घसीटा अजीब बाँगडू-से, नैन-नक़्श का आदमी! उसे देखकर मुझे वितृष्णा हुई।

कुँवर साहब ने घसीटा से कहा, "इनको अन्दर ले जाओ, बहुजी से कहना रायसाहब के पोते आए हैं।"

मैंने दीना की तरफ़ देखा। उसके चेहरे पर हल्की-सी मुस्कुराहट थी। 'तू भी चल' मेरे कहने के साथ कुँवर साहब तुरन्त बोले, "हाँ, हाँ, तुम भी चले जाओ। तुमसे कोई पर्दा थोड़े ही है। पुराने आदमी हो!"

दहलीज़ से होकर अन्दर गए। अन्दर का आँगन भी काफ़ी बड़ा था। एकदम साफ़-सुथरा। आख़िर के कोने में धुआँ उठ रहा था। शायद रसोई थी। घसीटा अन्दर चला गया। हम दोनों आँगन में अकेले खड़े रह गए थे। कभी-कभी बरतन खड़कने की आवाज़ आ जाती थी। शायद बरतन मले जा रहे थे। बाकी सफ़ाई ही सफ़ाई थी।

थोड़ी देर बाद लाल किनारी की सफ़ेद साड़ी में सेब जैसे चेहरेवाली महिला निकली, "आओ बेटा, तुम तो हमारे घर पहली बार आए हो, तुम्हारी माँ थी तो मैं जाया करती थी। तब तुम छोटे-से थे।" उन्होंने मेरा हाथ पकड़ लिया था।

दीना खड़ा रहा था। मैंने चाहा वह भी साथ चले। लेकिन उसने मुझे समझाते हुए कहा, "तुम जाओ, मैं यही खड़ा हूँ।"

वे मेरा हाथ पकड़े अन्दर ले जा रही थीं, घसीट-सी रही थीं। जिस हाथ में मेरा हाथ लिए थीं, काफ़ी गोरा था। गहनों से भरा हआ। अच्छा लग रहा था। 'अम्मा' इतने गहने कभी नहीं पहनती थीं, न उनका हाथ ही इतना गोरा था। हालाँकि देखने में अच्छी लगती थीं।

उनका घर हमारी तरह दुमंज़िला नहीं था। उनके कमरे तक मुझे ज़ीना चढ़कर नहीं जाना पड़ा। लेकिन उनके घसीटने से मैं थोड़ा थक गया था। कमरा बहुत बड़ा था। बीचोबीच तख़्त बिछा हुआ था, एक बड़े कालीन से ढका। पंखा खिंच रहा था। उसकी रस्सी एक छेद से दीवार के पीछे निकल गई थी। वे तकिया लगाकर बैठ गईं। मुझसे बैठने के लिए कहा, ''बैठो बेटा, और सरक आओ।'' मैं और निकट सरक गया। मुझे भय लग रहा था, कहीं मुझे पीटने न लगें। स्तब्धता थी। मात्र पंखा हिल रहा था।

''मैं तो तेरी मौसी हूँ, तेरी माँ से मेरी बड़ी दोस्ती थी। बड़ी अच्छी थीं बेचारी!'' उन्होंने अपनी पलकें दो-तीन बार खोलीं, बन्द कीं और मुझे अपने गले से लगा लेना चाहा। मैं थोड़ा अकड़ गया। उनके हाथों की पकड़ ढीली पड़ गई।

''तेरी ये अम्मा कैसी है? सौतेली तो सौतेली ही होती है...अपनी माँ का क्या मुक़ाबला।'' साड़ी के पल्ले के नीचे उनके हाथ हिल रहे थे।

मैं ख़ामोश रहा। थोड़ी देर बाद उन्होंने फिर कहा, ''जिसकी माँ, उसका बाप!''

वे सब कुछ अपने आप ही कहती जा रही थीं। मैं अभी तक कुछ नहीं बोला था।

मैंने देखा उनकी साड़ी का पल्ला सरककर नीचे गिर गया है। 'नंगी' मेरे मुँह से एकाएक निकलने को हुआ। पहले कभी ऐसा नहीं देखा था। लटके हुए से गोरे स्तनों ने मुझे एक अजीब स्थिति में रख दिया। मैं उधर देखना भी चाहता था, आँखें संकोच से झुकती भी जा रही थीं। उन्होंने फिर मुझे अपनी ओर खींचना चाहा। पहले लगा, मैं उनकी ओर खिंच रहा हूँ। एकाएक मैंने छूटने का प्रयत्न किया। उनके हाथ कस गए थे। चमकती हुई उनकी दोनों पुतलियाँ स्थिर हो गई-सी लगीं। मेरा चेहरा गिलगिली-सी ठंडी खाल से सट गया था। साँस रुकने लगी थी। एक बार मैं और छटपटाया। उनका एक हाथ मेरी पीठ पर आ गया। लटकती ठंडी खाल मेरे गाल से चिपक-सी गई। उस समय मैं उसको नाम नहीं दे पाया था। मेरे गले के अन्दर दुखन मालूम हो रही थी। आँखों में पानी आ गया था। इतना दबाव था, कि लग रहा था मुँह से चीख निकल जाएगी।

कुँवर साहब की आवाज़ सुनाई पड़ी, ''कहो दीना, तुम यहाँ खड़े हो।''

उन्होंने मुझे तुरन्त छोड़ दिया। गिरा हुआ साड़ी का पल्ला ऊपर आ गया। दोनों हाथ जल्दी-जल्दी ब्लाउज़ ठीक करने लगे। कुँवर साहब के जूतों की आवाज़ पूरे आँगन की उस निरीहता को खींचती हुई हमारी तरफ़ ला रही थी। मैंने देखा, उनके चेहरे का भाव एकदम बदल गया है। कुँवर साहब के कमरे में प्रवेश करते ही बोलीं, ''ये लड़का तो बहुत शर्माता है, इतना बड़ा लड़का रुआँसा हुआ जा रहा है।

अरे बेटा, दीना क्या तुम्हें छोड़कर चला जाएगा। ये भी तो घर है। पहली बार आए हो, कुछ देर तो बैठो।" उनके चेहरे पर एक अजीब प्रौढ़ता और बड़प्पन आ गया था। कुछ देर पहले स्थिर हो गई उनकी पुतलियाँ अब धीरे-धीरे हिल रही थीं।

कुँवर साहब ने हँसते हुए कहा, "इसको कुछ खिलाया-पिलाया या बातों से ही पेट भर दोगी।"

"अरे मैं तो भूल ही गई थी, इमरतीऽऽ!" उन्होंने पुकारा।

मुझे अजब-सा लगा, 'इमरती को पुकारकर बुला रही हैं।' मेरा चेहरा देखकर कुँवर साहब हँस दिए, "देखा अपनी ताईजी को, इमरती को आवाज़ देकर बुलाती हैं।"

एक नौकरानी आ खड़ी हुई थी। कुँवर साहब उसकी ओर इशारा करके बोले, "देखा, कितनी बड़ी इमरती है।" वह नौकरानी भी दूसरी ओर मुँह करके हँस दी थी।

कुँवररानी साहब ने उसे बादाम का लड्डू, मठरी आदि कई चीज़ें लाने के लिए कहा। हालाँकि कुँवर साहब के वहाँ आ जाने से उस पूरे अजनबी वातावरण में अपनेपन का आभास मिल गया था। लेकिन मेरी आँखों के सामने अभी भी कुँवररानीजी उसी तरह नंगी बैठी हुई थीं।

सामने रखी दो-तीन तश्तरियों में से केवल मैंने मुँह ही बिटारा, (जूठा किया) कुँवररानीजी ने कहा भी, "बच्चे तो खूब खाते हैं।" लेकिन मैंने उस ओर देखा तक नहीं। चलते समय कुँवररानीजी ने माथे पर तिलक लगाकर चाँदी के ग्यारह रुपए मेरे हाथ में दे दिए थे। मैं समझ नहीं पा रहा था, क्या किया जाए! बाबा को पता चलेगा तो नाराज़ होंगे। लेकिन कुँवर साहब ने रुपए मेरे हाथ से लेकर ज़बरदस्ती मेरी जेब में डाल दिए, "तुम पहली बार हवेली पर आए हो...जब हम छोटे थे तो हमें तुम्हारे घर से अठमाशी मिली थी।" वे हँसने लगे थे। उनका हँसना मुझे बहुत अच्छा लगा था।

खनाखन बोलते हुए ग्यारह चाँदी के रुपए मेरी जेब में बज रहे थे। प्रसन्न भी था, भयभीत भी। बाहर आकर मैंने दीना को बता भी दिया था।

बाहर आए। कुँवर साहब के बरामदे में दस-पन्द्रह लोग शोर मचा रहे थे। 'राय-साहब की जय' 'जुलाहे की माँ की...।' मुझे लगा एक बार उन्होंने उलटकर भी कहा। लोगों के पाँव लड़खड़ा रहे थे। उनमें से एक नाच रहा था।

किसी ने कहा, "अमाँ, परसों बारात में चलना है।"

"किसकी...बे? हमारी?"

"नाईं साले, तेरी कौन करता है, रँडुवा!"

"अबे तू रँडुवा।"

"अच्छा हम सब रँडुवे।"

"ठीक है हम सब रँडुवे।"

एक यह कह-कहकर नाचने लगा था, "हम सब रंडुवे।" लाला चतरसिंह भी एक कुर्सी पर बैठे हुए थे। उन्होंने पुकारकर कहा, "अरे भई, मौलाना के लिए थोड़ी और लाओ!"

एक दाढ़ीवाले सज्जन लाला चतरसिंह के पास आकर खड़े हो गए थे, कन्धे पर हाथ रखकर बोले, "अमाँ लाला चतरसिंह, तुम बी पिओ...राय चाहे जिसको देना! हम तुमसे ये 'नईं' कहने जावेंगे, राय सा'ब को ही राय दो! तुम जुलाहे को बोट दो...पिओ राय सा'ब की। अमाँ हमारे राय सा'ब राजा आदमी हैं, राजा!"

मौलाना के लिए गिलास आ गया था। उसने लाला चतरसिंह की तरफ़ बढ़ाकर कहा, "जामे सेहत" और हो...हो करके हँस दिया। फिर उनके मुँह से लगाते हुए कहा, "पी ओ बी..."

लाला चतरसिंह की आँखें भी बदली-सी लग रही थीं। लाली लिए! उन्होंने हाथ बढ़ा दिया। लेकिन मौलाना हो...हो...करते हुए, मुँह से लगाकर गटागट पी गए।

कुँवर साहब ने दीना से कहा, "बच्चे को तुम घर ले जाओ।" मेरी ओर इशारा करके बोले, "इसके बाप से कह देना...सब लोग पहुँच गए हैं।" दीना ने पूछा, "और ज़रूरत है?"

उन्होंने कहा, "नहीं, बस हलवाइयों को वक़्त से भिजवा देना, इस वक़्त तो सब हो गया।"

एक ने कहा, "मेरी राय जुलाहे को!"

दूसरे ने और ज़ोर से कहा, "तेरी राय जुलाहे को।"

वे दोनों ज़ोर-ज़ोर से बोल रहे थे। एक कहता था, "मेरी राय जुलाहे को" दूसरा कहता था, "नहीं, तेरी राय जुलाहे को।" कुछ लोग आपस में हँस रहे थे। शायद उस समय तक वे लोग उस बात पर हँस सकते थे। धीरे-धीरे चार-पाँच लोग उनके हर्द-गिर्द इकट्ठे हो गए थे और कोरस की तरह गाने लगे थे, "मेरी राय जुलाहे को", "तेरी राय जुलाहे को।"

उनमें से एक ने कहा, "और हमारी राय, 'राय' को," धीरे से झुककर कहा, "यानी राय सा'ब को।" फिर सब लोग इसी बात का नारा लगाने लगे थे।

हम लोग दरवाज़े से बाहर निकलकर गाड़ी के पास गए थे। "हमारी राय, राय सा'ब" वाला नारा धीमा-सा हो गया था।

वज़ीर ने कहा, "देखाऽऽ!" वह हँस रहा था।

मैंने दीना से पूछा, "ताऊ, ये कौन थे...?"

"राय" उसने संक्षिप्त-सा उत्तर दिया।

"राय क्या होता है?"

"सरकार की परसों राय पड़ेगी न, ये ही लोग राय डालेंगे।"

"राय कैसे पड़ती है?" शायद मैं राय पड़ने को मार पड़ने जैसी ही कोई क्रिया मान बैठा था।

"चेरमैनी की राय पड़ती है! जिसकी राय ज़्यादा होती है वह चेरमैन चुना जाता है।" मैं इतना ही समझा राय पड़ना मेरी धारणा से कुछ भिन्न वस्तु है।

"हम लोग भी राय डाल सकते हैं?" दीना ने मेरे इस सवाल का जवाब देने का प्रयत्न भी किया, लेकिन स्पष्ट नहीं कर सका। उसने उसकी पूरी प्रक्रिया बता दी, बोला, "अलग-अलग हल्कों के आदमी अपने-अपने यहाँ के भले, इज़्ज़तदार और अक्लमन्द लोगों को चुनते हैं, वे सब लोग मिलकर चेरमैनी की राय डालते हैं। हमारे सरकार भी तो बीसों साल से चेरमैन हैं, हर बार सब राय उन्हीं की पड़ती है।"

मेरे दिमाग़ में अभी भी उन सबका हथेली बजा-बजाकर नाचने, शोर मचाने, गालियाँ देने, जय-जय करने का पूरा चित्र मौजूद था। एक बार 'अम्मा' के साथ दावत में गया था। वहाँ लम्बे-लम्बे ज़नाने कपड़े पहने गन्दे से आदमियों को इसी तरह नाचते हुए देखा था। हथेलियाँ बजा रहे थे, गालियाँ दे रहे थे, जय बोल रहे थे। बीच-बीच में वे अपनी धोती उठाकर कहते थे 'बिना पैसे का बाइसकोप'! मैं बैठा शर्माता रहा था। मैं यही सोच रहा था, यदि भले, इज़्ज़तदार, अक़्लमन्द आदमियों को राय देने से पहले यह सब करना पड़ता है, तो अपनी एवज़ में उन्हीं लोगों को क्यों नहीं बुलवा लेते, नाचनेवाला काम वे लोग कर दिया करें। उन सब भले लोगों के साब मेरी पूरी सहानुभूति हो गई थी। लेकिन दीना से मैंने कुछ नहीं कहा।

दीना ने कुछ देर बाद पूछा, "कितने रुपए मिले?"

मैंने अपने कोट की ज़ेब से चाँदी के ब्यारह रुपए निकालकर उसे दिखला दिए। एक बार फिर मुझे डर लगा। मैंने दीना से पूछा, "बाबा नाराज़ होंगे?"

वह चुप रहा। कुछ रुककर मैंने फिर पूछा, "तो वापिस कर आऊँ?"

दीना स्निग्धता के साथ मुस्कुरा दिया, "नहीं, डाँट तो मुझ पर पड़ेगी, बिना पूछे क्यों ले गया था।" उसकी वह मुस्कुराहट कुँवर साहब के सामनेवाली पीले-पीले दाँतों की उस मुस्कुराहट से भिन्न लगी।

वज़ीर ने कोच-बक्स पर से ही पूछा, "दीना भाई, नाच-वाच नहीं होगा?"

"हाँ, वो क्यूँ नी होगा...वो ही तो पूरन-आहुती है।"

मैंने पूछा, "कैसा नाच ताऊ?"

"कुछ नहीं, जैसे ये सब लोग नाच रहे थे न, और भी जितने मेम्बर हैं, वे सब भी इकट्ठे होंगे और मिलकर नाचेंगे।"

"हम भी देखने आएँगे।"

"तुम तब तक सो जाओगे।"

"तू जगा लेना ताऊ, मैं फ़ौरन उठ जाऊँगा।"

"अच्छा।"

मैं चुप हो गया। मैंने देखा, दीना के चेहरे पर छुट्टी मिलने का-सा भाव आ गया है। वज़ीर चुपचाप गाड़ी हाँक रहा था।

"ताऊ, ये लोग क्या पी रहे थे?"

दीना का चेहरा थोड़ा सख़्त हो गया था। उसके कुछ कहने से पहले ही मैंने कहा, "शराब...?" शराब की बात करना मुझे अच्छा लग रहा था।

दीना फिर नाराज़ हो उठा, "तुमने ये सब वाहियात बातें कहाँ से सीखीं, चलो घर सरकार से शिकायत करूँगा।" दीना को इस तरह से बोलते हुए मैंने पहली बार देखा था। मुझे लगा मैं रो दूँगा। मेरे चेहरे को देखते ही उसके चेहरे की सख़्ती ग़ायब हो गई। समझाने के अन्दाज़ में बोला, "बच्चों को ऐसी बातों से क्या मतलब! रायसाहब को पता लगेगा तो बहुत नाराज़ होंगे...। आगे से ऐसी बात मत करना। लोग कहेंगे ये अच्छे घर का लड़का नहीं है, ऐसी बातें करता है।"

गाड़ी चल रही थी। शायद काफ़ी देर तक हम लोगों के बीच गाड़ी चलने की आवाज़ बनी रही।

# 9

अनायास मेरे मुँह से निकला, ''ताऊ...!''

उसने मेरी ओर देखा। लेकिन मेरे कुछ न कहने पर उसने पूछा, ''क्या बात है?''

मैं उलझन में था, कहूँ या नहीं! कहीं वह इस बात पर भी नाराज़ न हो जाए।

दीना ने फिर सवाल दोहराया, ''क्या बात थी, कहते-कहते रुक क्यों गए?''

''ताऊ'' मैंने डरते-डरते कहा, ''वे थीं न...''

''कौन?''

''वे अन्दर...''

''हाँ, क्या हुआ?''

''मुझे दूध पिला रही थीं!'' मैंने शायद एक झटके में कह दिया था। दीना का चेहरा एकदम बदल गया। पूछा, ''कैसे?''

मेरी समझ में नहीं आया अब क्या कहूँ। उसने दुबारा पूछा, ''गिलास से पिला रही थी?''

''नहीं...वैसे ही, गोद में लेकर।'' स्वयं मुझे लगा गोद में लेकर कहते समय मेरे चेहरे की खाल पारदर्शी हो उठी है।

दीना का चेहरा अजीब-सा हो गया था। उसने मुझे अपने से सटा लिया। कुछ देर बाद उसके मुँह से निकला, ''कम्बख़्त...!''

मेरी समझ में बिलकुल नहीं आ रहा था वह उन पर इतना नाराज़ क्यों है? थोड़ी देर बाद उसने मुझसे कहा, ''किसी से कहना मत!''

उनकी उघड़ी हुई गोरी छाती मेरी आँखों के सामने बराबर बनी रही थी। वह ठंडा और गिलगिलापन चेहरे पर अभी भी शेष था।

चुनाव के दिन सुबह बाबा हुक़्क़ा पी रहे थे। उस रोज़ उनके चेहरे पर एक अपरिचित-सा भाव था। उनकी भौंहें ऊपर टँगी हुई थीं। आँखें निष्प्रभ-सी खुली

हुई थीं। थोड़ी-सी चिन्ता, असन्तुलन! कुल मिलकर उनका वह चेहरा मेरे लिए एकदम अजाना था।

बाबूजी शायद रात भर बाहर रहे थे। उसी समय लौटकर आए थे। उनके आते ही बाबा ने पूछा, ''इस समय चुनाव का क्या नक़्शा है, हमारी तरफ़ कौन-कौन आ गया?'' बाबा की आवाज़ में अजीब तरह का कम्पन-सा महसूस हुआ।

''शायद ये चुनाव 'दीन' के आधार पर होगा'' वे कुछ और कहते-कहते रुक गए। पुतलियाँ क्षणभर तक टिकी रहीं।

बाबूजी ने हिम्मत बँधाने के ढंग में कहा, ''आप फ़िक्र न करें, भगवान ने चाहा तो जीत हमारी ही होगी।'' एक क्षण रुककर बोले, ''सुना है उमरा को बहुत चोट आई है, बेहोश...है।''

''कैसे?'' बाबा ने चौंककर पूछा। कुछ ऐसा लगा, बहाव एकाएक रुक गया है।

''बिरादरी में औरत-वौरत को लेकर मार-पिटाई हो गई!'' बाबूजी की आवाज़ में अचानक कम्पन महसूस होने लगा था।

''लेकिन...'' बाबा कुछ ठहरे फिर निश्चयात्मक स्वर में बोले, ''मैं समझता हूँ उमरा तो ऐसा आदमी नहीं है।''

बाबूजी ख़ामोश रहे। बाबा ने थोड़ी सख़्त आवाज़ के साथ पूछा, ''चतरसिंह कहाँ हैं, उमरावाली आबादी तो उनकी अमलदारी में है।''

''जी हाँ, अभी ख़बर आई थी, वहीं गए हैं।''

बाबा ने बड़े स्थिर भाव से 'हूँऽऽ' किया। बाबूजी के चेहरे पर घबराहट नज़र आने लगी थी।

बाबा ने काका साहब के बारे में पूछा। बाबूजी ने कहा, ''वे भी चचा चतरसिंह के साथ ही गए हैं।''

बाबा कुछ देर तक ख़ामोश बैठे रहे। उनके चेहरे का पहले वाला मुर्झायापन एकाएक उत्तेजना में बदल गया था। कुछ बोले नहीं, लेकिन चेहरे से लग रहा था वे भयंकर मुखरता की प्रक्रिया में है।

बाबा ने धीरे से कहा, ''अच्छा ऽऽ।'' अच्छा कहने के बाद उनके मुँह से निकली साँस, फुफकार के समान मालूम पड़ी। देखते-देखते उसका चेहरा मुर्झा-सा गया, टूटन उभर आई।

जब चुनाव का नतीजा आया, सब लोग मौजूद थे। सुनकर बाबा ख़ामोश रहे थे। लाला चतरसिंह कुर्सी से खड़े हो गए थे, ग़ुस्से के साथ बोले, ''इस साले पंडित

ने धोखा दिया एक वोट...सिर्फ़ एक वोट से...'' उन्होंने कई बार 'एक वोट' 'एक वोट' कहकर बरांडे में चक्कर लगाए।

बाबा धीरे से उठे और लाला चतरसिंह की ओर देखकर बोले, ''ठीक ही हुआ, उमरा का हिसाब-किताब भी हमारी तरफ़ था।''

बाबा अन्दर चले गए थे। बन्ने मियाँ, कुँवर साहब, राय नीलमणि कान्त, बाबूजी, काका साहब और भी वहाँ बैठे हुए सब लोगों के चेहरों पर एक ही भाव बना रहा, उनकी वाचालता और क्रियाशीलता सब कुछ बाबा साथ लेते गए हैं।''

मैं सोच रहा था यदि उमरा की वोट भी पड़ी होती, तो बाबा दो वोट से हारते!

शाम को हाथियों पर जुलूस निकला। बीन बाजा, हंडे, म्यूनिस-पैलिटी के कर्मचारी, कुछ मेम्बरान! बाबा बड़े दरवाज़े के ऊपरवाली छतरी में खड़े थे, छतरी के नीचे आते ही बाजा एकाएक बन्द-सा हो गया था। रायबहादुर का हाथी आगे निकल गया था लेकिन इकरामुल हक़ का हाथी बैठ गया था। शायद वे उतर गए थे!

# 10

जोशी साहब (डिप्टी साहब) का विज़िटिंग-कार्ड लेकर अन्दर गया तो बाबा अपने कमरे में चहलक़दमी कर रहे थे। उस दिन कमरे में बैठे हुए राधिकानाथ चतुर्वेदी के आधे चेहरे पर जो छाया देखी थी, ठीक वही छाया बाबा के पूरे चेहरे पर थी। मैं सहमकर कोने में खड़ा उनको देखता रहा था। पिछले कई दिनों से पूरा घर मेरी ही तरह कोने में खड़ा बाबा को देख रहा था। बाबा निःशब्द इसी तरह टहल रहे थे। मेरी हिम्मत बाबा को कार्ड देने की नहीं हुई। लेकिन मैं जानता था डिप्टी साहब भी बाहर चबूतरे पर टहल रहे हैं, निकलते ही पूछेंगे।

एकाएक बाबा की आवाज़ सुनाई पड़ी, "क्या ऽऽ?" उस आवाज़ से मुझे एक दूरी का अहसास हुआ था। बिना कुछ कहे कार्ड बाबा की तरफ़ बढ़ा दिया। उन्होंने चश्मा ऊपर करके उसे पढ़ा। बिना चश्मे के उनकी आँखें पलकों की कोरों पर रखी कौड़ियाँ-सी लग रही थीं। कार्ड देखकर कुछ क्षण बाबा चुप रहे फिर बोले, "अच्छा, हॉल में बैठाओ।"

मैं बाहर आया तो काका साहब, जोशी साहब के पास खड़े हुए थे। हाथ हिला-हिलाकर उन्हें समझा रहे थे, "सालों ने धोखा दिया, उस पंडत ने गंगाजली भर-करके रुपया ले लिया। पैसा चाहिए था तो हमसे कहता...। भाई साहब ही दुनिया के लिए करते घूमते हैं..." काका साहब मुँह बनाते थे, कभी हाथ झटकते थे। जोशी साहब बेंत का सहारा लेकर तिरछे खड़े हुए थे। मुझे बाहर आते देखकर वे सीधे खड़े हो गए और पूछा, "कहो बेटा, कार्ड दे दिया?"

काका साहब तुरन्त बोले, "दरअसल, मैंने अर्ज़ किया न, उनकी तबीयत..." मैंने वाक्य पूरा होने से पहले ही कह दिया, "बाबा ने हॉल में बैठने के लिए कहा...!" काका साहब ने मेरी ओर ग़ौर से देखा। थोड़ा-सा आक्रोश भी उनकी आँखों में था। मैंने बिना काका साहब की ओर देखे, हॉल की ओर चल दिया था। डिप्टी साहब भी स्वयं ही उधर बढ़ने लगे थे। हमारे घर पहले भी कई बार आ चुके थे। वैसे भी 'डिप्टी साहबों' के लिए मेरे मन में अतिरिक्त आदर का भाव था। दीना

जब उनके 'अख़्तियारात' की बातें बताया करता था तो मैं अभिभूत जाया करता था–सात साल की क़ैद! मैं सोचा करता था क़ैद का हुक्म सुनाते समय डिप्टी साहब कैसे लगते होंगे! दूसरी आदर की भावना सिविल सर्जन के प्रति थी, उसको कलक्टर जैसे हाकिम को पागल करके निकाल देने का अख़्तियार था। कलक्टर ज़िले का राज़ा!

काका साहब पहले तो हम लोगों को बड़े कमरे की ओर जाते देखते रहे, फिर लपककर आ गए। "आइए...आइए..." कहते हुए आगे-आगे चलने लगे। मैंने काका साहब की ओर देखा। लेकिन मेरा देखना बाबा का देखना नहीं था।

जोशीजी सोफ़े पर बैठ गए थे। अपना पाइप निकालकर जला रहे थे। शुरू-शुरू में जब मैंने पाइप देखा था तो मैंने उनका नाम 'डंडीवाला हुक़्क़ा' रख दिया था। पाइप का अगला भाग मुझे हमेशा चिलम की तरह लगता था। बाद में एक रोज़ बाबा ने उसका नाम 'पाइप' बताया था। 'पाइप...' कहकर मैं हँसा था। दरअसल 'पाइप' कहना मुझे बेवकूफ़ी की बात लगी थी। सीधा-सा नाम न लेकर विलायती नाम लेते थे।

काका साहब ने फिर बोलना शुरू कर दिया। जोशी साहब को इकरामुल हक़ का पूरा ख़ाका 'मयवल्दियत-सुकूनत' के बता रहे थे, "साला नीच जात। इसका बाप आटा माँगने आया करता था...सरकार आज बच्चे भूखे हैं। जाड़ों में गर्म कपड़े माँगकर ले जाता था। ये आपका इकरामुल... ख़ानबहादुर बना फिरता है...। छोटी मोहरी का ऊँचा-सा सुतना पहनकर दरवाज़े के कौले से लगकर खड़ा हो जाता था, जब कोई बाहर आता तो लाल-सा थैला पकड़ा देता...अब्बा ने भेजा है!" काका साहब की बात बीच ही में रह गई थी।

बाबा को देखकर मैं आश्चर्यचकित रह गया। कुछ ही देर पहले अपने कमरे में टहलते हुए 'बाबा' से एकदम फ़र्क! वही पुराना चेहरा फिर लौट आया था। उनके कमरे में आते ही जोशी साहब खड़े हो गए। एक बार चेहरे की ओर ग़ौर से देखकर कहा, "राय साहब आप तो क़तई ग़ायब हो गए। ब्रिज एकदम ठंडा पड़ा है...भला ये भी कोई बात है।"

बाबा केवल हँसे। थोड़ा रुककर पूछा, "कहिए कलक्टर साहब, ठीक हैं?"

जोशी साहब का जोश थोड़ा कम हो गया, "साहब तो आपको रोज़ याद करते हैं...! आपके बिना उनका मन ही नहीं लगता। रोज़ हारते हैं।" कुछ रुककर बोले, "कल तो स्मिथ भी पूछ रहा था!" जोशी साहब के मुँह के स्मिथ का नाम निकलते ही बाबा ने उनके चेहरे पर नज़र डाली।

"कोई ख़ास बात थी?" बाबा ने कुछ देर बाद पूछा।

"नहीं, इकरामुल हक़ जीत की ख़ुशी में दावत कर रहे हैं, उसी बारे में कहा था, अपने 'अपोनेंट' को भी आमन्त्रित कीजिए!" बाबा के दाँत कस गए।

"...लेकिन इकरामुल ने बड़ा शाइस्ता जवाब दिया, 'अपोनेंट' नहीं स्मिथ साहब, बुज़ुर्ग!" उसे जोशी साहब जल्दी से कह गए।

काका साहब तुरन्त बोले, "हाँ-हाँ बुजुर्ग...जूते भी मार लिए और बुज़ुर्ग कहकर सुर्खरूह भी बन लिए!"

बाबा, काका साहब पर एकदम बिगड़ उठे, "तुमसे किसने कहा बीच में बोलने को?" काका साहब धीरे से खिसक गए। मुझे डर लगा कहीं बाबा मुझे भी न भगा दें। मैं पर्दे के पीछे जाकर खड़ा हो गया। बाबा की इस डाँट से जोशी साहब भी स्तब्ध रह गए थे। काका साहब के चले जाने के बाद बाबा को व्यवस्थित होने में कुछ देर लगी। जोशी साहब के चेहरे से भी लगता रहा वे भी अपने को सँभाल रहे हैं। बाबा ने ही पूछा, "स्मिथ ने क्या कहा?"

"जब उसको इकरामुल हक़ की बात अंग्रेज़ी में समझाईं गई तो उसने नफ़रत भरी आवाज़ से कहा 'यू इंडियंस बाइट ईंच अदर, एंड कन्टीन्यू टु बी रिलेटिव्ज़। मोस्ट डेंजरस क्रीचर्स ऑन अर्थ।"

"किसी ने जवाब नहीं दिया...सब बैठे सुनते रहे?" बाबा का चेहरा तमतमा आया था। जोशी साहब गर्दन हिलाकर चुप बैठ गए।

कुछ देर बाद बोले, "कल कमिश्नर साहब आ रहे हैं, मैं उनसे परसों मेरठ में मिला था, उन्होंने आपसे मिलने की ख़्वाहिश ज़ाहिर की है।" थोड़ा-सा रुककर बोले, "...नाइटहुड के नामों के बारे में भी कलक्टर साहब से पूछा गया है, लोग बड़ी दौड़-धूप कर रहे हैं।"

बाबा उस समय कुछ बोले नहीं। कुछ देर बाद कहा, "नाइटहुड का कोई मतलब रह जाएगा। एटली साहब तो हिन्दुस्तान को गांधीवादियों के हाथों में सुपुर्द करने के लिए तैयार हैं, मैं समझ नहीं पाता..." कुछ सोचकर कहा, "शायद अब ब्रिटिशर्स का वक़्त आ गया। ...अंग्रेज़ अफ़सरों में भी वो वज़हदारी नहीं रह गई, और न अपनी क़ौम का ख़याल...।"

बाबा की झुँझलाहट बढ़ गई थी, "अपने को अक्लमन्द माननेवाले ये लोग आख़िर क्यों नहीं समझते...हम लोग अच्छी प्रजा हैं। अहिंसा, धर्मपरायणता, उपदेश देना, सत्याग्रह करना ये सब अच्छी प्रजा के ही गुण हैं।"

"माफ़ कीजिए, मैं भी गांधीवादियों की तरह भाषण देने लगा था। कमिश्नर साहब से मिल लूँगा।" बाबा शान्त होने का प्रयत्न करने लगे।

"मैं समझता हूँ, आप कमिश्नर साहब को खाने पर बुला लें।" प्रस्ताव देकर जोशी साहब चेहरे की ओर देखने लगे। बाबा को जवाब न देते देखकर पुनः कहा,

"मैंने सुना है रायबहादुर कलक्टर साहब से मिले थे, कमिश्नर को आमंत्रित करने के लिए! साहब के पास आजकल रायबहादुर काफ़ी आते-जाते हैं।"

"जोशी साहब, आपकी इस हमदर्दी का बहुत शुक्रिया। आपको याद है, उस रोज़ क्लब में जब स्मिथ से झगड़ा हुआ... तो ब्राउन ने स्मिथ के कन्धे पर हाथ रखकर धीरे से कहा था 'डोंट वरी!'

"मेरी गाड़ी को कलक्टर साहब के बँगले से बाहर ले जाने के लिए कहा गया था। लाला चतरसिंह ज़ख़्मी हुए, घोड़ी बेकार हो गई, मुझे फँसाने की कोशिश की गई, मेरे पोते को चोटें आईं, ब्राउन ख़ामोश रहे। मेरी इस हार में भी ब्राउन ही हैं...।" बाबा की बात से जोशी साहब चकित-से देख रहे थे।

बाबा ने थोड़ा ठहरकर कहा, "आज मैं आपको बताये देता हूँ, रायबहादुर का नाम तो 'नाइटहुड' के लिए जाएगा ही नहीं। ख़ानबहादुर का नाम भेजा जाएगा, बाद में मेरा भी जोड़ देंगे!" बाबा की आवाज़ कुछ बुलन्द हो गई "यशवन्त राय और ख़ानबहादुर इकरामुल हक़..." बाबा का चेहरा टुकड़े-टुकड़े हो गया था।

मैं धीरे-से आकर कुर्सी पर सामने बैठ गया था। जोशी साहब ने मुझसे बातें करनी शुरू कर दीं।

"स्कूल जाते हो?"

स्कूल जाने की बात पूछना मुझे नागवार गुज़रता था। मन होता था जवाब में गाली देना शुरू कर दूँ। यह कहने पर कि मैं स्कूल नहीं जाता, लोग अजब तरह से बातें करने लगते थे। वही हुआ। मेरे मना करने पर उन्होंने कहा, "इतने बड़े हो गए, स्कूल नहीं जाते। स्कूल जाना चाहिए।"

शायद बाबा ने भी मेरे ही बारे में बातें करना श्रेयस्कर समझा था। जोशी साहब की बात का जवाब उन्होंने ही दिया, "घर पर ही दो मास्टर लगा रखे हैं। पढ़ने में होशियार है। स्कूलों में न तो पढ़ाई अच्छी होती है-दूसरे गन्दी बातें सीखते हैं...आजकल वैसे भी चमार-धोबी सब पढ़ने लगे हैं।"

जोशी साहब ने उसी गम्भीरता के साथ कहा, जिससे कुछ देर पहले तक 'नाइटहुड' के बारे में बात कर रहे थे, "ये तो आपने बिलकुल बजा फ़रमाया, रोज़ाना बच्चों के स्कूल में कांग्रेसी पहुँचे रहते हैं। परसों डी.ए.वी. इंटर कॉलेज में पुलिस भेजनी पड़ी। क्लासों से बच्चों को निकाल रहे थे..." मैंने मन-ही-मन सोचा, जान बची।

बाबा ने बड़े दु:ख से कहा, "बतलाइए...!"

जोशी साहब फिर मुझसे जवाबदेही करने लगे, "किस क्लास में हो...?" बाबा ने ही उस बात का जवाब दिया, "घर पर क्या क्लास! वैसे इसकी नॉलेज 'एट्थ-क्लास' के लड़के से कम नहीं।"

"फ़र्स्ट फ़ार्म क्या है?" जोशीजी ने तुरन्त अगला सवाल पूछा। मुझे ऐसा लगा था कि दोनों लोग अपना-अपना ग़ुस्सा मुझ पर उतार रहे हैं।

मैंने कहा, "हिन्दी।"

जोशी साहब ने हिन्दी शब्द को खींचकर दोहराया, "हिन्...दीऽऽ, अरे बेटा, तुम्हारे बाबा अरबी-फ़ारसी के आलिम-फ़ाज़िल, तुम ये कांग्रेसी जुबान कहाँ से पढ़ने लगे। बड़े होकर इंशा-अल्लाह कलक्टर-वलक्टर हो गए तो कचहरी का काम कैसे करोगे...इतनी बड़ी ज़मींदारी है...सब दीवान कारिन्दे चाट जाएँगे। बिला उर्दू के..." रुककर बोले, "चलना एकदम मुश्किल है। मैं तो पहाड़ी ब्राह्मण हूँ, हिन्दी पढ़ी थी! मार जूतियों के उर्दू सीखनी पड़ी। इस ज़ुबान की क्या बात है!"

बाबा ने तुरन्त कहा, "जोशी साहब, इनका ज़माना हमारा ज़माना नहीं होगा।"

जोशी साहब कुछ कहना चाहते थे, दीना अन्दर आ गया। बाबा उसकी तरफ़ देखने लगे। उसने अपने हाथ की तश्तरी बाबा की तरफ़ बढ़ा दी। बाबा ने विज़िटिंग कार्ड उठाकर देखा। उस पर लिखा नाम पढ़ते ही उनका चेहरा कठोर हो गया। कुछ समय तक वे मौन बैठे रहे। चेहरे पर घृणा उभर आई, साथ-ही-साथ दयनीयता भी। तीखी आवाज़ में बोले, "बुलाओ।"

जोशी साहब बाबा के चेहरे को बराबर देख रहे थे। थोड़ा असमंजस में पड़ गए थे, लेकिन चुपचाप बैठे रहे। थोड़ी देर बाद ख़ानबहादुर इकरामुल हक़ ने बाहर से पूछा, "अन्दर आ सकता हूँ?" बाबा ख़ामोश रहे। जोशी साहब ने ही पुरज़ोर आवाज़ में कहा, "आइए...आइए, ख़ानबहादुर साहब।" उनके अन्दर घुसते ही जोशी साहब खड़े हो गए। बाबा बैठे रहे, बल्कि पीठ और पीछे को टिका ली।

उन्होंने झुककर बाबा को सलाम किया। बाबा ने हाथ उठाकर सामने बैठने के लिए इशारा कर दिया। इकरामुल हक़ धीरे से बैठ गए। मेरे समेत चार व्यक्ति हाल में ख़ामोश बैठे थे। जोशी साहब ने फिर मुझसे सवाल पूछना शुरू कर दिया था, "अच्छा बेटे, एक बात बताओ, बड़े होकर क्या बनोगे? डॉक्टर, इंजीनियर, डिप्टी-कलक्टर...?"

मैंने बाबा की ओर देखा। बाबा के चेहरे का खिंचाव और गहरा हो गया था। मेरी हिम्मत कुछ कहने की नहीं पड़ी। जोशी साहब ने भी बाबा की तरफ़ देखा। मेरी ख़ामोशी का कारण समझकर वे भी चुप लगा गए। कुछ देर रुककर जोशी साहब ने कहा, "अच्छा राय साहब, अब इज़ाज़त दें..." बाबा ने एक क्षण उनकी ओर देखा फिर कहा, "अभी कुछ देर और बैठें...।" बैठने के लिए कहते समय उनकी मुखमुद्रा में भिन्न अर्थ आ गया था। जोशी साहब बैठ गए। उनका बैठना

ख़ानबहादुर इकरामुल हक़ को पसन्द नहीं आया। माथे पर हल्की-सी सलवटें पड़ गईं, पर बोले, "बैठें भी हुज़ूर...हमारे आते ही आप तशरीफ़ ले जा रहे हैं।" बाबा इकरामुल हक़ की तरफ़ से एकदम उदासीन थे, जैसे वहाँ बैठे ही न हों।

"राय साहब..." इक़रामुल हक़ ने धीरे से कहा। बाबा ने उनकी ओर देखा भर। उनके देखने के अन्दाज़ से इकरामुल हक़ इतना बिखर गए, अपने को समेटने में उन्हें थोड़ी देर लगी। फिर कहा, "मैं उस रोज़ हाज़िर हुआ था...मालूम हुआ आप आराम फ़रमाने ऊपर तशरीफ़ ले गए हैं...जुलूस कुछ देर रुका भी रहा था।"

बाबा ने धीरे से दोहराया, "जुलूस रुका रहा...! तो...तो मुझे अफ़सोस है आपने इतनी ज़हमत उठाई।"

ख़ानबहादुर शायद इस जवाब के लिए तैयार नहीं थे। झटका-सा लगा। धीमे से बोले, "मेरी परवरिश तो आपके दस्ते-करम से हुई है..."

बाबा ने जोशी साहब की तरफ़ देखकर तिरछे होंठों में ही मुस्कुराते हुए कहा, "आज के ज़माने में ये बातें क्या मायने रखती हैं।"

ख़ानबहादुर ने तुरन्त कहा, "किसी के लिए ये बात मायने रखती हो या नहीं। मेरे लिए तो आप वालिद की जगह हैं।"

सारा ख़ून बाबा के चेहरे पर इकट्ठा हो गया था। मुझे लगा वे चिल्ला पड़ेंगे। जोशी साहब के चेहरे पर भी असमंजस नज़र आने लगा। लेकिन बाबा कुछ बोले नहीं। इकरामुल हक़ ने अपनी बात फिर शुरू कर दी, "आपकी नाराज़गी जायज़ है..." इकरामुल हक़ के यह कहने के साथ ही बाबा ने उनके चेहरे की ओर देखा। वे कहते रहे, "मैं जिन हालात में आपके ख़िलाफ़ खड़ा हुआ हूँ...मेरा ख़ुदा जानता है। कितनी बड़ी मजबूरी थी...अपनी गुस्ताख़ी की कैफ़ियत क्या दूँ, सिवा शर्मिन्दगी के..."

बाबा ने बीच ही में टोककर पूछा, "आप मुझसे क्या चाहते हैं?"

"मुआफ़ी...।"

"मुआफ़ी...हूँऽऽ!" बाबा ने दोहराया, "लेकिन आपकी ख़ता ही क्या है...पिछली बार जब आप तशरीफ़ लाए थे, तब भी मैंने यही कहा था आप मेरे रास्ते में कहीं नहीं आते। आप तो बुत हैं जिसके पीछे जगदीश शरण छिपकर मुझ पर वार कर रहा है...। बुत टूट भी जाये तो क्या..." हल्का-सा मुस्कुरा दिए।

"...आपसे मुझे कोई नाराज़गी नहीं है...हो भी कैसे सकती है।" जोशी साहब विस्फारित नेत्रों से बाबा की ओर देख रहे थे।

इकरामुल हक़ ने थोड़ा आगे झुककर कहा, "मेरी एक आरज़ू...या कहा जाए गुज़ारिश है..."

"फ़रमाइये!" बाबा एकदम ठंडे थे।

"कल एक दावत का..." इकरामुल हक़ का वाक्य पूरा होने से पहले ही उन्होंने 'हूँ ऽऽ' किया और बोले, "हो सका तो आऊँगा।" यह वाक्य बाबा के मुँह से इस तरह निकला 'अब आगे कोई बात नहीं की जा सकती।' कुछ देर इकरामुल हक़ बैठे रहे। इधर-उधर देखा। मेरी ओर देखकर मुस्कुराए। अन्त में बाबा की ओर देखकर कहा, "अच्छा...इजाज़त दें।" बाबा ने गर्दन हिला दी। थोड़ा दूर चलकर इकरामुल हक़ ठिठके फिर झटके के साथ बाहर हो गए। मैंने चिक के पास जाकर देखा, वे बहुत तेज़ी से बेंत घुमाते हुए बाहर चले जा रहे थे।

उनके चले जाने के बाद जोशी साहब ने भी कहा, "अब मैं भी चलूँ?" बाबा ने उनकी ओर देखकर मुस्कुराते हुए क्षमा माँगी, "माफ़ कीजिए, आज बातों का सिलसिला बड़ा अजीब-ग़रीब रहा।"

जोशी साहब ने आवाज़ को थोड़ी ऊँची करके कहा, "आप क्या बात करते हैं राय साहब, ये तो चलता ही रहता है।" बाबा उन्हें बाहर तक छोड़ने के लिए जाने को उठ गए थे। दो क़दम चलकर जोशी साहब ने बाबा से पूछा, "आप क्या... दावत में तशरीफ़ ले जाएँगे?"

बाबा एक क्षण चुप रहकर बोले, "जोशी साहब, आप बेकार इसमें क्यों पड़ते हैं, यह तो शहर का मामला है। गन्दा! यह इकरामुल की दी हुई दावत थोड़े ही है..." कहने के साथ ही बाबा मुस्कुरा दिए। जोशी साहब भी हँसे, लेकिन उनकी हँसी में खिसियाहट थी। बाबा उन्हें चबूतरे के नीचे तक छोड़कर लौट आए।

सुबह बाबा पूजा-पाठ से निवृत्त होकर कपड़े पहनने जा रहे थे। राय नीलमणि कान्त आ गए। बाबा को रुक जाना पड़ा लेकिन उनके चेहरे पर थोड़ा-सा आश्चर्य था।

राय नीलमणि कान्त के कपड़ों से लग रहा था, वे कहीं से मिलकर लौट रहे हैं या मिलने जा रहे हैं। एकदम लक़दक़! बाबा ने पूछा, "कहिए, कहाँ ऽऽ?" राय नीलमणि कान्त ने बाबा के सवाल का जवाब न देकर स्वयं पूछा, "आप पूजा करने जा रहे हैं?"

"नहीं, अभी करके उठा हूँ।"

"लेकिन आप कहाँ से आ रहे हैं, सुबह ही सुबह?" उत्तर देने के साथ ही बाबा ने पूछ लिया।

"कलक्टर साहब के यहाँ से लौट रहा हूँ...सुबह बुलावा आया था।"

"हूँ ऽऽ।" चुप रहे।

"अच्छा मैं कपड़े बदलकर अभी आता हूँ" कहकर बाबा अन्दर चले गए थे। मैं नत्थी के साथ बाहर जा रहा था। राय नीलमणि कान्त ने मुझे पास बुला लिया,

"कहो बेटा कहाँ जा रहे हो?"

"कहीं नहीं, बाज़ार!"

"क्या लेने?"

"कुछ नहीं...वैसे ही!"

"तुम्हारे काका साहब और बाबूजी कहाँ हैं?"

"काका साहब! काका साहब तो...हलुवा बनवा रहे हैं..."

"अपने लिए या हमारे लिए भी?"

"भगवान के भोग के लिए!"

"और बाबूजी?"

"बाबूजी, चतरसिंह बाबाजी के यहाँ गए हैं!"

"तुम्हें कैसे मालूम?"

"ताऊ से कह गए, ज़रूरत पड़े तो बुला लेना।"

मेरे जवाब के बाद कुछ देर चुप रहकर वे इधर-उधर देखते रहे। फिर बातें करना शुरू कर दिया।

"तुम हमारे साथ उस दिन की तरह गाड़ी में चलोगे?"

"किस दिन की तरह?"

"उस दिन...जब गाड़ी में बैठकर हम सब कमिश्नर साहब से मिलने गए थे।"

मैंने जवाब में स्वीकारात्मक गर्दन हिला दी। बाबा तब तक भी कपड़े पहनकर नहीं लौटे थे। राय नीलमणि कान्त ने जँभाई लेकर फिर बातें शुरू कर दीं, "तुम कुछ खाया-पिया करो, सुखचिड़ी बने रहते हो! इतना दूध दही घर में होता है...लोग क्या कहेंगे..." मैं हँसता रहा।

नत्थी बीच ही में बोल दिया, "सरकार, ये तो दूध भी छना हुआ पीते हैं।" मेरी ओर देखकर हँसने लगा। मुझे उस पर बड़ी ज़ोर का ग़ुस्सा आया। सारे घरवालों को मेरी कमज़ोरी का एक मात्र यही कारण दिखलाई पड़ता था। उसकी ओर मैंने क्रोध से देखा 'बाद में मज़ा चखाऊँगा'। नत्थी हँसता रहा। वह अपनी इस बात पर बहुत प्रसन्न था।

राय नीलमणि कान्त भी ज़ोर से हँस दिए, "अब समझा तुम्हारी सेहत का राज़...! तुम हमारे घर चलकर रहो तो दो हफ़्ते में दूध छानकर पीना भूल जाओगे, बोलो चलोगे।" मैं फिर खिसियाहट भरी हँसी हँस दिया। हालाँकि मन-ही-मन ग़ुस्सा आ रहा था 'इन लोगों को क्या मतलब, हम छानकर पिएँ या मलाई डालकर।' आजकल आने-जानेवाले सब लोग मेरे स्वास्थ्य के बारे में ही चिन्तित रहते थे।

बाबा बाहर आ गए थे। जाने की तैयारी के साथ। कत्थई सूट पहना हुआ था। सुनहरी फ्रेम का चश्मा और हीरे की तीनों अँगूठियाँ पहनी हुई थीं। साधारणतया घर में एक ही अँगूठी पहना करते थे। बाबा के आने पर राय नीलमणि कान्त खड़े हो गए। बाबा के बैठ जाने पर राय नीलमणि कान्त भी बैठ गए।

बाबा ने नत्थी को खड़े देखकर पूछा, "नई घोड़ी, जोड़ी में चलने लगी?"

"जी सरकार...कल ही वज़ीर ने जोड़ी निकाली थी।"

"वज़ीर से कहो जोड़ी ले आए" नत्थी जोड़ी लिवाने चला गया। बाबा ने राय नीलमणि कान्त से पूछा, "कैसे बुलाया था कलक्टर साहब ने?"

"शायद कमिश्नर साहब आए हुए हैं..." बाबा बीच ही में बोल दिए, "हूँऽऽ, कल जोशी साहब आए थे, बता रहे थे।"

"उसी के बारे में कलक्टर साहब कह रहे थे...कमिश्नर साहब चाहते हैं स्मिथ और आपके बीच दोस्ती हो जाए..." राय नीलमणि कान्त की बात सुनकर बाबा ख़ामोश रहे। नीलमणि कान्त कुछ देर तक बाबा के उत्तर की प्रतीक्षा करते रहे। फिर कहा, "कलक्टर साहब ने कहा है मेरे यहाँ या कुँवर किशोरीरमण की हवेली पर कमिश्नर साहब की दावत की जाए, उसमें कमिश्नर साहब, कलक्टर साहब, आप और स्मिथ भी हों... वहीं पर कमिश्नर साहब आप दोनों के हाथ मिलवा दें।"

बाबा गर्दन झुकाए हुए बोले, "कमिश्नर साहब ऐसा क्यों चाहते हैं, आपने पूछा?"

"वही पुरानी बात...राय साहब हुकूमत के दोस्त हैं, और स्मिथ साहब महत्त्वपूर्ण अंग। दोनों को आपस में मिलकर रहना चाहिए।"

बाबा के होंठ तिरछे हो गए, "कितने दिन के लिए?" वह सवाल जैसे टिक गया था। राय नीलमणि कान्त को जवाब देते नहीं बना। थोड़ी देर बाद बाबा ही बोले, "चारों तरफ़ इस हुकूमत की थकान के निशान दिखलाई पड़ रहे हैं...लार्ड वावेल जैसा जनरल भी सरकार-बर्तानिया को धीरे-धीरे मुल्क से हट जाने की सलाह देकर गया है..." बाबा के चेहरे पर वेदना की हल्की-सी छाया उभर आई थी। राय नीलमणि कान्त उलझन में पड़ गए।

उन्होंने ही स्वयं बात फिर शुरू की, "मैं जानता हूँ, अंग्रेज़ को अपनी इज़्ज़त का ख़याल है। बुरे-से-बुरा अंग्रेज़ भी भले-से-भले हिन्दुस्तानी से अच्छा होता है। इसीलिए वे लोग ऐसे समय निकल जाना चाहते हैं जब उनकी इज़्ज़त बची रह सके। लेकिन...लेकिन..." बाबा बोलते-बोलते रुक गए। उनके एकाएक रुक जाने से मुझे ऐसा लगा, शब्दों की तरतीब में उलट-पुलट हो गई है।

राय नीलमणि कान्त काफ़ी देर तक कुछ नहीं बोले। बाबा भी ख़ामोश थे। बातें करते चुप हो जाना मुझे रील टूट जाने की तरह लगता था। बातचीत करते हुए

लोग चलते-फिरते मालूम पड़ते थे। इन दोनों की चुप्पी उस सम्पूर्ण वातावरण के ऊपर छा गई। मुझे डर लग रहा था कहीं इस ख़ामोशी से तंग आकर राय नीलमणि कान्त उठकर न चले जाएँ।

आख़िर राय नीलमणि कान्त ही बोले, "राय साहब, आपका क्या प्रोग्राम है?" उनके बोलने से मुझे थोड़ा सन्तोष हुआ।

बाबा ने उनके सवाल का उत्तर बड़े सांकेतिक ढंग से दिया, "वही...जिसके लिए मिस्टर ब्राउन ने आपको बुलवाया था।"

"यानी, आप..."

"हुम्, कमिश्नर साहब से मिलने जा रहा हूँ।" इस बात से शायद राय नीलमणि कान्त को थोड़ा आश्चर्य हुआ था।

बाबा ने थकन भरे स्वर में कहा, "ये लोग हमारे मुल्क में जाने कितने दिन के मेहमान और हैं!"

"इतनी जल्दी थोड़े ही चले जाएँगे।" राय नीलमणि कान्त के कहने से लगा, वे यह भी कह रहे हैं कि 'अभी वे काफ़ी दिन सीने पर मूँग दलेंगे।' बाबा को उनके कहने का ढंग पसन्द नहीं आया। तुरन्त बोले, "नीलमणि कान्त, अंग्रेज़ जैसी समझदार क़ौम दुनिया में कोई नहीं। हिन्दुस्तानियों की ज़लालत और दग़ाबाज़ी को ये लोग जान गए हैं। कल तक ये ही लोग अंग्रेज़ों की जय बोलते थे...आज अपनी जय बुलवाते हैं। लेकिन देख लेना अंग्रेज़ जाते-जाते इस मुल्क को मिट्टी में मिला देंगे।...गांधी अपने को होशियार समझते हैं। सियासत में अंग्रेज़ों के सामने अभी बच्चे हैं। डंडे खाकर, जेलों में सड़कर गांधी, गांधी बने। अंग्रेज़ों ने चुटकी बजाकर एक और गांधी खड़ा कर दिया...वह एक ऐसा मुल्क बना रहा है, जो कभी नक़्शे पर नहीं था।" लगा, अन्तिम वाक्य कानों के पर्दों को छेदता हुआ छर्रे सा निकल गया है।

"हर जगह फ़साद शुरू हो गया...हिन्दू-मुसलिम एक-दूसरे के जानी दुश्मन हैं...एक आज़ादी की जगह अब दो आज़ादियों का सवाल उठ गया है! न जाने कितनी आज़ादियाँ माँगी और दी जाएँगी।" बाबा एक साँस में बोल गए थे। मुझे लगता था बाबा आजकल अधिक बोले लगे हैं। इशारों से बात करने की उनकी क्षमता न जाने कहाँ चली गई। बात करते-करते उनका साँस फूलने लगता था, चेहरा सुर्ख हो जाता था।

लेकिन तुरन्त ही वे उतर-से गए। शिथिल आवाज़ में बोले, "कोलिशन केबिनेट बनने जा रही है...देशी सरकार! धीरे-धीरे देखना अंग्रेज़ चले जाएँगे। कमिश्नर नीदरसोल रहेंगे, न कलक्टर ब्राउन...और न स्मिथ। इनकी गद्दियों पर ज्वाइंट-मजिस्ट्रेट सक्सेना जैसे डोम बैठेंगे...अंग्रेज़ बनने की झाँझ में अपनी

बीवियों को क्लबों में लाकर बैठा देते हैं...बेचारी, गऊजाई!" बाबा के मुख से ये सब बातें ओपरी लग रही थीं। एकदम अपरिचित।

राय नीलमणि कान्त ने धीरे से कहा, "देसी सरकार बन जाने से तो गांधीजी की ही जीत हो जाएगी।"

घृणा की काफ़ी मोटी पर्त से बाबा का चेहरा ढक गया, "अंग्रेज़ों का अपने आप मुल्क छोड़कर चले जाना गांधी की जीत है? किस मुँह से गांधी उसे जीत मानेंगे...! नए वायसराय को हिन्दुस्तान से अपना साजो-सामान समेटने के लिए ही भेजा गया है।" हँसकर बोले, "शिकार के बाद शेर को लौटते देखकर अगर जंगल के जानवर ये समझें, शेर हमारे डर से लौटकर जा रहा है, इसमें शेर का क्या क़सूर।"

"...भूख लगेगी तो शेर फिर आ खड़ा होगा!" बाबा ने बड़े गहरे से यह बात कही थी।

जोड़ी आ गई थी। मेरा मन काँटे पर टिक गया था, ये लोग साथ ले जाएँगे या नहीं? कई रोज़ से बाबा के बाहर न निकलने के कारण, घर में बैठे-बैठे ऊब गया था। जब बाबा और राय नीलमणि कान्त चलने के लिए उठे तो शायद उन्हें मेरी याद नहीं आई। राय नीलमणि कान्त ने मुझसे एक बार भी साथ चलने के लिए नहीं कहा। मैं उनके पीछे-पीछे चल दिया। नत्थी मुझे पीछे-पीछे जाते देखकर मुस्कुराने लगा। उसके मुँह पर शैतानी उभर आई। बाबा को सुनाकर ज़ोर से बोला, "भैयाजी, कहाँ जा रहे हैं, बाज़ार नहीं चलेंगे?" कहकर वह धीरे-धीरे मुस्कुराता रहा था। उसके कहने पर राय नीलमणि कान्त और बाबा दोनों ने घूमकर देखा। बाबा ने भी पूछा, "कहाँ जा रहे हो...?"

मैं चुपचाप खड़ा हो गया। बाबा ने स्वयं ही कहा, "अच्छा चलो।" मेरे कपड़ों पर नज़र डाली, फिर नत्थी को पुकारकर कहा, "देखो इनका काला शू और मोज़े ले आओ।" हम तीनों गाड़ी में बैठकर जूते आने का इन्तज़ार करने लगे।

बाबा ने राय नीलमणि कान्त से कहा, 'इन बच्चों के भाग में जाने क्या लिखा है, जब तक बड़े होंगे...यह देश धोती-लँगोटीवालों के हाथों चला जाएगा...सदा हूश बने रहेंगे...तमीज़ आ पाएगी न अक़्ल...!' बाबा का चेहरा कड़वाहट से भर गया था।

नत्थी जूते लेकर आया तो मैं उसकी तरफ़ देखकर मुस्कुरा दिया। बाबा की उपस्थिति के कारण वह भोंदू-सा बना जूते पहनाता रहा। इतने दिनों बाद जोड़ी में बैठना मुझे अच्छा लग रहा था। मैं और राय नीलमणि कान्त एक सीट पर थे, बाबा अकेले दूसरी सीट पर।

थोड़ी देर तक ख़ामोश रहकर बाबा ने वज़ीर से पूछा, "अभी दोनों घोड़ियों की चाल रास पर नहीं आई, नई घोड़ी बीच-बीच में पाँव छोड़ती है।"

वज़ीर ने कोच-बक्स पर से ही सामने की ओर नज़र रखते हुए गर्दन नीची करके उत्तर दिया, "दो-चार बार निकालने से ठीक हो जाएगी सरकार!" बाबा फिर ख़ामोश हो गए।

"ज़मीदारों की क्या स्थिति होगी...हम लोग भी हाथों में थैले लटकाए सड़कों पर घूमा करेंगे। नौकरों के सौ-सौ साल पुराने घरों से कहना होगा, आप लोग अपना इन्तज़ाम करें।" बाबा थोड़े गम्भीर थे।

बाबा के चेहरे की तरह ही राय नीलमणि कान्त के चेहरे के भाव भी बदलते जा रहे थे। अनिश्चितता और आशंकाएँ उनके चेहरे पर भी उजागर थीं।

सड़क पर जाते-जाते लोग बीच-बीच में सलाम कर देते थे। कभी-कभी सामने से आते हुए ताँगे अथवा किसी गाड़ी से बचाने के लिए जोड़ी को धीमा करना पड़ता था, कभी रोक देनी भी पड़ती थी। इतनी बड़ी गाड़ी को सड़क से कच्ची पर उतारना या दबाना काफ़ी मुश्किल हो जाता था। कई बार हचकोले भी लग जाते थे। हचकोला लगने पर बाबा एक ओर को झुक जाते थे। उस समय बाबा का चेहरा थोड़ा सिकुड़ जाता था।

कमिश्नर साहब नवाब की कोठी में कैम्प कर रहे थे। हम लोग पहुँचे तो कोठी के बाहर एक क़तार में गाड़ियाँ खड़ी हुई थीं। जोड़ी केवल हमारी ही थी। बाबा ने दरवाज़े पर जोड़ी रुकवा दी। राय नीलमणि कान्त को सम्बोधित करके कहा, "काफ़ी भीड़ मालूम पड़ रही है, पुछवा लेना चाहिए मुलाक़ात होगी या नहीं।"

"आप क्या बात करते हैं राय साहब, मुलाक़ात क्यों नहीं होगी...उन्होंने ख़ुद मिलने की इच्छा ज़ाहिर की है।"

बाबा ने उस बात का जवाब नहीं दिया। वज़ीर के साथ कोच-बक्स पर बैठे चपरासी को बुलवाकर उन्होंने गार्ड को बुलवाया और उससे कहा, "कमिश्नर साहब को ख़बर भिजवा दो, राय साहब यशवन्त राय आए हैं।"

दो मिनट बाद एक दरोगाजी झपटते हुए आए और बाबा को सेल्यूट करके बोले, "हुज़ूर, कमिश्नर साहब ने लिवा लाने का हुक्म दिया है।" बाबा ने उन्हें मेरे बराबर में बैठा दिया। उनका अपने बराबर में बैठाया जाना मुझे पसन्द नहीं आया था। गाड़ी के पोर्टिको में पहुँचते ही दरोगाजी झपाटे के साथ उतर गए और खिड़की खोल दी। पहले बाबा उतरे, फिर राय नीलमणि कान्त। दरोगाजी ने मुझे हाथ पकड़कर उतारा।

हम लोग सीढ़ियों पर चढ़ रहे थे। सामनेवाली चिक हटाकर कमिश्नर साहब

और कलक्टर साहब दोनों बाहर निकल आए थे। बाबा थोड़ा झपटकर आगे बढ़े, 'गुड मार्निंग सर' तपाक से हाथ मिलाया। बाद में बाबा ने कलक्टर साहब से भी हाथ मिलाया। कलक्टर साहब ने हाथ मिलाते हुए कहा, ''वेल राय सा'ब, बोत डिन बाड अम आपको मिला।''

बाबा हल्की-सी मुस्कुराहट के साथ बोले, ''मैंने सोचा आपका क़ीमती वक़्त है...''

कमिश्नर साहब ने हँसते हुए कहा, ''नो, नो...डोंट से दिस। आई नो आई नो'', बाबा को हाथ पकड़े-पकड़े अन्दर हाल में ले गए। राय नीलमणि कान्त मेरी उँगली पकड़े हुए पीछे-पीछे अन्दर गए।

अन्दर जाकर कमिश्नर साहब ने बाबा से कहा, ''वेल राय सा'ब, आई प्रॉमिज्ड यू लास्ट टाइम टु विज़िट दिस प्लेस अरलियर, आई गॉट लेट!''

बाबा ने हँसकर कहा, ''देट्स आल राइट सर...'' थोड़ा रुककर बोले, ''परहेप्स यू रिमेम्बर...राय नीलमणि कान्त एंड दिस माई ग्रैंड सन! लास्ट टाइम हंटिंग कैम्प पर ये लोग भी मेरे साथ गए थे।''

''यस, यस...अमको याड है...राय नीलमणि कान्त वेल नोन टू मी! आई प्रामिज़्ड दिस बाय टु नॉमिनेट एज़ डेपुटी कलेक्टर!'' बाबा के चेहरे पर काफ़ी दिनों बाद फिर वही स्निग्धता आ गई थी, ''लेकिन...अख़बारों में तो बड़ी निराशाजनक ख़बरें हैं...वेरी डिसकरेजिंग...ब्रिटिश गवर्नमेंट इंडीपेंडेंस देने की बात सोच रही है...''

नीदरसोल 'हा हा' करके हँस पड़े। बाबा ने फिर कहा, ''मैं सोचता था...ब्रिटिश गवर्नमेंट ताकत से दबा देगी...लेकिन गवर्नमेंट इज़ शोइंग वीकनेस बिफ़ोर नोबडीज़...''

नीदरसोल का चेहरा गम्भीर हो गया। कुछ रुककर बोले, ''वेल राय साहब, ब्रिटिश गवर्नमेंट इज़ वेरी केयरफुल...। अमारा नेशन...वर्ल्ड के अन्डर कोई कन्ट्री को डबाना नाई माँगटा। आपका कन्ट्री को अम...आज़ादी डेकर ऑबजर्व करेगा...इंडियंस लड़ना नाई माँगटा...पीसफ़ुली रहटा है, देन वी विल गिव यू फ़ुल इंडीपेंडेंस...अदरवाइज़ नॉट। इंडियन लीडर्स आर एजुकेटेड इन ऑक्सफोर्ड एंड केम्ब्रिज...दे आर केपेबिल पर्सन्स...।'' यह सब कहकर कमिश्नर सिर हिलाने लगे थे।

बाबा के चेहरे पर एक भाव आ रहा था एक जा रहा था। धीरे-धीरे उनका चेहरा कठोर हो गया-''इट मीन्स...हम लोगों को अपना रास्ता तलाश कर लेना चाहिए''। बाबा ख़ामोश हो गए। नीदरसोल और ब्राउन दोनों ने एक-दूसरे की ओर देखा। नीदरसोल ने हँसकर कहा, ''नाउ यू शुड ज्वायन कांग्रेस...'' ब्राउन

और ज़ोर से हँस दिए। बाबा के दाँत भिंच गए। मुझे लगा उस दिन की तरह आज फिर झगड़ा होनेवाला है। लेकिन धीरे से बोले, "मिस्टर नीदरसोल, इट इज़ ए मैटर ऑफ़ फ़ेथ...!" बाबा ने कमिश्नर साहब को पहली बार नाम लेकर सम्बोधित किया था।

"आदमी दो विश्वास साथ-साथ नहीं जी सकता!" अन्तिम वाक्य मुझे लगा उन्होंने अपने-आपसे कहा है।

बाबा के पहले वाक्य का दोनों अंग्रेज़ों के चेहरों पर स्पष्ट रूप से प्रभाव पड़ता दिखलाई दिया। राय नीलमणि कान्त के चेहरे पर एक भय दिखलाई पड़ रहा था। मेरा मन हो रहा था बाबा से चलने के लिए कहूँ। कोई भी मेरी ओर ध्यान नहीं दे रहा था।

कलक्टर साहब ने नए सिरे से बात शुरू की, "वेल राय साहब...मोसलमान मेम्बरर्स आपका इलेक्शन में ढोखा डिया...इट शौक्ड मी!" फिर कमिश्नर साहब की ओर देखकर बोले, "ही वाज़ चेयरमैन ऑफ़ लोकल म्यूनिसपेल्टी सिंस लास्ट सो मेनी ईयर्स...दिस टाइम मोहम्डन्स...पुट देयर केंडीडेट, ख़ानबहादुर इकरामुल हक़ अगेन्स्ट हिम। राय बहादुर जगदीशसरन आलसो सपोर्टेड हिम..."

बाबा ने हँसकर कहा, 'देन व्हाई यू ब्लेम मोहम्डन्स ओनली!'

नीदरसोल ने बाबा की बात की ओर विशेष ध्यान न देकर दोबारा कहा, "आई एम वेरी सौरी..रियली सौरी। ख़ानबहादुर ने मैन लाइक राय साहब का ख़िलाफ़ट किया, शाकिंग!" कमिश्नर साहब ने अपना चेहरा बड़ा उदास बना लिया था। कुछ देर तक ख़ामोश रहकर वे अपना पाइप पीते रहे थे।

कमिश्नर साहब के इस व्यवहार से बाबा के चेहरे पर नम्रता आ गई थी। उन्होंने हँसकर कहा, "लोकल पालिटिक्स है...होता ही रहता है।"

नीदरसोल ने ज़ोर से गर्दन हिलाई, "नो, नो, अम आप...डोस्त लूज़ करना नाई मांगटा...फ़िउ मन्थ्स बैक, स्मिथ जगरा (झगड़ा) किया...आइ डोन्ट वान्ट ऑल दैट, वी आर सेफ़ हियर ओनली ड्यू टू फ्रेंड्स लाइक यू!"

बाबा गद्गद हो गए थे। उन्होंने अत्यन्त नम्रता के साथ कहा, "ये आप क्या फ़रमा रहे हैं...ब्रिटिश गवर्नमेंट के इक़बाल से ही तो हम लोगों का वजूद है।" नीदरसोल हँस दिए, 'दैट्स ऑल राइट...दैट्स ऑल राइट! बट यू पीपल आर पिलर्स ऑफ़ अवर फ़ेथ इन इंडिया एंड इंडियन्स।"

काफ़ी देर बाद ब्राउन साहब बोले, "वेल राय साहब, अमारा आडमी (की) वजह से आपका प्रेस्टिज ख़राब होटा..वी फ़ील गिल्टी, आई स्कोल्डेड मिस्टर स्मिथ!"

बाबा तुरन्त बोले, "मिस्टर ब्राउन...योर मिस्टर स्मिथ इज़ इनकेपेबिल टु इफ़ेक्ट माई प्रेस्टिज! एनी वे, जो कुछ मिस्टर स्मिथ कर सकते थे उन्होंने कुछ

उठा नहीं रखा।''

राय नीलमणि कान्त के चेहरे पर एक बार पुनः भय की सी छाया दिखलाई पड़ी। लेकिन बाबा ने जब कहा, ''स्मिथ अंग्रेज़ हैं, उनमें कुछ तो ख़ूबियाँ होंगी ही। आई हैव नाट लॉस्ट माई कम्पलीट फ़ेथ इन हिम!''

ब्राउन ज़ोर से बोले, ''डेफ़िनेटली...डेफ़िनेटली! दैट इज़ व्हाई आई विश...टोम डोनों हाथ मिला सको।...दिस टाइम कमिश्नर साहब हैं...इन हिज़ प्रेजेन्स यु शुड शैक हैंड्स।'' राय नीलमणि कान्त की ओर इशारे करके बोले, ''ही विल इनवाइट अस एट डिनर एंड सर्व अस इंडियन मील्स...'' नीदरसोल ज़ोर से हँसकर बोले, ''ओह, इंडियन मील्स...स्पाइसी वन। गुड-गुड...इंडियन्स आर रिच इन डाइट।''

ब्राउन ने बीच ही में नीदरसोल की ओर देखकर पूछा, ''आई थिंक यू आर फ्री...टुमारो इवनिंग...'' नीदरसोल ने ज़ोर से कहा, ''श्योर...श्योर...।'' फिर बाबा से पूछा, ''आप आ सकटा है...? इट इज़ योर कनवीनियेंस।''

बाबा ने हाँ भर दी। कमिश्नर साहब राय नीलमणि कान्त की तरफ़ देखकर मुस्कुराए। राय नीलमणि कान्त भी अविलम्ब मुस्कुरा दिए। कमिश्नर साहब पूरी बातचीत के दौरान पहली बार राय नीलमणि कान्त की ओर उन्मुख हुए थे। मुस्कुराहट को बनाए रखते हुए कमिश्नर साहब बोले, ''वेल राय नीलमणि कान्त...आई होप यू विल नॉट माइंड दी ट्रबल!''

राय नीलमणि कान्त पहले तो सकपका गए फिर बोले, ''व्हाइ नाट सर...'' तुरन्त बाद ही उन्होंने कहा, ''थैंक्यू सर।'' बाबा ने एकाएक उनकी ओर देखा। बाबा के चेहरे पर हँसी आ गई, थोड़ा हँसकर, मिस्टर ब्राउन और मिस्टर नीदरसोल को समझाते हुए बोले, ''राय नीलमणि कान्त का मतलब है...जब आप मेरे घर पर आने की ज़हमत उठाएँगे तो आपको तकलीफ़ होगी...वैसे मैं शुक्रगुज़ार रहूँगा।''

वे दोनों हो...हो...करके ज़ोर से हँस दिए। राय नीलमणि कान्त का चेहरा बिलकुल सफ़ेद पड़ गया था।

रास्ते में राय नीलमणि कान्त बाबा के सामने सफ़ाई देते रहे, ''मेरा मतलब था...वैसे आपने बात सँभाल ली। मेरे मुँह से निकल गया...दरअसल मैं समझा था वे पूछ रहे हैं, आप दावत देने के लिए तैयार हैं।'' फिर रुककर बोले, ''कमिश्नर साहब बुरा तो नहीं माने होंगे?'' कुछ पश्चात्ताप के स्वर में कहा, ''कैसी ग़लती हो गई...मुँह से निकल ही गया। कलक्टर साहब भी क्या सोच रहे होंगे...मैं समझ ही नहीं सका, ये लोग कुछ अजीब तरह बोलते हैं...साफ़-साफ़ बोलने पर मैं समझ लेता हूँ।''

बाबा ने राय नीलमणि कान्त के कन्धे पर हाथ रखकर दबाते हुए कहा, ''अरे

ऐसी बात तो होती रहती है...अंग्रेज़ लोग बहुत बड़े दिल के होते हैं। इन ज़रा-ज़रा-सी बातों का ख़याल नहीं करते, अंग्रेज़ी कौन हमारी भाषा है।"

बाबा ने कुछ रुककर कहा, "देखा नहीं, कमिश्नर होकर मुझसे कह रहे थे, हम लोग आप जैसे दोस्तों की बदौलत ही यहाँ पर सही-सलामत हैं। यही तो अंग्रेज़ों की ख़ासियत है, ख़ुद मुल्क पर हुकूमत करते हैं, लेकिन और लोगों की दिल-जोही करना भी जानते हैं...इन्सान की क़ीमत जानते हैं...लोग याद किया करेंगे।" बाबा जितने गद्‌गद् भाव से पूरी बात कह गए थे, अन्तिम वाक्य कहकर उतना ही असहाय हो गए।

घर लौटकर बाबा प्रसन्न थे। उस रोज़ शाम को बाबा क्लब भी गए।

अगले रोज़ दावत में कमिश्नर साहब, कलक्टर साहब, बाबा के अतिरिक्त कुँवर किशोरीरमण, लाला चतरसिंह भी थे। काका साहब और बाबूजी गए नहीं थे। हालाँकि राय नीलमणि कान्त स्वयं कहने आए थे। इन दोनों की एवज़ में राय नीलमणि कान्त मुझे ले गए थे।

राय नीलमणि कान्त ने हवेली पर दावत न करके पक्के बाग़वाली कोठी में दावत की। सिविल लाइन्स में होने के कारण उस कोठी में बिजली थी। हमारी सिविल लाइंसवाली कोठी में सिविल-सर्जन रहते थे। दरवाज़े से कोठी तक लगभग एक फ़रलांग के रास्ते में दोनों तरफ़ रोशनी के सफ़ेद ग्लोब लगे हुए थे। दरवाज़े पर दो सन्तरी (बावर्दी) 'दुनालियाँ' हाथ में लिए पहरा दे रहे थे। कोठी के सामने बड़ा-सा फुवारा था जिसमें एक अर्ध-नग्न स्त्री बनी हुई थी। उस प्रतिमा को एक बार दिन में भी देख गया था। उस समय मैंने दीना से पूछा था, "ये औरत ऐसे क्यों खड़ी है?"

दीना ने मुस्कुराते हुए जवाब दिया था, "नहाकर निकल रही है।"

"कपड़े क्यों नहीं पहनती...?" दीना ने बात टाल दी थी "अब पहनेगी" लेकिन उसने आज तक कपड़े नहीं पहने थे।

आज फुवारा चल रहा था। पानी प्रतिमा पर से होकर सल-सलल बह रहा था।

बाबा, लाला चतरसिंह, कुँवर किशोरीरमण सब लोग कमिश्नर साहब, कलक्टर साहब और स्मिथ साहब से पहले ही पहुँच गए थे। कलक्टर साहब उन दोनों मेहमानों के साथ ठीक समय पर पहुँचे। राय नीलमणि कान्त ने अपने चबूतरे की सीढ़ी से उतरकर उन लोगों का स्वागत किया। मैं देख रहा था राय नीलमणि कान्त के हाथ-पाँव फूले हुए-से हैं। वे उन्हें लेकर तिरछे-तिरछे सीढ़ियों पर चढ़ रहे थे। स्मिथ सबसे पीछे थे। मुँह में पाइप दबाये इधर-उधर देख रहे थे। सीढ़ियों

के ऊपर लाला चतरसिंह और कुँवर किशोरीरमण खड़े थे, उन्होंने उन तीनों को झुककर सलाम किया था।

राय नीलमणि कान्त का बेटा मेरे पास खड़ा हुआ था। वह साफ़ा बाँधे हुए था। राय नीलमणि कान्त ने अपन बेटे का उन तीनों से परिचय कराया था। लेकिन वह बिलकुल बुद्धू की तरह खड़ा रहा था। मैंने गुड इवनिंग करके हाथ मिला लिया था।

ब्राउन ने नीदरसोल से अंग्रेज़ी में पूछा था, "आपने पहचाना...राय साहब का पोता।"

"ओह यस...यस। आइ हेव मेट हिम थर्ड टाइम।" स्मिथ खड़ा पाइप पीता रहा था। उसे देखते ही मुझे उस रोज़वाली घटना याद आ गई। चाबुक उठाकर सटाक-सटाक! जब मैंने उसकी ओर देखा तो सहम-सा गया। डरते-डरते धीरे-से कहा, "गुड इवनिंग..." उसने पाइप लिए-ही-लिए अपना हाथ उठा दिया।

बाबा अन्दर हॉल में से बाहर बरामदे में निकल आए थे। बाबा ने कमिश्नर साहब का हाथ दोनों हाथों में ले लिया। बाबा के चेहरे पर कुछ वैसी ही चमक थी जो मुख्य अतिथि के चेहरे पर होती है। राय नीलमणि कान्त, कुँवर साहब और लाला चतरसिंह बाबा के पीछे क़तार बाँधकर खड़े हो गए थे। कमिश्नर साहब के बाद बाबा ने कलक्टर साहब से हाथ मिलाया था। स्मिथ की तरफ़ देखकर बाबा क्षण भर को ठिठक गए, लेकिन दूसरे ही क्षण बाबा के चेहरे पर हल्की-सी मुस्कुराहट आ गई। स्मिथ का चेहरा भी फैल गया। उसने अपने आप ही कहा, "हाऊ डु यू डू राय साहब...वी हैव मेट ऑफ़्टर ए लांग टाइम" और हाथ बढ़ा दिया।

बाबा ने भी हाथ मिलाकर हँसते हुए कहा, "आफ़कोर्स, मिस्टर स्मिथ!"

कमिश्नर साहब बोले, "राय सा'ब, ही इज़ रियली सौरी फ़ार दैट अनफ़ोरचुनेट इन्सीडेंट।"

बाबा के चेहरे पर प्रसन्नता बिखर गई थी, "दैट्स आल राइट, मैं तो मिस्टर स्मिथ को अपने दोस्त की तरह ही मानता रहा हूँ।"

सब लोग अन्दर हॉल में चले गए थे। राय नीलमणि कान्त का ड्राइंग रूम एक बहुत लम्बा हॉल था। बीचोबीच एक बड़ा फ़ानूस लटक रहा था, बस! दोनों ओर क़तार में बड़े-बड़े रंग-बिरंगे ग्लोब थे। उनसे रोशनी रिस रही थी। हाथी-दाँत, अख़रोट की लकड़ी की मखमली कुर्सियाँ पड़ी हुई थीं। ऊँची पीठ की लाल मखमली और सुनहरी कुर्सियों पर कमिश्नर, कलक्टर, कप्तान साहब और बाबा को बैठाया गया था।

मेरा मन भी उन्हीं कुर्सियों में से एक पर बैठने का था। चुपचाप बाबा की कुर्सी के पास जा खड़ा हुआ। बाबा ने मेरी तरफ़ कुछ इस तरह देखा, मैं चुपचाप जाकर राय नीलमणि कान्त के बेटे के बराबर में बैठ गया। वह उतनी देर में कुछ नहीं बोला था। उसके सिर पर रखी पगड़ी उसके पूरे शरीर से भारी दिखलाई पड़ रही थी। मैं देख रहा था सबके पाँव नीचे बिछे कालीन पर टिके हैं। हम दोनों के पाँव लटक रहे थे। मैं बार-बार कोशिश करता था कुर्सी पर बैठे ही बैठे मेरा जूता भी कालीन के रुएँ में धँस जाए।

सुनहरी कुर्सी पर बैठे उन चारों लोगों के पाँव मख़मली पादपीठ (पायदान) पर रखे थे। मुझे आश्चर्य था। समझ में नहीं आ रहा था इतने बड़े-बड़े लोगों के पैर टेकने के लिए पादपीठ लगाने की क्या आवश्यकता थी। हम दो ही आदमियों के पाँव छोटे थे।

स्मिथ उस वैभवशाली कमरे को आँख फाड़-फाड़कर देख रहा था। लाला चतरसिंह के चेहरे से लग रहा था उन्हें ज़बरदस्ती पकड़कर बैठा दिया गया है। बीच-बीच में कुँवर साहब से खुसर-पुसर बात कर लेते थे। कभी-कभी मेरी ओर देखकर मुस्कुरा देते थे। राय नीलमणि कान्त अपनी कुर्सी पर उठँगे-से बैठे हुए थे। उनके सीने के उठने-बैठने से लगता था, साँस फूला हुआ है।

कुँवर किशोरीरमण बीच-बीच में मिस्टर ब्राउन से बतियाने लगते थे। सामने आदमक़द चित्र लगे हुए थे। कुँवर साहब प्रत्येक चित्र के बारे में बता रहे थे। बाबा कमिश्नर के बगल में बैठे थे, शिकार की बातें कर रहे थे। कहाँ-कहाँ पर कौन-कौन-से जानवर अधिक हैं। प्रसन्न होने पर बाबा शिकार की बातें ही किया करते थे।

"ये राय नीलमणि कान्तजी के बाबा साहब हैं...राय महेन्द्र कान्त! इन्होंने ग़दर में एक हज़ार अंग्रेज़ अफ़सरों की जान बचाई थी!" कुँवर साहब की बात पर कलक्टर साहब का चेहरा फैल गया था।

"और ये...इनके पूज्य पिताजी! फ़र्स्ट वर्ल्ड वार में दो लाख कलदार गिनकर दिए थे, ही वाज़ क्लोज़ फ्रेंड ऑफ़ वायसराय। वायसराय आलवेज़ ट्रस्टेड हिम!...व्हेन ही वाज़ टु बी एवार्डेड नाइटहुड...ही लेफ़्ट फ़ार हेवनली एबोड।" अंग्रेज़ी के सब वाक्य वे एक साँस में कह गए थे।

ब्राउन साहब का चेहरा उतर गया था। गर्दन बिना दो बार हिले नहीं रुक सकी थी।

तीसरी तस्वीर की ओर संकेत करके कुँवर साहब ने आवाज़ को थोड़ी धीमी करके कहा, "ही इज़ फादर ऑफ़ राय साहब...लीडिंग मेन ऑफ़ नॉर्दर्न इंडिया...। ग्रेट फ्रेंड ऑफ़ ब्रिटिश गवर्नमेंट!"

मिस्टर ब्राउन ने प्रसन्न होकर कहा, "आइ नो..आइ नो...। आइ हेव हर्ड अबाउट हिम!"

राय नीलमणि कान्त अन्दर जाकर लौटे थे। उन्होंने आकर बाबा से ही कहा, "मेज़ लग गई..."

बाबा ने उठते हुए कमिश्नर साहब से हिन्दी में ही चलने की प्रार्थना की, "तशरीफ़ ले चलें, भोजन तैयार है..."

कमिश्नर साहब उठ खड़े हुए। मिस्टर ब्राउन भी उठकर खड़े हो गए। राय नीलमणि कान्त ने अपने बेटे से कहा, "बेटा, तुम अन्दर भोजन करना...।" मुझे साथ-साथ ले जाने लगे। बाबा ने तुरन्त कहा, "अरे क्यों, इनको भी वहीं बैठाओ... यह कोई बात नहीं है!" लाला चतरसिंह ने भी कहा, "हाँ...हाँ, चलो बेटा, तुम हमारे साथ चलो।" लाला चतरसिंह इतने देर बाद खुलकर बोले थे। वह मेरे साथ-साथ चल रहा था। राय नीलमणि कान्त उसे सख़्त नज़र से देख रहे थे। भय था, कहीं राय नीलमणि कान्त नाराज़गी में उसे चपत न लगा बैठें, या यह कहकर न चले जाएँ, 'अच्छा, तुम ही बैठो...मैं जाता हूँ।'

खानेवाला कमरा काफ़ी बड़ा था। यहाँ भी कमरे में कालीन बिछा हुआ था। जापानी, चीनी और अंग्रेज़ औरतों के कई बड़े-बड़े और रंगीन चित्र टँगे हुए थे। एक बहुत बड़ा फ़ोटो बीचोबीच टँगा हुआ था, जिसमें बहुत-से लोग बैठे और खड़े हुए थे। काफ़ी बड़ी एक गोल मेज़ थी। चाँदी के बर्तनों में खाना लगाया गया था। गिलासों में कपड़े के फूल लगे हुए थे। फलदानों में फल, तश्तरियों में मिठाइयाँ, मेवे थे। हाथीदाँत की-सी सफ़ेद 'बाँहवाली' कुर्सियाँ थीं। खाते समय मेरा हाथ बार-बार कुर्सी की बाँहों में फँस जाता था। कमरे में प्रवेश करने पर नीलमणि कान्त कमिश्नर साहब के पीछे खड़े हो गए, सबकी ओर देखकर उनका चेहरा लाल हो गया। दो-तीन बार गर्दन आगे करके अपने को दुरुस्त करते हुए रुक-रुककर बोले, "सर, दिस फ़ोटो, विद वायसराय, विद माई फादर...।"

कमिश्नर साहब ने घूमकर देखा, "अओ..." कहकर कमिश्नर साहब उस फ़ोटो की तरफ़ बढ़ गए। बड़े ग़ौर से देखते हुए बोले, "हिज़ एक्सीलेंसी दी वायसराय अटेंडेड योर मैरेज़, कांगरेच्यूलेशंस।" राय नीलमणि कान्त ने मुस्कुराकर गर्दन नीची कर ली।

"ओ...प्रिंसेज़ ऑफ़ भरतपुर एंड ग्वालियर...गुड-गुड" उन्होंने राय नीलमणि कान्त के कन्धे पर हाथ रख दिया और धीरे-से बोले, "व्हाट वर दोज डेज़..." और ख़ामोश हो गए। इस बात का असर बाबा के चेहरे पर भी पड़ा।

राय नीलमणि कान्त ने अपने बेटे को बराबर में ही बैठाया था। मैं उसके बराबर में बैठा था। राय नीलमणि कान्त ने उसके कान में कह दिया था, ''सीधे बैठे रहना...इधर-उधर हाथ मत चलाना।'' वह बेचारा साफ़ा बाँधे एकदम चुपचाप बिना हिले-डुले हौलू-सा सीधा बैठा रहा था। बैरा ने सबके सामने छोटे-छोटे चाँदी के पेग लाकर रख दिए थे। शराब आ गई थी! मैं सोच रहा था कमिश्नर साहब के कहने पर बाबा को भी न लेनी पड़ जाए। बाबा उसकी ओर तटस्थ भाव से देख रहे थे। थोड़ी देर बाद एक जग में फलों का अर्क़ आ गया। बाबा और कुँवर किशोरीरमण ने वही शर्बत अपने-अपने चाँदी के पेगों में उड़ेल लिया। बाबा अपने पेग में शर्बत उड़ेल रहे थे, स्मिथ के चेहरे पर हल्की-सी मुस्कुराहट आ गई थी। मैंने और कलक्टर साहब ने एक साथ ही उस मुस्कुराहट को देखा था। कलक्टर साहब थोड़े गम्भीर हो गए थे।

राय नीलमणि कान्त भी अपने पेग में शर्बत उड़ेलने लगे। बाबा ने मुस्कुराकर कहा, ''नहीं-नहीं, वही लोरे, शर्म की क्या बात है!'' उन्होंने शर्माते हुए अपने पेग में शराब ही ले ली। लाला चतरसिंह पहले तो दूसरों को लेते देखते रहे, फिर झटके के साथ जार उठाकर अपने पेग में उड़ेलने लगे। उड़ेलते-उड़ेलते उनका पेग भर गया था और शराब बाहर बहने लगी थी। घबराकर इधर-उधर देखा। हालाँकि कमिश्नर साहब ने बहते हुए देख लिया था, लेकिन उन्होंने जानकर नज़र दूसरी ओर घुमा ली थी।

कमिश्नर साहब ने खड़े होकर कहा, ''लेट अस प्रोप्रोज़ ए टोस्ट फ़ार दी फ्रेंडशिप ऑफ़ राय साहब एंड मिस्टर स्मिथ''। सबने एक-दूसरे के पेग से पेग टकराये और पी गए। बाबा ने कुँवर किशोरीरमण के पेग से ही अपना पेग टकराया। मिस्टर नीदरसोल, बाबा और मिस्टर स्मिथ के हाथ मिलवाकर कुछ देर तक पादरी की भाँति उन दोनों के हाथ थामे खड़े रहे थे। खाना शुरू करने से पहले बाबा 'एक्सक्यूज़ मी' कहकर दो क्षण के लिए उठकर बाथरूम गए थे। उनके लौटने पर खाना शुरू हुआ था।

तीनों अंग्रेज़ों को खाना खाने में थोड़ी दिक्कत हो रही थी। वे हम लोगों को देख-देखकर टुकड़ा तोड़ते थे, सब्ज़ी से लगाते थे। गर्दन ऊपर करके पूरी आँखें खोलकर उसे खाने लगते थे। टुकड़ा चबाते समय उनका चेहरा अजीब हो जाता था। नाक के आगे का भाग बिलकुल सुर्ख हो गया था। आँखों में पानी आता जा रहा था। वे लोग एक-आध कचौरी ही खा पाए। कमिश्नर साहब ने मिठाई का एक टुकड़ा चकित भाव से मुँह में रखकर धीरे-धीरे मुँह चलाया। इतनी जल्दी खाना समाप्त कर देने से बाबा वग़ैरह को भी उठ जाना पड़ा था। हालाँकि वे तीनों नेपकिन से हाथ पूँछ चुके थे। लेकिन सब लोगों को चिलमची में हाथ धोते हुए

देखकर उन लोगों ने भी हाथ धोये थे। हाथ धोने के तरीके से लग रहा था उन्हें हाथ भी धोना नहीं आता।

राय नीलमणि कान्त का बेटा सबके उठने के बाद भी गर्दन सीधी किए हुए गाबदू-सा बैठा रहा था। राय नीलमणि कान्त को स्वयं ही जाकर कहना पड़ा था, ''उठो या रात भर इसी तरह बैठे रहने का इरादा है।''

स्मिथ इस पूरे आयोजन के दौरान पहली बार बोला, ''ही इज़ ए डिसिप्लिंड बॉय!'' राय नीलमणि कान्त हँसकर मुग्ध दृष्टि से अपने बेटे को निहारते रहे थे।

दावत ख़त्म हो जाने पर कमिश्नर साहब ने बाबा से कहा, ''वेल राय याहब, यू नो वन थिंग, मिस्टर स्मिथ...मिसअंडरस्टैंडिंग हो गया, यू आर एंटी ब्रिटिशर्स। दैट इज़ ह्वाट ही बीहेव्ड लाइक दैट।''

पूरा कमरा जैसे एक दिशा से उठाकर दूसरी दिशा में रख दिया गया। बाबा का चेहरा तमतमा आया, ''हू टोल्ड यू दिस मिस्टर स्मिथ...लेट मी नो, हू टोल्ड यू...''

कमिश्नर साहब ने तुरन्त स्थिति सँभाल ली थी। वे तुरन्त बाबा की तरफ़ झुक गए, ''वेल रायसाहब...डोन्ट मिसअंडरस्टैंड...बाइ मिसटेक ही गॉट दिस इम्प्रेशन। नाउ ही हैज़ करेक्टेड हिमसेल्फ़। यू आर टू सीरियस!'' मि. स्मिथ चुपचाप अपना पाइप पीते रहे थे।

बाबा हिन्दी में बोले, ''पहले के अंग्रेज़ अफ़सर कहने और करने से पहले देखते समझते थे...। शायद अब विलायत में ऐसे आदमियों की कमी हो गई है...।''

मिस्टर स्मिथ ने केवल एक बार बाबा की तरफ़ देखा था, फिर दूसरी तरफ़ मुँह करके धुआँ छोड़ दिया था।

चलते-चलते तक उस इतने बड़े हॉल की दिशाएँ नहीं बदली थीं। बल्कि कुछ ऐसा लगता रहा था, कमरे की रोशनी धीरे-धीरे कम होती जा रही है।

# 11

सुबह-ही-सुबह म्युनिसिपैलिटी के सेक्रेटरी घोड़ी पर चढ़कर आए थे। बाबा बाहर सहन ही में बैठे हुए थे। अपनी आदत के अनुसार बाबा ने कहा, ''आइए सेक्रेटरी साहब!'' वे सकपका गए, ''अरे हुज़ूर, मैं तो आपका वही ख़ादिम हूँ!''

बाबा ने उसकी इस बात पर कोई ध्यान नहीं दिया, थोड़ा गम्भीर होकर कहा, ''क्या म्यूनिसिपेलिटी ने सफ़ाई का इन्तज़ाम देखना बन्द कर दिया...!''

''जी...जी...'' सेक्रेटरी साहब कुछ कहने का प्रयत्न कर रहे थे।

''आप घबराएँ नहीं, अब मैं चेयरमैन की हैसियत से जवाबतलब नहीं कर रहा हूँ...सिर्फ़ जानना चाहता हूँ, आख़िर सफ़ाई क्यों नहीं हो रही है? लोग मर जाएँ? मेरी हवेली के चारों तरफ़ जब ये हाल है तो और लोगों के घरों का क्या हाल होगा!'' बाबा के तेवर चढ़ गए थे।

''शायद आपने शहर का मुआयना करना छोड़ दिया है...?''

''सरकार, आपका ज़माना...क्या बतलाऊँ! अब तो चमार-भंगियों का राज है, किसी के ख़िलाफ़ कार्यवाही करता हूँ उमरासिंह, रिसालसिंह यहाँ तक ख़ानबहादुर साहब ख़ुद मुअत्तल करने की धमकी देने लगते हैं...सुबह ही चेयरमैन साहब के बँगले पर जाना पड़ता है। उनके साहबज़ादे घुड़सवारी सीखते हैं।''

बाबा की त्यौरियाँ चढ़ गईं, ''अगर आप मेरी हवेली के सामनेवाली सड़क की सफ़ाई का कोई इन्तज़ाम न कर सकें तो मैं ख़ुद इन्तज़ाम कर लूँ...!''

''जी नहीं...मैं अभी जाकर सब इन्तज़ाम करा दूँगा! आज भर की मोहलत दें।''

बाबा ख़ामोश रहे। उनके माथे पर सलवटें पड़ गई थीं।

सेक्रेटरी साहब काफ़ी देर तक ख़ामोश बैठे रहकर बाबा के माथे की सलवटों के खुलने की प्रतीक्षा करते रहे। बाबा का माथा धीरे-धीरे कुछ सपाट हुआ।

सेक्रेटरी साहब ने धीरे-से कहा, "हुज़ूर...इस म्यूनिसिपैलिटी का सेक्रेटरी बने रहना मेरे बस का नहीं रहा। इतने सालों तक आपकी ख़िदमत की! अंग्रेज़ कलक्टर चेयरमैन होते थे तब से सेक्रेटरी चला आ रहा हूँ। अब...।" कहकर उन्होंने बाबा के चेहरे की ओर देखा, "अब...इन चमार भंगियों की हुकूमत बर्दाश्त नहीं होती... इनके बाप-दादा सब हमारे यहाँ सफ़ाई करते थे, मरे हुए जानवर ढोते थे। अब मेरी दाढ़ी के बाल उखाड़ते हैं। हुज़ूर, आप मुझे अपनी ख़िदमत में रख लें...रियासत का काम देखा करूँगा। मेरे काम से हुज़ूर वाक़िफ़ हैं ही।"

बाबा हँस दिए, "कितने दिन के लिए!" सेक्रेटरी साहब ने बाबा को आश्चर्य से देखा, "क्या बात करते हैं हुज़ूर, ईश्वर करे आपकी ज़मींदारी दिन-दूनी रात-चौगुनी बढ़े।"

बाबा ने सेक्रेटरी साहब के चेहरे पर नज़र गड़ाकर देखते हुए कहा, "दो-चार साल बाद मेरी ज़मींदारी का काम छोड़कर आप फिर नौकरी तलाश करते घूमेंगे।"

"मैं क़सम खाता हूँ, ज़िन्दगी आपकी ख़िदमत में गुज़ार दूँगा। आप मुझे उस ज़लालत से उबार लें...। चेयरमैन साहब को हर वक़्त ज़रूरत रहती है, मैं पूरी नहीं कर सकता। किसी भी काग़ज़ पर दस्तख़त नहीं करते। क़लम में रोशनाई चाहिए...! कभी कहते हैं, आँख में रोशनी आए तो दस्तख़त करूँ। एक सौ के बिना क़लम नहीं चलती। क्या बतलाऊँ, अब लोग मेरा नाम भी उनके साथ जोड़ने लगे हैं।"

बाबा के चेहरे पर तनाव फिर बढ़ता जा रहा था। उनकी ख़ामोशी के बावजूद चेहरा बोल रहा था। सेक्रेटरी साहब उनके चेहरे की ओर बार-बार देखते थे और गर्दन झुका लेते थे।

बाबा ने पूछा, "लोग पैसा क्यों देते...?"

"हुज़ूर, पैसा न दें तो किसी का भी काम न हो, अब तो शहर भर में, लोगों ने सड़कों पर छज्जे निकाल लिए हैं, नाले छाप लिए हैं...सरकार के ज़माने में किसी की मजाल नहीं थी।" सेक्रेटरी साहब ने बाबा के चेहरे की रंगत देखकर बात आगे बढ़ाई, "परसों चेयरमैन साहब के घर पर दावत है, एक हज़ार रुपए का इन्तज़ाम करना है। कहाँ से करूँ? घर में तो कुछ था नहीं, बड़े आदमी हो गए हैं।"

बाबा ने कुछ नाराज़गी के स्वर में कहा, "ठीक है, आप जाइए।" सेक्रेटरी साहब थोड़ा सकपका-से गए। चलते समय घिघियाते हुए बोले, "माफ़ करें सरकार, मैं शिकायत के तौर पर नहीं कह रहा था, अपनी मुश्किल बयान कर रहा था। चेयरमैन साहब से कुछ न कहें।"

"ठीक है, आप कर सकें तो सफ़ाई का इन्तज़ाम कर दें। नहीं तो मुझे भी चेयरमैन साहब के पास क़लम की स्याही भेजनी पड़ेगी।" सेक्रेटरी साहब के पीठ फेरते ही बाबा के होंठों का किनारा थोड़ा दब गया।

सेक्रेटरी साहब बाहर को चले तो उनकी झुकी हुई कमर देखकर मुझे हँसी आने लगी थी। उनका घोड़ा दरवाज़े में गधे की तरह चुपचाप खड़ा हुआ था। रास में हाथ डालते ही वह सेक्रेटरी साहब के क़दम-से-क़दम मिलाकर चलने लगा।

अगले ही दिन एक सफ़ाई दरोगा, दो भंगनें और एक भिश्ती तैनात कर दिए गए थे। एक बार सुबह ही सफ़ाई हो जाती थी। उसके बाद शाम तक चार बार झाड़ू लगती थी। दो-तीन बार भिश्ती नालियाँ धुलवाता था। नालियाँ साफ़ करते समय जब भिश्ती नम्बरवार एक धार इधर एक धार उधर डालता था तो मुझे लगता था वह अकेला ही 'चौकड़ी' खेल रहा है।

सफ़ाई का दरोगा दिन में दो-तीन बार साइकिल पर आया करता था। भंगनों को धुआँधार गाली बकता था। हालाँकि उसकी बहुत-सी गालियों का अर्थ मेरी समझ में नहीं आता था। लेकिन उसका गालियाँ देना मुझे अच्छा लगता था। मैं उन गालियों को उसी तरह सुनता था, मानो आँखें बचाकर किसी वर्जित क्रिया को देख रहा हूँ।

एक-दो बार उन भंगनों को आपस में बात करते भी सुना था "इस 'मदरचो' के मूँ में गू का पंजर ना दिया तो मेरा नां रामी नी।" दूसरी ने ठंडा रहकर रामी को समझाया था, "ए ऽ रामी, ऐसा नी करते! बड़ी सरकार से कह के तो देख!"

"अरी...किस सरकार की बात करे, इतने दिन से हम काम करन आरी उन्ने सुना नी होगा। अरे सब मरद कुत्ते की जात हैं...। आँख फुट्टों को धोती तले सोन्ने की लंका दिखाई दे..." रामी की बात सुनकर दूसरी वाली इधर-उधर देखने लगी थी। मुझे पीछे खड़े देखकर उसके चेहरे का रंग उड़ गया। तुरन्त ही वह रामी को ज़ोर-ज़ोर से गाली देने लगी, "मुँहज़ोर, करमहीन, थोड़ी तो जबान को लगाम दे...हरामज़ादी छोटा-बड़ा किसी को देखती ई नी...तेरी जवानी में कीड़े पड़ेंगे। इतने बड़े-बड़े आदमियों के मूँ लगती फिरै।"

मैं चकित रह गया था। कुछ देर पहले तक वह चुपचाप उसकी बात सुन रही थी। रामी उसे गाली देते हुए चुपचाप देखती रही। फिर एकाएक खड़े होकर उसके बाल पकड़ लिए।

"लुच्ची, तेरे गले में बल्ली दे दूँ, क्यूँ गला फाड़ री। दरोगा की लगती...तेरे फलान में कौन मैंने हाथ दे दिया..."

मैं दूर जाकर खड़ा हो गया था। मेरे जाते ही दूसरीवाली ने रामी से कुछ कहा था। वे दोनों अलग हो गई थीं और अपनी-अपनी टोकरियाँ उठाकर बाँस की झाड़ू को घसीटती हुई चली गई थीं। घिसटती झाड़ू की सींकों से ज़मीन में बहुत-सी बारीक-बारीक रेखाएँ उभर आई थीं।

जब दीना बाहर आया तो उन दोनों भंगनों की लड़ाई की कहानी मैंने उसे सुनाई। दीना बहुत नाराज़ हो गया, "इन हरामजादियों को आज ही निकलवाऊँगा, हवेली में ऐसी-ऐसी बातें करती हैं...क्या ज़माना आ गया है! कमीनी कहीं की, सिर पर चढ़ी जाँ।"

बाबा मालिश कराकर उठे थे। दरवाज़े के ऊपरवाली छतरी में ही चहलक़दमी कर रहे थे। उनका शरीर चेहरे से अपेक्षाकृत गोरा दिखलाई पड़ रहा था। सरसों के तेल के कारण उस गोरेपन मे हल्की-सी पिलकायी भी आ गई थी। बाबा मुझे अंग्रेज़ों की बात बता रहे थे, "महारानी विक्टोरिया के राज्य में लोग सोना उछालते हुए चले जाते थे...किसी की मजाल थी कोई कुछ कह दे!"

मैं रेलिंग पर झुका नीचे झाँक रहा था। दोनों भंगनें दरवाज़े के सामने बने चबूतरे पर खड़ी बातें कर रही थीं। रामी बीच-बीच में हँस पड़ती थी। उसके हँसने पर उसका पूरा चेहरा फैल जाता था। हँसते समय, चेहरे की बनावट में उतना अधिक परिवर्तन होते हुए रामी के चेहरे में ही देखा था।

ख़ाकी कोट पहने दरोगा साइकिल पर आता दिखाई पड़ा। बाबा का ध्यान उधर तनिक भी नहीं था। वे अपनी बात बता रहे थे, "1911 के दरबार में बड़े-बड़े महाराजे आए थे। घोड़े की नाल की शक्ल का पंडाल बना था। एक-एक राजा जार्ज पंचम के सामने से सिर झुकाकर गुज़रता था। बड़ौदा के राजा ने सिर नहीं झुकाया था...बाद में जवाब-तलबी हुई थी। वह जो बड़े वाला फ़ोटो टँग रहा है उसी दरबार का फ़ोटो है...वज़ीर का बाप काले गाड़ी ले गया था..." बाबा ऐसी बातें कभी-कभी सुनाया करते थे।

सफ़ाई दरोगा आकर ज़ोर-ज़ोर से चिल्लाने लगा, "हरामज़ादियों, यहाँ आकर जबान चलाती हो। किसी का लिहाज़ ही नहीं रहा...बाँस चढ़वा दूँगा...कभी किसी और के बहकाए में फिरती हो..." बाबा दूसरी ओर देखने लगे थे। मैं जाली पर और झुक गया था। मेरा ख़याल था आज भी ये लोग वैसी ही बातें करेंगी, जैसी कल की थीं।

दरवाज़े से दीना निकलता हुआ दिखलाई दिया। मैंने ऊपर से ही पुकारा 'ताऊ ऽऽ'। उसने हाथ का इशारा कर दिया। बाबा तब तक टहलते हुए दूसरे कोने पर पहुँच गए थे। मैं धीरे-से छतरी में बने ज़ीने से नीचे पहुँच गया। मेरा ख़याल था आज दीना भी उन दोनों भंगनों को कल वाली बात पर डाँटेगा।

नीचे पहुँचने पर मुझे लगा ज़ीने से उतरकर नीचे पहुँचनेवाला भाग मैं एकाएक भूल गया हूँ। सदा से उसी मुद्रा में वहीं पर खड़ा हूँ। रामी दोनों हाथों से अपना लहँगा ऊपर उठाए खड़ी थी। नग्नता के उस साक्षात्कार ने मुझे सह पाने और न सह पाने के बीच लटकता छोड़ दिया था। रामी ज़ोर-ज़ोर से चिल्ला रही थी, "...मरदुए, रोज-रोज हाँकता है, बाँस चढ़वा दूँगा..." वह उसी तरह लहँगा उठाए दरोगा की ओर बढ़ रही थी, "चढ़ा, चढ़ा...अपनी माँ का दूध पिया है तो ले चढ़ा...देखूँ तेरा बाँस!" वह अपने उघड़े हुए भाग को बार-बार आगे की ओर झटका देती थी।

दूसरी भंगन उसके उठे हुए लहँगे को नीचे खींचने का प्रयत्न कर रही थी, "अरी रामी...तुझे क्या हो गया! इतने बड़े आदमी की हवेली है, सरम लिहाज़ कर।"

रामी बकती रही, "कैसी सरम लिहाज़, ऐसे ई हों बड़े आदमी...औरत ज़ात की मान-मारजादा नीं। यो कुत्ता म्हारे बाँस चढ़वावेगा..."

सामने रामी को नंगी खड़ी देखकर मैं थरथराहट अनुभव कर रहा था। सड़क पर चलते हुए कुछ लोग रुक गए थे। उनके चेहरों पर एक ख़ास तरह का रुका-रुका-सा भाव था। आँखों में चमक थी। दीना के चेहरे पर भी कौतुक का-सा भाव नज़र आ रहा था।

रामी दस-पन्द्रह सेकेंड लहँगा ऊपर को उठाये खड़ी रही थी। घुटनों तक उसके पाँव गन्दे और मलगजे थे। जाँघें अपेक्षाकृत पुष्ट और गोरी थीं। घुटने से थोड़ा ऊपर एक काफ़ी बड़ा काला लहसननुमा निशान था, उस पर चार-पाँच लम्बे बाल कूँची के सुतों की तरह सीधे खड़े थे। सामने से लहँगे का कुछ कपड़ा थोड़ा-सा नीचे को लटका हुआ था। मुझे असुविधा अनुभव हो रही थी।

अचानक मैंने देखा सड़क पर रुके हुए लोग आगे बढ़ गए हैं। दरोगा अब तक हक्का-बक्का खड़ा हुआ था, बेंत उठाकर आगे को बढ़ा। रामी के हाथों से लहँगा छूट गया। वह एकाएक ज़ोर-ज़ोर से रोने लगी। दीना ने मेरी पीठ पर धीरे-से हाथ लगाकर कहा, "चलो।" मैंने दीना की तरफ़ गर्दन उठाकर देखा। उसकी दूसरी तरफ़ बाबा आ खड़े हुए थे। तेल से लिपटा उघड़ा बदन देखकर कुछ ऐसा-सा लगा था, बाबा के पास भी नंगा बदन है।

रामी ज़ोर-ज़ोर से रो रही थी। दरोगा उसके पास पहुँचते-पहुँचते बिलकुल ख़ामोश हो गया था। बाबा ने दीना से कहा, "दरोगा से कहो उधर आए।" बाबा

की दाहिनी कनपटी पर दो नसें उभर आई थीं। आँखों में सुर्खी थी। वे लौटे तो धोती में झाँकती तेल से सनी पिंडली पर से धूप का एक छोटा-सा पुर्जा सरक गया। बाबा की पीठ पर काले-काले घने बाल देखकर रामी की जाँघ वाला वह काला निशान सन्दर्भहीन ढंग से मेरे सामने आ गया। इस बात की कल्पना मात्र से मुझे डर लगने लगा, बाबा नाराज़ न होने लगें।

बाबा ज़ीने पर चढ़ चुके थे। रुककर मुझसे कहा ''मेरे साथ आओ।''

मैं भी बाबा के पीछे-पीछे सीढ़ियाँ चढ़ने लगा। वे ज़ीने पर धीरे-धीरे चढ़ रह थे। उनके पाँव उठाने पर जाँघ हिलती थी। सफ़ेद धोती पर कहीं-कहीं तेल के दाग़ भी लगे थे।

ज़ीने पर चढ़ते हुए बाबा की पीठ मेरी ओर थी। मुझे लगा लहँगा उठाये हुए रामी भी चढ़ रही है, उल्टी, मेरी ओर मुँह किए।

ऊपर पहुँचकर बाबा ने मेरा कान पकड़ लिया, ''तुम्हें नीचे जाने के लिए किसने कहा था, पढ़ने-लिखने में मन नहीं लगता...इधर-उधर की ख़ुराफ़ातों में लगे रहते हो।''

कोई और मौक़ा होता तो इतनी-सी बात पर मुझे रोना आ जाता, लेकिन उस समय बाबा के सिवा वहाँ कोई नहीं था।

बाबा ऊपर ही ऊपर हवेली की तरफ़ जाने लगे। पीछे-पीछे मैं भी। हम एक लम्बी छत पर से गुज़र रहे थे। बाबा ख़ामोश और उघड़े बदन थे। उनकी बगलों के बाल भी मुझे अजीब-अजीब सन्दर्भों से जोड़ रहे थे। धूप के कारण बाबा का शरीर लाल हो गया था। मुझे भी अपना चेहरा लाल होता हुआ-सा महसूस होता रहा। चलते-चलते मुझे कई बार ख़याल आया, कहीं ऐसा न हो बाबा के धमकाने पर रामी फिर नंगी हो जाए। बहुत नाराज़ होंगे। मुझे डाटेंगे, 'पढ़ता-लिखता नहीं...ख़ुराफ़ातों में लगा रहता है।'

पहले बाबा ने अन्दर जाकर अपना शरीर पुँछवाया। कपड़े पहनकर बाहर आए। सफ़ाई का दरोगा कोने में खड़ा था, उसके चेहरे पर भय की गहरी छाप थी। बाबा ने उसकी ओर देखा और बड़ी नाराज़गी के साथ पूछा, ''तुम इस तरह फ़ोहश गालियाँ क्यों बकते हो, भले आदमियों के मुहल्लों में किस तरह की बात की जाती है इतना भी नहीं जानते...''

''हुज़ूर...ये औरत बड़ी बदज़ात और बदज़बान...''

''बको ऽऽ मत।'' बाबा ज़ोर से चिल्लाए। उनकी चिल्लाहट से मैं चौंक उठा। पूरी हवेली में सन्नाटा उतर आया। दरोग़ा थर-थर काँपने लगा था।

''जाओ, मेहतरानी से माफ़ी माँगो...औरतों से बातें करना सीखो!''

''सरकार...मैं...मैं...'' उसने कुछ सफ़ाई देनी चाही।

बाबा बीच ही में बोले "सरकार-वरकार कुछ नहीं, सब औरतें बराबर होती हैं। ...एक औरत की बेइज़्ज़ती करना अपनी माँ, बहिन सबकी बेइज़्ज़ती करना है।" दरोग़ा बाबा के चेहरे की ओर कुछ इस तरह देख रहा था कि वे किसी विदेशी भाषा में बोल रहे हैं।

"हुज़ूर...भंगियों से माफ़ी माँगेंगे तो हमारी इज़्ज़त क्या रह जाएगी।" उसने हिम्मत बाँधकर कहा। बाबा ने उसकी ओर बिना देखे धमकाते हुए कहा, "जाओऽऽ यहाँ से, कल माफ़ी माँगकर आना, वरना पूरे शहर की भंगनों को इकट्ठा कराकर माफ़ी मँगवाई जाएगी।"

बाबा अन्दर चले गए। दीना और मैं बाहर रह गए। दरोगा पहले तो गर्दन नीची किए खड़ा रहा। झटके के साथ मुड़कर बाहर चला गया। मुड़ते हुए मैंने देखा उसकी आँखें छलछला आई हैं। थोड़ा आगे जाकर उसने कोट की बाँहों से अपनी आँखें भी पूँछीं।

अगले दिन बाबा ने नत्थी को दरोग़ा को देखने के लिए भेजा था। रामी भंगन ने ही बताया था "दरोग़ा जी ने तो अस्तीफा दे दिया, बिचारा भला आदमी था..." और ही-ही करके हँसने लगी थी। दूसरीवाली भंगन भी मुस्कुराती रही थी।

नत्थी ने आकर इस्तीफ़ा देने की बात बताई थी। क्षण-भर को बाबा के चेहरे का रंग उड़ गया था। थोड़ी देर बाद बोले थे, "ठीक है, जाओ।" फिर खड़े होकर टहलने लगे थे। कभी अपनी मुट्ठी भींचते थे, कभी अपने गालों पर हाथ फेरते हुए मुँह पर ले आते थे। उनकी आँखें गुचगुची हो गई थीं।

कुछ देर तक बाबा ऊँची मेज़ पर दोनों हाथों के बल झुके हुए खड़े रहे थे। वहाँ से हटकर शीशे के सामने जा खड़े हुए थे। उनका चेहरा तना हुआ था और होंठ हलके से फरफरा रहे थे।

दीना को पुकारा। एक बार पुकारकर चुप हो गए। दीना शायद दीवानख़ाने में था। थोड़ी देर बाद उन्होंने फिर पुकारा। उसने तब भी नहीं सुना। वे बाहर निकल आए। मुझे चिक के पास खड़ा देखकर झुँझलाते हुए कहा, "यहाँ क्या कर रहे हो? मैं दीना को बुला रहा हूँ, तुमसे यह नहीं होता जाकर बुला लाओ...बदतमीज़।" ऐसी ज़रा-सी बात पर बाबा का मुझ पर नाराज़ हो जाना आश्चर्य की बात थी। मुझे रुआँसा होते देख बाबा के चेहरे पर आप ही आप सिकुड़न आ गई थी। फिर उन्होंने कुछ नहीं कहा था। अन्दर चले गए थे। बाबा के चले जाने के बाद मुझे अहसास हुआ था, बाबा नाराज़ हो गए हैं। उन्हें प्रसन्न करने की गरज़ से दीना को बुलाने चला गया।

दीना आया। बाबा गर्दन झुकाए बैठे थे। उनका दाहिना हाथ कुर्सी से नीचे लटक रहा था। दीना उनके पास जाकर खड़ा हो गया। बाबा दो-चार क्षण उसी तरह बैठे रहकर बोले, "तुम सफ़ाई दरोग़ा को जानते हो न?"

"जी हाँ..." साथ-साथ दीना ने गर्दन भी हिलाई।

"कहाँ रहता है?"

"हँडिया मोहल्ले में।"

"मैंने सुना है उसने नौकरी छोड़ दी।" बाबा ने दीना की तरफ़ देखा। उनका लटका हुआ हाथ कुर्सी के हत्थे पर आ गया था।

"कल शाम बाज़ार में मिला था, कह रहा था अब ये नौकरी नहीं करूँगा। पहले बड़ों से तो दबना पड़ता ही था, अब छोटों से भी दबना पड़ेगा।...सरकार ने भी मुझे ही डाँट दिया...।"

बाबा चुपचाप सुन रहे थे। दीना के बीच में रुक जाने पर बाबा ने गर्दन झुकाए ही पूछा "और क्या कह रहा था?"

दीना पहले तो चुप रहा और फिर बोला, "बस! " बाबा ने उसकी ओर देखा, वही सवाल फिर दोहरा दिया "कुछ और भी कह रहा था?"

दीना झिझकते हुए बोला, "यही कह रहा था...मैंने तो गाली ही दी थी। ऐसी गालियाँ तो उसकी सात पुश्तें सुनती आ रही हैं। उसकी शान में फ़र्क आ गया, बिना गाली सुने तो इन लोगों के पेट में रोटी ही हज़म नहीं होती।"

बाबा ने बड़ा-सा 'हूँ' किया। दीना कुछ देर तक बाबा के अगले आदेश की प्रतीक्षा में खड़ा रहा। उसकी आँखों में बाबा के उस व्यवहार की प्रतिक्रिया साफ़ मालूम हो रही थी। चेहरे से लग रहा था, दीना सोच रहा है अब आगे क्या कहते हैं।

बाबा ने एक बार उसके चेहरे की ओर देखा, फिर कालीन को देखते हुए बोले, "दरोग़ा से कहना मुझसे मिले...उसको मुझसे आकर कहना चाहिए था। इसमें नौकरी छोड़ने की क्या बात थी।"

"अजीब आदमी है...?" अन्तिम वाक्य बाबा ने अपने-आपसे ही कहा। दीना बाहर चला गया। बाबा उसी कुर्सी पर बैठे रहे। उनके दोनों हाथ नीचे लटकने लगे और पाँव फैल गए। पाँव फैल जाने पर उनकी आँखें बन्द हो गई थीं।

तीसरे पहर जब दीना दारोगा को लेकर आया तो लाला चतरसिंह और बाबूजी वरांडे में ही बैठे थे। बाबा कहीं बाहर जाने के लिए अन्दर कपड़े पहन रहे थे। सफ़ाई दारोगा छोटे दरवाज़े के बाहर खड़ा रह गया था। दीना बाबा को सूचित करने उनके कमरे की ओर चला गया था।

बाबूजी ने बड़े धीमे-से लाला चतरसिंह को बताया, "चचा, कल हमारे यहाँ भी तो नंगा नाच हुआ। आप कल हमारे यहाँ का प्रोग्राम देख लेते तो आज का प्रोग्राम कैंसिल कर देना पड़ता। मैं भी घर पर नहीं था।"

"फिर वही बात, सीधे-सीधे बता, क्या हुआ है।"

"दरअसल पूज्य पिताजी के सिर गांधीजी आने लगे हैं, बस, हरिजन बस्ती में जाकर रहने की देर है..." बाबूजी के चेहरे पर मुस्कुराहट थी, आँखों में शैतानी।

"कल सुबह सफ़ाई के दारोगा ने एक भंगन को गाली दे दी-बाँस चढ़वा दूँगा। उस हरामज़ादी को देखो, साली लहँगा उठाकर खड़ी हो गई, चढ़ा...।"

लाला चतरसिंह की आँखों का भाव तुरन्त बदल गया। बदनीयती के साथ बोले "कैसी है?"

बाबूजी मुस्कुरा दिए, "अच्छी ख़ासी...!"

"हूँऽऽ..." लाला चतरसिंह ने कुछ अजब तरह से हुँकार भरी, "आगे...?"

"हमारे सरकार देख रहे थे..." बाबूजी के कहते ही लाला चतरसिंह ने लम्बी-सी 'अरे राम-राम...' की। दीना निकलकर चला गया था। बाबूजी ने इधर-उधर देखा। आवाज़ को और धीमा करके बोले, "उस साले दरोगा को बुलाकर बड़ी लानत-मलामत की और भंगन से माफ़ी माँगने के लिए कहा..." बात के बीच में ही उन्होंने लम्बी-सी साँस भर कर कहा, "उस हरामज़ादे ने इस्तीफ़ा दे दिया, अब बुलवाया गया है..."

"अरे तो इसमें क्या है, लहँगा उठाना भंगन का काम था, बाकी... ख़ैर छोड़ो। इस चक्कर में राय साहब बेकार पड़ गए।" लाला चतरसिंह हो...हो...करके हँसने लगे। हँसते समय उनके चेहरे की झुर्रियाँ और गहरी हो गईं।

बाबा कपड़े पहनकर बाहर निकल आए थे। उनके आ जाने पर वे दोनों चुप हो गए। उन्होंने सफ़ाई दरोगा को बुलवाया। दरोगा गर्दन नीची किए हुए सामने आ खड़ा हुआ। बाबा ने पूछा, "मैंने सुना है तुमने इस्तीफ़ा दे दिया?"

दरोगा ने गर्दन उठाकर कुछ इस तरह देखा, किसी बालक से पूछा गया हो, 'तुमने चोरी की?' फिर आँखें झुकाकर उसने गर्दन हिला दी, 'जी'।

"हमने तो तुम्हें कोई ऐसी बात नहीं कही थी।"

"नहीं हुज़ूर, आप माई-बाप हैं। इतने साल आपका नमक खाया है। आप चाहें जूते मार लें।" गर्दन झुकाए-झुकाए ही उसने उत्तर दिया।

"तो फिर क्या बात है?" बाबा के पूछने पर वह ख़ामोश रहा और नज़रों से ही ज़मीन कुरेदता रहा।

लाला चतरसिंह के चेहरे से लगा वे चिल्लाकर कहेंगे, 'अबे उल्लू के पट्ठे, राय साहब पूछ रहे हैं, तेरी ये मजाल चुपचाप खड़ा है।' लेकिन? बाबूजी ने उनके हाथ पर हाथ रखकर तुरन्त रोक दिया।

"...फिर इस्तीफ़ा देने की क्या ज़रूरत थी?" बाबा की आवाज़ में थोड़ी तेज़ी आ गई थी।

इस बार उसने गर्दन ऊपर उठाई, "अब सहा नहीं जाता..." गर्दन झुकाए-झुकाए उसकी आँखों से आँसू निकलकर बह गए थे। गालों पर डोरे अभी भी शेष थे। वातावरण में जो गर्मी-सर्दी इकट्ठी हो गई थी वह रिस गई।

बाबा, लाला चतरसिंह और बाबूजी तीनों उसी की ओर देखने लगे। वह गर्दन झुकाए खड़ा रहा।

बाबा ने खँखारकर कहा, "मैंने तो तुम्हें इसलिए डाटा था, औरतों को ऐसी गन्दी गालियाँ नहीं देनी चाहिए..."

"इसीलिए इस्तीफ़ा दे दिया हुज़ूर! मेरी आदत ख़राब है...ये लोग अब इज़्ज़तदार हो गए हैं।" उसकी इस बात से बाबा के चेहरे पर फिर तनाव आ गया। उन्होंने तेज़ आवाज़ में पूछा, "क्या मतलब...?"

"मतलब कुछ नहीं सरकार, अब मैं बिलकुल निकम्मा हो गया हूँ। गाँव में ही जाकर रहूँगा। अब..."

बाबा ख़ामोश हो गए। लाला चतरसिंह बोले, "गाँव में क्या कारूँ का ख़ज़ाना गड़ा है...वहाँ जाकर क्या खाएगा...ईंट पत्थर!"

वह गर्दन नीची किए चुपचाप खड़ा रहा। बाबा के चेहरे पर लाचारी उभर आई। उन्होंने लम्बी साँस भरकर कहा, "अच्छाऽऽ, तुम्हारी मर्ज़ी!"

दरोगा सलाम करके चला गया। बाबा ने दीना से कहा, "उससे पूछ लेना, चाहेगा तो सीरदार का काम मिल जाएगा।"

बाबा के जाने के बाद लाला चतरसिंह ने बाबूजी से कहा, "राय साहब को यह क्या होता जा रहा है, अरे साला अपने आप ठोकर खाता फिरेगा। कह दिया सो कह दिया...उस साले की इज़्ज़त ही बढ़ी है।"

बाबूजी ने बड़े दुख भरे स्वर में जवाब दिया, "हम क्या कह सकते हैं, भंगनों--वंगनों के बीच में पड़ते हैं।"

"ख़ैर छोड़ो, तो शाम को उसके लाने का क्या इन्तज़ाम होगा। बड़ी हरामन है...कुँवर किशोरीरमण को भी बुला लेना, बड़ा शरीफ़ बनता है...उसी की गाड़ी ले भी आएगी। तुम्हारे यहाँ के नौकर तो ऐसे बदमाश हैं, आकर जड़ देते हैं।"

बाबूजी हँस दिए "ठीक है।" जाते समय लाला चतरसिंह प्रसन्न थे। बाबूजी अन्दर हवेली में चले गए थे। दरवाज़े पर गाड़ी लग गई थी। वज़ीर चला आ रहा

था। उसके सिर की पगड़ी आज बड़ी अजीब तरह से बँधी हुई थी, एक तरफ़ को झुकी हुई। मैंने वज़ीर से पूछा, ''बाबा कहाँ जा रहे हैं?''

पहले तो वह हँसा फिर बोला, ''मुझे क्या मालूम।'' मैंने उससे एक बार और ज़िद की थी, ''बता दे ना...। वह हँसता रहा था। उसके हँसने से लग रहा था, वह मुझे बताना नहीं चाहता।

बाबा अन्दर से निकल आए थे। वे जल्दी में थे। वज़ीर ने चलते-चलते मेरे कान में धीरे-से कहा था, ''कलक्टर साहब के यहाँ!''

वह बाबा के पीछे झटपट चला गया था।

बाद में मुझे बहुत दुःख हुआ। यह पहला ही अवसर था जब बाबा बिना कुछ कहे मुझे छोड़कर चले गए थे। मुझे बहुत बेइज़्ज़ती महसूस होती रही थी। मैं वहीं चबूतरे पर दिन छिपे तक अकेला बैठा रहा था। मेरे देखते-ही-देखते अँधेरा हुआ था। रोशनियाँ कर दी गई थीं, आदमी के साथ परछाइयाँ चलने लगी थीं। दिन छिपने पर जब ठंड बढ़ गई थी, तो दीना मुझे जबरदस्ती अन्दर ले गया था। अपमान का वह पहला और तीखा अहसास था।

रात को बाबा काफ़ी देर से लौटे थे। मुझे उस समय तक नींद नहीं आई थी। बाबा सीधे उसी कमरे में आए थे। मैं लेटा हुआ दीना से कहानी सुन रहा था। बाबा के चेस्टर के कॉलर खड़े हुए थे। हाथ जेबों में थे। बेंत हाथ के मुड़ान पर लटक रही थी।

आकर वे मेरे पलंग के पास खड़े हो गए। मैं चुपचाप लेटा रहा। दीना भी खड़ा हो गया था। बाबा मेरी तरफ़ देखकर मुस्कुरा रहे थे। उनके चश्मे के शीशों पर हल्की-सी भाप जमी थी। आँखों में स्निग्धता थी।

''अभी तक सोये नहीं...?'' मैंने बिना कुछ कहे गर्दन हिला दी थी।

बाबा मेरे ऊपर झुक गए थे, ''मेरा बेटा नाराज़ है...'' बोलने के साथ-साथ मुँह से बहुत सारी भाप मेरी नाक में घुस गई थी। उस भाप में पान की गन्ध भी मिली थी। मुझे लगा यह कहकर बाबा माफ़ी माँग रहे हैं। वे मुझे समझाने लगे थे, ''बेटा, आज मीटिंग थी, इसलिए तुम्हें नहीं ले गए।'' फिर बहुत-से काजू, किशमिश, चिलगोजे, अपनी जेबों से निकालकर मेरे सिरहाने रख दिए थे। मेरे होंठों पर हँसी आ गई थी।

बाबा कपड़े बदलने चले गए। दीना भी जाने लगा था। मैंने उसे रोका, ''अभी मत जा, ताऊ!''

''सरकार को खाना खिलाना है...''

''अभी तो कपड़े बदलेंगे।''

दीना कुछ देर तक खड़ा रहा। फिर चला गया।

रात को सोते समय जब दीना पानी की सुराही रखने आया, तो बाबा ने पूछा, ''तुमने उससे पूछा?''

''जी!'' कहकर वह थोड़ी देर चुप रहा।

''क्या कहा?''

''कहता है, सरकार की बहुत कृपा है...अब नौकरी नहीं करूँगा! गाँव में ही जाकर रहूँगा। अब नौकरी कमीनों की हो गई है...''

''ठीक है...'' बाबा ने भारी-भरकम आवाज़ में कहा। बाबा का चेहरा काफ़ी सिकुड़ गया था।

दीना जाने लगा तो बाबा ने उसे पुकारकर कहा, ''लैम्प कम करते जाओ।''

लैम्प की रोशनी कम होते ही बाबा का चेहरा और छोटा हो गया। कमरे तक में सिमटन-सी महसूस होने लगी। उस दिन बाबा ने किताब नहीं पड़ी थी।

# 12

बाबा बहुत देर से लौटे थे। उस समय तक मैं नींद की दो तीन 'बच्चियाँ' ले चुका था। बीच-बीच में आँख खुलती थी तो लैम्प जल रहा होता था। लैम्प जलने की उस निरन्तरता के प्रति मेरे मन में अजीब-सी हास्यास्पद शंका होती थी। ''आँख बन्द कर लेने पर भी यह जलता रहता है?'' दीना कालीन पर ही लुढ़क गया था। उसके घुटने पेट में घुसे हुए थे। लिहाफ़ के बाहर निकली हुई मेरी गर्दन कभी-कभी इधर-उधर हिलती थी। स्वयं को ही लगता था, गर्दन किसी ढाँचे में फ़िट है।

बाबा अन्दर आए तो दीना हड़बड़ाकर उठ बैठा। मैं जग गया था। लैम्प की वह निरन्तरता एकाएक भंग हो गई थी। बाबा और दीना की परछाइयों ने उस सम्पूर्ण वातावरण को टुकड़ों में बाँट दिया था। इस सबने मेरे अन्दर एक बेचैनी उत्पन्न कर दी। बाबा के चेहरे पर मुझे थकान का अहसास-सा लगा, टूटा-टूटापन और उत्तेजना! बाबा सीधे अपने कमरे में चले गए। दीना दरवाज़े पर जा खड़ा हुआ। कमरे में मैं अकेला हूँ, इस अहसास ने मेरे मन में एक भय-सा भर दिया। वह भय जैसे-जैसे बढ़ता गया मेरा अकेलापन भी बढ़ता गया।

अन्दर से बाबा की आवाज़ आई।, ''रिपुदमन और देवा को बुलाओ।'' दीना ने कुछ कहना चाहा। बाबा की आवाज़ फिर सुनाई पड़ी, ''सो गए हों तो कहना मैंने बुलाया है।''

बाबा कपड़े बदलने के बाद आकर पलंग पर बैठ गए। कुछ देर तक वे अपने पैरों को ही एक-दूसरे से रगड़ते रहे। फिर घुटने मोड़कर पलंग पर रख लिए और कोहनी के बल तिरछे लेट गए। बाबा की यह सम्पूर्ण गतिविधि इतनी धीमी थी, कभी-कभी लगने लगता था कमरे में भरा प्रकाश हिल रहा है। मैं हिलते वातावरण को टुकुर-टुकुर देखता रहा था।

थोड़ी देर बाद काका साहब आए। वे लाँघ लगाते हुए आ रहे थे। कई बार उनकी लाँघ निकल जाया करती थी, ख़ासतौर से उस समय जब लेटे से उठा करते थे। बाबूजी गाउन पहनकर आए थे। उस गाउन को काफ़ी दिन तक बाबा ने पहना

था। गाउन पहने हुए बाबूजी बाबा से बिलकुल भिन्न लग रहे थे। थोड़े हल्के! बाबूजी के सिर के बाल अस्तव्यस्त थे।

काका साहब आकर मेरे पलंग पर बैठ गए। धीरे-धीरे मेरे लिहाफ़ में पाँव घुसाने लगे। उनके ठंडे पाँव जब मेरे पैर से टकराए तो मन हुआ ज़ोर से लात चलाऊँ। काका साहब ने तुरन्त ही पैर हटा लिये। दीना ने चारों तरफ़ से दबाकर जो 'बुक्कल' बना दी थी वह खुल गई थी। इधर-उधर से हवा अन्दर घुसने लगी। बाबूजी ने कुर्सी खिसका ली थी। बाबा लेटे रहे थे, दोनों हाथों की उँगलियों को एक-दूसरे से फँसाकर सिर के नीचे लगा लिया था। गर्दन उठी और पीठ तकिए से टिकी रही थी। दोनों के बैठ जाने पर बाबा कुछ देर तक तो ख़ामोश रहे। वह ख़ामोशी थोड़ी देर तक बेचैनी बनी रही।

बाबा ने धीरे-धीरे बोलना शुरू किया, "कल मुझे लखनऊ जाना है..." आधा वाक्य कहकर वे चुप हो गए। काका साहब का मुँह खुला हुआ था। बाबूजी की आँखें भी उसी स्थिति में थीं।

बाबा फिर बोले, "गवर्नर साहब से मिलने!" काका साहब का मुँह बन्द हो गया। बाबूजी की आँखें अपनी साधारण स्थिति में आ गईं। लेकिन उनके चेहरों पर कारण जानने की उत्सुकता नज़र आने लगी। मैं प्रसन्न था, लखनऊ देखने की अपनी सम्भावना भी नज़र आने लगी थी। मेरा मन हुआ मैं भी उठकर बैठ जाऊँ। लेकिन मेरी पुतलियाँ अत्यधिक सजग थीं।

बाबा की आवाज़ फिर सुनाई पड़ी, "नाइटहुड के लिए नाम भेज दिए गए।"

"किसका...?" काका साहब ने झटके के साथ पूछा।

"शायद मेरा भी..."

बाबूजी ने पूछा, "किसी और का भी भेजा गया है?"

"हूँऽऽ"

बाबा की 'हूँ' के बाद काका साहब और बाबूजी कुछ देर तक नाम बताए जाने का इन्तजार करते रहे।

बाबूजी ने पूछा, "किसका नाम?"

बाबा के चेहरे पर सख़्ती आ गई थी। उठकर बैठ गए। उनके सिर की छाया सामने के दरवाज़े पर टिकी थी। जब सिर हिलता था, उस वातावरण की धुरी हिल जाती थी।

"एक ही नाम है...इकरामुल का!"

काका साहब का बकना फिर शुरू हो गया, "देखा, देखा! बो साला इकरामुल मादरचो,...टुकड़ेख़ोर..." उनके चेहरे पर चिनचिनाहट थी। क्या गाली दें, समझ में नहीं आ रहा था।

बाबा ने अपनी गम्भीरता और सख़्ती को पूर्ववत् बनाए रखते हुए कहा, "स्मिथ और ब्राउन की बात भी रह जाएगी, जिनका ज़ोर है उनके नुमाइन्दों को भी ख़ुश रखा जा सकेगा। मैं गवर्नर से स्वयं जाकर कहना चाहता हूँ ये सब..." बाबा कहते-कहते रुक गए।

"...इकरामुल हक़ का नाम मेरे साथ नत्थी करने का मतलब मेरी बेइज़्ज़ती करना है। कल तक जो..." बाबा फिर रुके और वाक्य को तोड़कर बोले, "इतना छोटा आदमी था, उसका नाम आज नाइटहुड के लिए भेजा जा रहा है, मेरे मुक़ाबले...!" बाबा के दोनों हाथ पट्टियों पर टिक गए थे और लाल आँखें बाहर निकल आई थीं।

काका साहब ने बाबूजी पर नज़र डाली। कोई बात बाबूजी के मुँह पर आती-आती रह गई। बाबा के चेहरे का तरारा अभी तक उसी तरह था। बाबा ने फिर कहा, "मुझे लगता है जाते-जाते यह सरकार अपने हाथों बनाए हुए घरौंदे ढाहकर जाना चाहती है। ये मुन्सिफ़-मिज़ाज अंग्रेज़ आख़िर किस तराज़ू पर इन्साफ़ तोलते हैं..." बाबा बहुत कुछ कहना चाहते थे, कुछ भी नहीं कह पा रहे थे। उन्होंने पाँव सिकोड़ लिए। कोहनी मोड़कर, सिर हथेली पर रख लिया।

काका साहब और बाबूजी एक-दूसरे को बराबर देख रहे थे। काका साहब ने बाबूजी को इशारा किया, 'कहो'। बाबूजी ने भी उसी तरह का इशारा कर दिया 'नहीं आप कहें'। उन दोनों के चेहरों पर तनाव और भय मिले-जुले थे। कभी एक, कभी दूसरा। काका साहब ने ही कहा, "रुपयाऽऽ...?"

वाक्य पूरा होने से पहले ही बाबा ने काका साहब की ओर देखा। ग़नीमत थी, काका साहब के हाथ में चाय का प्याला नहीं था, नहीं तो बजने लगा होता। बाबूजी ने हिम्मत करके उनकी बात पूरी की, "कितने रुपये का इन्तज़ाम करना होगा?"

बाबा तुरन्त नहीं बोले। थोड़ी देर के बाद जवाब दिया, "दो हज़ार रुपया...।"

"दो हज़ार!" बाबूजी ने 'दो हज़ार' को इस तरह दोहराया, कहना चाह रहे हों यह तो बहुत है।

जवाब में बाबा ने केवल उनकी ओर देखा। उन्होंने नज़र हटाई तो काका साहब और बाबूजी ने एक-दूसरे की ओर देखा। बाबूजी की नज़र से लगा, काका साहब से पूछ रहे हैं, "कैसे होगा?"

काका साहब ने डरते-डरते कहा, "भाई साहब, ख़ज़ाने में तो एक हज़ार रुपए हैं। फ़सल की भी वसूली नहीं हो सकी।"

बाबा ने आँख बन्द की हुई थीं। बन्द ही रखीं। काका साहब के चेहरे पर ख़ासा तनाव आ गया था।

बाबूजी ने पूछा, ''साथ में कौन-कौन जाएगा?'' बाबा ने उस बात का जवाब न देकर पहली बात के बारे में ही कहा, ''पहले रुपए का प्रबन्ध ज़रूरी है, कल तीसरे पहर चले जाना है।''

वे दोनों ख़ामोश बैठे रहे। बीच-बीच में एक-दूसरे को देख लेते थे। बाबा की आँखें बराबर बन्द थीं। काका साहब ने चेहरे पर मुलायमियत लाकर कहा, ''ये सब हराजमादे हैं...गवर्नर साहब तो आपको जानते ही हैं। एक बार दावत भी खा चुके हैं। भले ही इन सालों ने इकरामुल का नाम भेज दिया हो, गवर्नर साहब तो आपका ही नाम करेंगे...'' हा, हा, करके हँसने लगे।

बाबा साहब ने बिना किसी की तरफ़ देखे मन्द आवाज़ में कहा, ''तुम लोगों को यही कहने के लिए बुलाया था, अब सोओ।'' काका साहब और बाबूजी के चेहरे पर मजबूरी झलक आई। वे दोनों कुछ देर तक बैठे रहकर उठ गए।

दीना दरवाज़े में खड़ा हुआ था। उन दोनों के उठते ही उसने खाने के लिए पूछा।

''नहीं, सिर्फ़ दूध ही पीऊँगा...''

दीना चला गया। बाबूजी खड़े रहे, ''आपकी तबीयत तो ठीक है?'' बाबूजी के इस सवाल का बाबा ने बड़ा संक्षिप्त-सा उत्तर दिया 'हुँम्'। कुछ देर खड़े रहकर काका साहब और बाबूजी चले गए।

करवट बदली तो बाबा ने मेरी ओर देखा। उनकी नज़रें अपनी ओर घूमती देखकर, अपनी आँखें कुछ इस ढंग से बन्द कीं, बाबा के गम्भीर चेहरे पर मुस्कुराहट आ गई। उनके मुस्काने पर मैं भी मुस्कुरा दिया। मुझे लगा अब मैं बाबा से लखनऊ जाने की बात कर सकूँगा।

''अभी तक सोये नहीं?'' मैंने जवाब में केवल गर्दन हिला दी।

''सो जाओ, बहुत देर हो गई है।'' उनके कहने पर मैंने आँखें बन्द कर लीं। आँखें बन्द करने पर भी मैं व्यस्त होता गया। कैसे कहूँ? कहीं नाराज़ न हो जाएँ? उनका नाराज़गी भरा चेहरा मेरे दिमाग़ में उभर आता था। उस दिन की तरह मेरे कान पकड़े हुए बाबा बन्द आँखों में आकर खड़े हो जाते थे। फिर एकाएक सब ग़ायब हो जाता था। कई लाल, नीले लहरिए और एक लाल सपाट मैदान बन्द पलकों में भर जाते थे। कभी बाबा का चेहरा बल्ब के अन्दरवाले बारीक तारों की भाँति हिलने लगता था।

मैंने आँखें खोलीं। दीना बाबा का दूध ट्रे में रखकर ले आया था। चाँदी के बड़े गिलास में दूध था और साथ कटोरा। तश्तरी में नमकीन मुनक्के और काजू थे। दीना ने पहले उस ट्रे को मेज़ पर रखा, बाद में मेज़ समेत पलंग के सामने लाकर रख दी। बाबा ने उठते हुए, मुझे देखा। मेरी आँखें शायद थोड़ी अधमिची-सी थीं। मुझे उनका उठना धुँधला-सा दिख रहा था।

बाबा ने प्लेट से कुछ काजू निकालकर दीना को दिए, ''इसको दे दो, शैतान कहीं का!'' बाबा के होंठों पर ढिलाई का भाव आता जा रहा था। दीना ने मेरे पलंग के निकट आकर कहा, ''लो।'' मैं कुछ इस तरह उठा, बेकार नींद से जगा दिया गया हूँ। बाबा कटोरे में दूध उँड़ेलकर पी रहे थे। उनकी मूँछें बार-बार दूध से सफ़ेद हो जाती थीं। हर बार वे नीचे के होंठ या जीभ से मूँछों पर लगे दूध को साफ़ करते थे। मैं सोच रहा था मूँछों का स्वाद कैसा लगता होगा। उठकर काजू टूँगने लगा था। उस समय उठकर काजू खाना, हल्केपन की अनुभूति करा रहा था! साफ़ सुथरापन! बीच-बीच में बाबा के दूध सुड़कने की हल्की-सी आवाज़ सुनाई पड़ जाती थी। बाबा मुनक्का और काजू खाकर दूध की घूँट भर लेते थे। गोलबत्तीवाले लैम्प की लौ धीरे-धीरे हिल रही थी। कभी-कभी लगता था हम लोग रेल में हैं।

बाबा के दूध पी लेने पर दीना ने मेज़ उसी जगह पर रखी और बरतन उठाकर बाहर चला गया। थोड़ी देर बाद कुल्ला करने के लिए पानी और झारी लेकर लौटा। बाबा ने कुल्ला किया। मैं बिस्तर में लेट गया था। दीना ने मुझसे भी कुल्ला करने के लिए कहा। जाड़े में दुबारा बिस्तर से निकलने में संकोच हो रहा था। दीना ने स्वयं चुल्लू में पानी लेकर, मुझसे कुल्ला करा लिया। कुल्ले के बाद मुँह पर गीला हाथ फेर दिया। किस तरह मैंने अपनी गर्दन आगे को निकाल दी थी, सोच-सोचकर मुझे हँसी आती रही।

दीना बाबा को पान भी दे गया था। अब बाबा एकदम अपनी साधारण स्थिति में आ गए थे। बिस्तर में लेटकर उन्होंने लिहाफ़ ऊपर खींच लिया। बराबर में रखी मेज़ पर से किताब उठाकर पन्ने उलटने लगे। थोड़ी-थोड़ी देर बाद बाबा पन्ना उलटते थे। 'खिस्त' आवाज़ होती थी। अगला पन्ना पलटने तक फिर छोटा-सा अन्तराल आ जाता था। मैं उस अन्तराल में सोचता रहता था, ''बाबा से लखनऊ चलने के लिए पूछूँ!'' इतने में बाबा फिर पन्ना उलट देते थे। मेरा संचित साहस फिर उलट जाता था। मन-ही-मन कई बार 'बाबा' को पुकार चुका था। साँस रोककर और ज़ोर लगाकर भी कहा था 'बाबा'। लेकिन मेरे होंठ हिलकर ही रह गए थे। बाबा के हाथ की किताब धीरे-धीरे गिरने लगी थी। कभी दाएँ झुक जाती, कभी बाएँ। कभी सामने की तरफ़ तिरछी होने लगती थी। एक-दो बार बड़ी-सी फूँक के रूप में उनके मुँह से साँस भी निकलती थी। एक तरफ़ से ज़रा-सा होंठ खुला था और मूँछों के बाल छितरा गए थे। उनके इस तरह साँस लेने पर कई बार मैं हँस चुका था।

मेरे मुँह से बड़ी मुश्किल से निकला, ''बाबा...''

उन्होंने मेरी तरफ़ बिना गर्दन घुमाए कहा, ''क्या बात है, सोए नहीं?'' उनके इस व्यवहार से मुझे लगा बाबा मेरे मन की बात समझ गए हैं। लेकिन उनके अपनी

ओर घूमकर न देखने के कारण ही शायद रिरियाते हुए कह पाया, ''लखनऊ हम भी चलेंगे...''

कहते समय मुझे लगता रहा था बात समाप्त करते ही बाबा मेरी ओर घूमकर देखेंगे और कहेंगे, 'सिवाय बातें सुनने के तुम्हें और कोई काम नहीं, जहाँ जाओ हम भी चलेंगे। वहाँ जाकर क्या करोगे, सोओ चुपचाप!'

किताब पढ़ते-पढ़ते ही बाबा ने बड़े साधारण ढंग से कहा, ''चलना।'' मुझे सन्तोष नहीं हुआ। बाबा ने अगर डाट दिया होता तो मैं चुपचाप सो जाता। मेरे सामने एक अनिर्णय की स्थिति आ खड़ी हुई थी। मेरा मन हुआ बाबा से पूछूँ, ''आप ले चलेंगे या नहीं?'' हिम्मत नहीं हुई।

मैं उनके चश्मे के बराबर से देख रहा था, बाबा की आँखें घूम रही हैं। मेरी अर्ध-जाग्रत अवस्था तक उनकी पुतलियों का घूमना बना रहा था। फिर मैं गहरी नींद में डूब गया था।

सुबह जगा। मन में प्रसन्नता थी, लखनऊ जाएँगे। हालाँकि बाबा ने बड़े टालने के ढंग से हामी भरी थी। घर में लगभग सब उठ गए थे। मैं ही सोता रहा था। मैं कुछ देर तक टोह लेता रहा, क्या हो रहा है। बाबा दीना से कह रहे थे, ''तुम, महाराज और नत्थी तैयार रहना...आज बाहर जाना है।'' यह तो निश्चित हो गया था लखनऊ जाना स्थगित नहीं हआ। मन में एक और दुविधा हो गई थी, बाबा ने दीना से मेरे लिए तो कहा नहीं-मैं भी साथ जाऊँगा, मेरे लिए भी तैयारी कर ले। कहीं छोड़ न जाएँ? उसके बाद बाबा अन्दर चले गए थे। मैं उठ गया था और पलंग पर बैठा इधर-उधर देखता रहा था।

बाबूजी अन्दर से आ गए थे। उन्होंने आते ही मुझसे पूछा, ''आप भी लखनऊ जा रहे हैं?'' उनके पूछने से इस बात की प्रसन्नता तो हुई थी कि मेरे जाने की चर्चा भी घर में है, लेकिन बाबूजी के चेहरे पर नाराज़गी थी। मैं इस बात से बड़ा डरता था। बाबा के आगे-पीछे होते ही बाबूजी कहने लगते थे, ''इसको कहीं का नहीं रहने देंगे...बिगाड़कर छोड़ेंगे।'' इस बात पर मुझे बड़ा ग़ुस्सा आता था, कई बार छिपकर मैंने बाबूजी की तरफ़ आँखें निकाली थीं।

बाबूजी कुछ कहने को थे, बाबा अन्दर से निकल आए। मैं बाबूजी की ओर से नज़र हटाकर उनकी ओर देखने लगा।

बाबा ने आदतन पूछा, ''उठ गए?'' फिर बाबूजी से बातें करने लगे।

''मैं सोचता हूँ, दीना, नत्थू और महाराज को ले जाऊँ! गंगा बाबू के यहाँ ठहरेंगे...''

बाबा ने तब तक भी मेरे नाम का उल्लेख नहीं किया था। बाबूजी के पूछने से जो आशा बँधी थी वह फिर खिसकने लगी। बाबूजी गुम-सुम बने रहकर गर्दन हिला-हिलाकर हाँ में हाँ मिला रहे थे।

बाबा ने कहा, "रुपए का प्रबन्ध कैसे करोगे...किशोरीरमण से मँगा लो!"

बाबूजी ने धीरे-से कहा, "उनका तीस-चालीस हज़ार...।"

बाबा ने उनकी ओर देखा। चेहरा क्षण-भर को ढीला-सा पड़ गया। दूसरे ही क्षण उनहोंने कहा, "ठीक है, राय नीलमणि कान्त से कहला दो...मार में नहीं हैं, दे दिए जाएँगे। लौटकर 'सिलवरओक' बेच देंगे, अब शिमला जाकर कौन ठहरता है।"

बाबूजी ख़ामोश रहे। बाबा ने ही कहा, "पाँच हज़ार मँगा लो, चार हज़ार मैं साथ लेता जाऊँगा। हो सकता है वहाँ दावत देनी पड़ जाए, एक हज़ार यहीं रोक लेना।"

"पाँऽऽच हज़ार!" बाबूजी ने कुछ विरोध के स्वर में कहा।

"हाँ, पाँच हज़ार!" बाबा के स्वर में सख़्ती आ गई। बाबूजी के चेहरे पर खून इकट्ठा हो गया था। बाबा ने उनके कन्धे पर हाथ रखकर धीरे-से कहा, "मेरी तरफ़ देखो।"

बाबूजी ने बाबा की ओर देखा और आँखें नीची कर लीं। बाबा ने फिर कहा। बाबूजी ने दुबारा देखा। बाबा धीरे-से बोले, "देवा, ये मेऽऽरा शौक है..." बाबूजी ख़ामोश लगा गए। बाबा चले गए। बाबूजी ने मेरी ओर देखा, उनकी आँखें एकाएक सुर्ख हो गईं। वे मेरे सामने आकर खड़े हो गए।

'तुमऽऽ' कहकर बाबूजी क्षण-भर चुप खड़े रहे। फिर बोले, "जो उनकी और तुम्हारी मर्ज़ी आए, करो" और अन्दर चले गए। बाबूजी के चेहरे पर एक अजीब तरह की विवशता नज़र आ रही थी। काफ़ी देर तक वह मेरी आँखों में भी ठहरी रही।

शाम को हम जा रहे थे। गाड़ी दो चक्करों में सामान स्टेशन छोड़ आई थी। काका साहब और बाबूजी हम लोगों को स्टेशन तक छोड़ने जा रहे थे। चलने लगे तो बाबा ने मुझसे कहा, "अपनी अम्मा को प्रणाम नहीं किया..." क्षण भर को मेरे मुख पर न चाहने का भाव आ गया। बाबा ने कहा, "जाओ"। मैं चुपचाप अन्दर चला गया। अम्मा दरवाज़े में ही खड़ी थीं। अपने आँचल से आँखें मल रही थीं। मैं जल्दी से प्रणाम करके भागा। वे कुछ कहती रह गईं, मैंने सुना नहीं।

गाड़ी में बैठते हुए मैं वज़ीर की तरफ़ देखकर हँस रहा था, "देखा, तुम रह गए, हम लखनऊ जा रहे हैं!"

रास्ते भर बाबा, काका साहब और बाबूजी ख़ामोश बैठे रहे। स्टेशन से कुछ पहले बाबा ने काका साहब से कहा, "कोई ख़ास बात हो तो मुझे गंगा बाबू के पते पर ख़त लिख देना...पता याद है?"

बाबूजी ने जवाब दिया, "ए.पी. सेन रोड पर रहते हैं न...!" बाबा ने गर्दन हिला दी। स्टेशन पर हम लोग उतरे, दीना, नत्थी और महाराज पहले से ही मौजूद

थे। दीना लम्बा कोट और छोटी मोहरी का अलीगढ़ी पाजामा पहने था। नत्थी अपनी पूरी पोशाक में था। साफ़ा ज़रीदार सीने-बन्दी (कोट) पहने मुस्तैद खड़ा हुआ था। हम लोगों से, उतरते ही, दीना ने आकर बताया, "राय नीलमणि कान्त और लाला चतरसिंह भी आ गए हैं।" बाबा ने गर्दन हिला दी। "सुन लिया!"

बाबा आगे-आगे सीढ़ियाँ चढ़ने लगे। हम लोग पीछे-पीछे चलते रहे। काका साहब ने मेरी उँगली पकड़ रखी थी, बाबूजी मेरे दूसरी तरफ़ थे। उनका चेहरा थोड़ा गम्भीर था। बाबा के साथ चलते हुए मुझे हमेशा लगता था मैं किसी बहुत बड़े आदमी का पोता हूँ। उनको सब झुककर सलाम करते थे। उनकी ओर देखकर लोगों के चेहरे मुलायम और खिसखिसे हो जाते थे। ऐसे चेहरों को देखकर मुझे सुख मिलता था। यह बात काका साहब और बाबूजी के साथ नहीं थी। लोग सलाम तो करते थे। लेकिन चेहरों के रंग बदस्तूर रहते थे। न पुराने उड़ते थे, न नए आते थे।

प्लेटफ़ार्म पर बहुत कम लोग थे। हम लोग वेटिंग रूम में चले गए। राय नीलमणि कान्त और लाला चतरसिंह पहले से ही बैठे हुए थे। हम लोगों के प्रवेश करते ही वे लोग उठ खड़े हुए। बाबा ने मुस्कुराकर कहा, "अरे आप लोगों ने बेकार कष्ट किया।"

राय नीलमणि कान्त ने शालीनता के साथ उत्तर दिया, "नहीं, इसमें कष्ट की क्या बात है। मैं तो घर पर ही आ रहा था लेकिन ये हमारे लालाजी देर से पहुँचे।"

गाड़ी पन्द्रह-बीस मिनट बाद आई। डिब्बे में सामान चढ़ा दिया गया। दो ही बर्थ थीं। गाड़ी चलने के कुछ देर पहले तक बाबा नीचे खड़े बातें करते रहे फिर डिब्बे में आकर बैठ गए। काका साहब अन्दर नहीं गऐ। राय नीलमणि कान्त, लाला चतरसिंह और बाबूजी अन्दर आ गए थे।

राय नीलमणि कान्त ने बाबा से कहा, "गवर्नर से मिलने के बाद तार दे दीजिए।"

बाबा मुस्कुरा दिए, "किस बात का...?"

"गवर्नर के ही हाथ में तो है, जिसका नाम भेजेंगे उसी पर वायसराय रज़ामन्द हो जाएँगे।"

बाबा हँस दिए, "कहाँ की बात करते हैं..."

गाड़ी ने सीटी दे दी। सब लोग उतर गए। बाबा खिड़की के पास आ गए, मुझे भी अपने पास बुला लिया। काका साहब की आँखों से आँसू बहने लगे। बाबा ने उनके कन्धे पर हाथ रखकर कहा, "ये क्या, तुम तो बिलकुल बच्चे बन रहे हो।" काका साहब सुबकते रहे। बाबूजी ने मेरे सिर पर हाथ रख दिया। मुझे लगा मैं भी काका साहब की तरह रोने लगूँगा। तुरन्त ध्यान आ गया, "बच्चे रोया करते हैं!"

गाड़ी चली तो राय नीलमणि कान्त थोड़ी दूर तक झपटे और बाबा से कहा, "वहाँ और ज़रूरत पड़ जाए तो तार दे दें..."

बाबा ने खिड़की पर रखे हुए राय नीलमणि कान्त के हाथ पर हाथ रख दिया। राय नीलमणि कान्त का हाथ छूट गया।

क्षण-भर के लिए लगा, 'सब छूटे जा रहे हैं' लेकिन सामने बाबा, दीना और नत्थी को खड़े देखकर खिड़की के बाहर झाँकने लगा। बिजली के तार ऊपर उठते थे। खम्भा आते ही डूबने लगते थे।

बाबा ने कपड़े बदले। मुँह-हाथ धोया। बिस्तर पर बैठ गए। दीना हमारे ही डिब्बे में रहा। नत्थी अगले स्टेशन पर महाराज के पास तीसरे दर्ज़े में चला गया।

बाबा अपनी फाइल निकलवाकर काग़ज़-पत्तर देखने लगे। दीना धीरे-धीरे मुझे लखनऊ की बातें बताता रहा। चिड़ियाघर...इमामबाड़ा भूलभुलैया...सबका विवरण मुझे बड़ा रोचक लग रहा था।

मेरे देखते-देखते खेतों में साँझ उतरी। छोटे-छोटे गाँवों को धुएँ की एक रस्सी ने चारों ओर से कस लिया। खिड़की के शीशे से मैं चुपचाप देख रहा था। दीना ने फ़र्श धोकर बाबा की पूजा के लिए आसन बिछा दिया। बाबा हाथ-पाँव धो रहे थे।

पूजा करते समय कभी बाबा इधर झुक जाते थे कभी उधर। बाबा का रेल में पूजा करना नया-नया-सा लग रहा था।

बाबा के पूजा करते ही करते अँधेरा हो गया। शीशे के उस पार दिखना बिलकुल बन्द हो गया। बीच-बीच में जले हुए अलाव दिखलाई पड़ते थे। उनका प्रकाश मेरे पास तक आते-आते सिमटकर छोटा हो जाता था। मेरे लिए दीना ने खाना लगा दिया था। सूखे आलू और अचार के साथ पूरी खाना नए तरह का स्वाद दे रहा था। बाबा ने खाना नहीं खाया था। बस अपनी गंगाजली से पानी पी लिया था।

बिस्तर में लेटते समय बाबा ने दीना ने पूछा, "नत्थी और महाराज ने खाना खा लिया?"

"जी हाँ, उनके पास खाना है।"

बाबा ने बिस्तर पर लेटकर मुझसे भी दो-तीन बातें कीं, "कैसा लग रहा है?"

'अच्छा..."

"घर की याद तो नहीं आ रही?"

"नहीं तो..." कहते समय मेरी आँखों के सामने काका साहब, बाबूजी, अम्मा, वज़ीर सब घूम गए थे। इस समय वे लोग क्या कर रहे होंगे। काका साहब अपने कमरे में जाकर लेट गए होंगे। बाबूजी शायद चतरसिंह बाबाजी के यहाँ गए हों। अम्मा अकेली होंगी। अम्मा के अकेलेपन से मेरा मन जुड़ने लगा था।

मैंने बाबा से पूछा, "हम लोग कब लौटेंगे?"

"अभी तो लखनऊ भी नहीं पहुँचे..." बाबा ने हँसकर उत्तर दिया था। दीना दरवाज़े से लगा ज़मीन पर बैठा था। हालाँकि बिस्तर बिछा लिया था। थोड़ी देर बाद बाबा ने कहा, "देखो, जहाँ ठहरेंगे...वे भी बाबा ही हैं। ठीक तरह से रहना। जाते ही गुडमार्निंग करना और हाथ मिलाना, समझे!"

मैंने गर्दन हिला दी। मन में अजीब-सा अनुभव हो रहा था, मैं नए बाबा की कल्पना करने लगा था–हमारे बाबा जैसे होंगे या काका साहब जैसे! कभी उनकी शक्ल लाला चतरसिंह और कभी कुँवर साहब से मिलती-जुलती मालूम होने लगती थी। 'बाबा ने उन्हें गुड मार्निंग करने के लिए कहा है' मुझे फ़ौरन स्मिथ का ध्यान आ गया। नहीं, वैसे नहीं होंगे। इस बीच गाड़ी की छक्छक्छक्...बिलकुल ग़ायब हो गई थी। धीरे-धीरे मेरी आँखें झपकने लगीं। छक्छक्छक्...बीच-बीच में सुनाई पड़ती रही। फिर सुबह तक के लिए ग़ायब हो गई।

सुबह गाड़ी एक स्टेशन पर खड़ी थी। बाबा अपने बिस्तर पर नहीं थे, दीना नीचे प्लेटफ़ॉर्म पर पानी की बाल्टी भरने गया था। महाराज और नत्थी दोनों मेरी खिड़की के पास खड़े थे। आँखें खुलने से पहले मुझे लगता रहा था, घर पर सोनेवाले कमरे में ही हूँ। जिस ओर डिब्बे की पुश्त थी उसी दिशा में कमरे का दरवाज़ा था। आँखें खुलते ही ध्यान आ गया 'सफ़र में हैं।' मेरे उठते ही नत्थी ने राम-राम की। महाराज चुपचाप खड़ा रहा। दीना पानी लेकर आ गया था।

मैंने उससे पूछा, "बाबा कहाँ हैं?"

उसने 'ग़ुसलख़ाने' की तरफ़ इशारा कर दिया।

"हम कब पहुँचेंगे?"

"अभी डेढ़-दो घंटे और हैं सन्दीला आनेवाला है।"

गाड़ी ने सीटी दे दी थी। नत्थी और महाराज दौड़कर डिब्बे में चढ़ गए थे। गाड़ी के थोड़ी-सी रफ्तार पकड़ने पर, प्लेटफ़ार्म पर खड़े लोग ऐसे लगते थे, खड़े-के-खड़े रह गए हैं। फिर वही खेत-मैदान आने लगे थे, जिन्हें पहले दिन शाम को पीछे छोड़कर आए थे। मैं आश्चर्यचकित था, खेत, फ़सल, हल-बैल, आदमी सब एक ही से हैं।

बाथरूम का दरवाज़ा खुला। बाबा बाहर आ गए। दीना एक हाथ से बाबा के हाथ में मिट्‌टी देता रहा था, दूसरे हाथ से पानी डालता रहा था। बाबा हाथ धोते रहे थे। डिब्बे में पीली मिट्‌टी का पानी बहने लगा। मुझे लग रहा था मैं बाथरूम जाऊँगा तो पैर गन्दे हो जाएँगे।

बाथरूम जाते समय दीना ने मेरा हाथ पकड़कर उस गन्दे पानी को पार कराया था।

लखनऊ के स्टेशन पर गाड़ी रुकी। बाबा और मैं पहले ही कपड़े पहनकर तैयार हो गए थे। दीना ने सब सामान बाँध लिया था। गाड़ी रुकते ही बाबा और मैं नीचे उतर गए। नत्थी और महाराज भी उतरकर आ गए थे। वे तीनों मिलकर सामान उतार रहे थे। इतना बड़ा स्टेशन मैंने पहली बार ही देखा था। एक छोर से दूसरे छोर तक 'इतनेऽऽ लोग!' कितने ही अंग्रेज़ और मेमें खट-खट करते हुए मेरे सामने से निकल गए थे। मेमों के पाँव और क़दम बहुत थोड़ी-थोड़ी दूरी नापते थे। लेकिन लगता था जाने कितनी तेज़ चल रही हैं। स्टेशन पर इतने अधिक अंग्रेज़ देखकर मेरे मन में लखनऊ के प्रति श्रद्धा हो आई थी। 'इतनाऽऽ बड़ा शहर!'

सामान प्लेटफ़ार्म पर उतार लिया गया था। दो-तीन कुली सामान के चारों ओर इकट्ठे थे। दीना उनसे तय कर रहा था। कुलियों से सामान उठवाकर हम लोग बाहर आ गए। क़तार में इक्के खड़े थे। कुछ रिक्शे भी थे। दीना ने इक्केवालों को ए.पी. सेन रोड के लिए तय किया। मैं और बाबा एक इक्के पर सवार हो गए थे। वे तीनों सामान लदवाकर दूसरे इक्के पर आ रहे थे। मैं स्टेशन को देख रहा था। महल का-सा आभास देता था। लाल पत्थर का गुम्बददार! पहले मेरा ख़याल था लखनऊ का स्टेशन हमारे यहाँ के स्टेशन से थोड़ा ही बड़ा होगा। लखनऊ का स्टेशन देखकर मैं अभिभूत था। ऐसा स्टेशन! बार-बार मन में दोहराये चला जा रहा था। अपने शहर के स्टेशन से वितृष्णा होने लगी थी।

गंगा बाबू की कोठी दुमंज़िली थी। चारों तरफ़ बाग़ था। फूल थे और लॉन था। हम लोगों के इक्के रुकते ही, कन्धे पर साफ़ा डाले हुए चपरासी ने आकर सलाम किया। बाबा ने पूछा, "साहब कहाँ हैं?"

"ग़ुसल में हैं...हुज़ूर!"

"अन्दर जाकर कहो, यशवन्तराय आए हैं।"

चपरासी अन्दर चला गया। दीना, नत्थी और महाराज सामान उतारने लगे। थोड़ी ही देर में पैंट की गेलिस चढ़ाते हुए एक गोरे रंग के भारी सज्जन, खड़ाऊँ पहने ही बाहर आ गए। "भय्ये, तुम तार कर देते, मैं गाड़ी लेकर स्टेशन पर ही हाज़िर मिलता।" दोनों ने एक-दूसरे को बाँहों में ले लिया। मैं मौक़ा देख रहा था, मौक़ा मिले तो मैं अपना काम पूरा करूँ। बाबा से निबटकर उन्होंने मुझे देखा, "अरे तुम भी हो बेटे...देवा का लड़का है न?" उन्होंने मुझे भी अपने शरीर से चिपका लिया। मेरा सिर उनकी तोंद तक पहुँच रहा था। 'देवा का लड़का है न' पूछने से मैं चक्कर में पड़ गया था, गुड मार्निंग करूँ या प्रणाम। बाबा मेरी ओर देख रहे थे। उन्होंने मुझे अपने से मुक्त किया तो मैंने हाथ जोड़कर 'प्रणाम' किया।

"ओह, प्रणाम बेटे...जीते रहो, ख़ुश रहो!"

बाबा ने हँसकर कहा, "देखो, अगर तुम हिन्दुस्तानियों की तरह न मिले होते तो हमारा बेटा तुम्हें गुडमार्निंग करता...अब तो एकदम हिन्दुस्तानी हो गए। हमारे यहाँ थे तो अंग्रेज़ बने रहते थे!"

"अरे भय्ये, अब तो पतलून भी देख रह हो, कांग्रेसियों का राज आ गया तो धोती-कुर्ता और जयहिन्द लिखा थैला!" दोनों ज़ोर से हँस पड़े। दीना वग़ैरह सामान उतारकर चुपचाप खड़े हुए थे। चपरासी गंगा बाबू के आदेश की प्रतीक्षा में था, सामान कहाँ रखवाया जाए।

सामान को वहीं रखा हुआ देखकर गंगा बाबू ने चपरासी को डाँटते हुए कहा, "खड़े क्या देख रहे हो, सामान रखवाओ...देखो बड़े वाले गेस्ट रूम में रखवाना।"

सामान जाने लगा। गंगा बाबू ने बाबा से मज़ाक़ किया, "क्यों भय्ये, ये लड़का तो हमारी रसोई में खा लेगा न। तुम्हारे लिए तो हम अछूत हैं। अब कुछ बदलो..."

बाबा ने हँसकर जवाब दिया, "अब क्या बदलेंगे! अंग्रेज़ों के ज़माने में ही नहीं बदले!"

गंगा बाबू, बाबा का हाथ पकड़कर अन्दर ड्राइंग रूम में ले गए। बाबा ने बैठते हुए कहा, "सच बात यह है कि मुझे नाइटहुड के चक्कर में हिज़ एक्सीलेंसी से मिलना है।"

"कुछ है मामला?" गंगा बाबू ने आँख का कोना दबाते हुए पूछा था।

"अब मामला-वामला क्या होना है...अब तो अलामतें ख़राब ही नज़र आती हैं।"

"नहीं भय्ये, क्या बात करते हो, अभी ये लोग दो-चार साल और खींचेंगे। मिलता हो तो छोड़ना मत। मैं 'फिक्स अप' किए देता हूँ।"

"हाँ भई, करा दो। वैसे हिज़ एक्सीलेंसी मुझे ख़ूब जानते हैं। हमारे यहाँ डिनर पर आ चुके हैं।"

"भय्ये, तुमने हमें कभी डिनर नहीं दिया...अब तो रिटायर हो गया हूँ, नहीं तो बताता..."

दोनों फिर हँस दिए।

दीना ने रात को बताया था, गंगा बाबू बाबा के बहुत पुराने दोस्त हैं। शुरू-शुरू में हमारे यहाँ ज्वाइंट मजिस्ट्रेट होकर गए थे। वे और बाबा टेनिस में पार्टनर रहा करते थे। दीना गोली था, गेंद उठाकर दिया करता था। कोठी के बाहर पत्थर पर उनका नाम "सर गंगाधर आई.सी.एस., रिटायर्ड चीफ़ जस्टिस" ख़ुदा हुआ था।

दीना ने ही बताया था, चीफ़ जस्टिस का मतलब सबसे बड़ा जज होता है।

अगले दिन शाम को पाँच बजे गवर्नर से बाबा की मुलाक़ात तय हुई थी। दीना ने बाबा से कहा था, "इसको भी तैयार कर देना। नीला सूट, लाल टाई, काला शू पहना देना...।" बाबा कहकर, गंगा बाबू के साथ गाड़ी में किसी से मिलने चले गए थे। दीना बहुत प्रसन्न था, वह भी लाट साहब का बंगला देखेगा। कपड़े पहनाते-पहनाते बताता जा रहा था, "तुम लाट साहब से मिलोगे...जाते ही गुड इओनिंग करना...हाथ मिलाना..."

"ताऊ, इहोनिंग नहीं इवनिंग।"

"हाँ-हाँ, इवनिंग ही सही, तुम्हारे जितना कोई आदमी आज तक लाट साहब से मिला है। लाट साहब ख़ुश होंगे।"

"ताऊ, कैसे होते हैं, लाट साहब?"

दीना मुझे लाट साहब के अख्तियारों के बारे में बताने लगा था "किसी को फाँसी के तख़्ते से उतार सकते हैं। कलक्टरों के ऊपर कमिश्नर होता है, सब कमिश्नरों के ऊपर लाट साहब, लाटों के ऊपर वाइसराय...हर एक तो लाट साहब से मिल भी नहीं सकता।" अन्तिम वाक्य कहकर वह बहुत प्रसन्न हुआ था।

बाबा लगभग तीन बजे लौट आए थे। उन्होंने भी आकर कपड़े बदले थे। तीन कपड़ों का (थ्री-पीस) सूट पहना था। बो लगाई थी, साफ़ा बाँधा था। साढ़े चार बजे तक तैयार होकर, सर गंगाधर की गाड़ी में बैठकर, हम लोग लाट साहब के बँगले की ओर चल दिए थे। हम दोनों पीछे बैठे थे। दीना और नत्थी अपनी-अपनी वर्दी (ड्रेस) पहने आगे शोफ़र के पास बैठे थे। बाबा पीछे पीठ टिकाए हुए थे। मैंने भी पीठ टिकाने का प्रयत्न किया। मेरी पैन्ट ऊपर चढ़ गई। फिर अपनी जगह पर सरक आया था।

हमारी गाड़ी गेट पर रोक दी गई। दीना ने उतरकर गार्ड से बताया। उसने गेट ही से टेलीफ़ोन करके पूछा, तब अन्दर जाने दिया। इतना बड़ा बँगला मैंने पहली बार ही देखा था। कार के पोर्टिको में रुकते ही ज़री के काम की लाल मख़मली वर्दी पहने नीला साफ़ा बाँधे लम्बे-से गोरे व्यक्ति ने दरवाज़ा खोला। बाबा एक पाँव बाहर निकालकर धीरे से उतर गए। मुझे खड़े होकर उतरना पड़ा। उस आदमी को देखकर मुझे लगा, यही लाट साहब हैं। लाट साहबों वाली पोशाक पहने खड़ा था।

मैं उसे गुड इवनिंग करते-करते रह गया। बाबा ने आँख निकाल दी थी। बाबा के पीछे-पीछे चलने लगा। वह आदमी आगे-आगे चल रहा था। एकदम सीधा। यह बात मुझे बुरी लग रही थी, वह बाबा के आगे-आगे क्यों चल रहा है। गैलरी में हल्की-हल्की रोशनी थी। मख़मली कालीन की लम्बी पट्टी बिछी हुई थी।

चलते हुए कई बार ऐसा लगा था, पाँव ज़मीन पर नहीं पड़ रहे। एक बार बाबा का पाँव ज़ोर से पड़ गया था। लकड़ी के बक्से से टकरा जाने जैसी आवाज़ हुई थी। हम लोग उस गैलरी में देर तक चलते रहे थे। हम तीनों ख़ामोशी के साथ चल रहे थे। मेरे अन्दर भय की भावना पैदा होती जा रही थी। एक-दो बार लगा, टाँगों में हल्का-सा कम्पन भी है।

एक कमरे के सामने जाकर वह रुक गया। बाबा और मैं भी। रेलगाड़ी के डिब्बों की तरह! और किसी समय यह सोचना मेरे लिए हँसी की बात हुई होती। मैं गम्भीर रहा। उस आदमी ने झुककर दरवाज़ा खोला, कमरा एकदम ख़ाली था। बाबा और मैं उस कमरे में जाकर बैठ गए। मैं देख रहा था, बाबा का आधा जूता कालीन में धँस गया है। बिलकुल सामने किसी महाराज और महारानी के आदम-क़द रंगीन चित्र लगे थे। चित्र में वे खड़े हुए थे। बाबा के बराबर में बैठकर मैं उसे फ़ोटो को देखता रहा।

बाबा ने धीरे-से फुसफुसाकर बताया, "ये एम्परर जॉर्ज षष्टम की फोटो है, सारी दुनिया का बादशाह और उसकी मलका!" बाबा की वह फुसफुसाहट मेरे कान में काफ़ी देर तक सुरसुराती रही।

थोड़ी देर बाद दरवाज़ा खुला। बाबा एकदम उचक गए। नीला सूट पहने एक अंग्रेज़ अन्दर आया। अनिश्चय की स्थिति में बाबा थोड़ा-सा खड़े भी हुए। मैंने तपाक से गुड इवनिंग कर दी। "गुड इवनिंग, गुड इवनिंग" उसने मुस्कुराकर मेरी ओर देखा। बाबा के होंठ भी फैल गए। बाबा के सामने आकर और थोड़ा-सा झुककर उसने अपना परिचय दिया, "मिस्टर रॉबर्ट...प्राइवेट सेक्रेटरी टु हिज़ एक्सलेंसी...ही इज़ वेटिंग फ़ार यू इनसाइड।"

"थैंक्स मिस्टर रॉबर्ट..." कहकर बाबा सीधे खड़े हो गए। फिर बाबा ने मिस्टर रॉबर्ट से मेरा परिचय कराया, "ही इज़ माई ग्रांडसन..."

"ओह गुड चैप..." कहकर उसने मेरा गाल थपथपा दिया।

मिस्टर रॉबर्ट भी हमारे आगे-आगे चले। रेल फिर बन गई। मेरी टाँगें अधिक काँपने लगीं। एक बार हल्की-सी ठोकर भी लगी। बाबा ने मेरी ओर देखा-भर, फिर सीधे चलने लगे। मैं सोच रहा था गवर्नर के सामने जा रहा हूँ...'लाट साहब' शब्द मेरे मन में आतंक की-सी अनुभूति उत्पन्न कर रहा था। मैं एक और 'लाट' से परिचित था, 'कुतुब की लाट!' क्या 'लाट साहब' उतने ही बड़े होंगे?

सामने वाला दरवाज़ा खोलकर मिस्टर रॉबर्ट एक क़दम अन्दर तक गए। थोड़ा झुककर कहा, "रॉय साहब यॉशवन्त रॉय ऑफ़ रावतपोर, एंड हिज़ ग्रांडसन..."

मिस्टर राबर्ट अधखुले दरवाज़े में तिरछे खड़े हो गए। हाथ से इशारा किया और गर्दन झुकाकर कहा, "प्लीज़..."

बाबा अन्दर गए। उनके पाँव हल्के-से लड़खड़ाए। अन्दर प्रवेश करते ही मुझे लगा दरवाज़ा बन्द हो गया है। काला सूट पहने एक लम्बा-चौड़ा अंग्रेज़ सोफ़े से उठ खड़ा हुआ। मेरी निगाह उसकी मूँछों पर गई। इतनी भूरी मूँछें मैंने पहली बार देखी थीं।

बाबा ने अपनी बेंत बाएँ हाथ में पकड़ ली और झुककर कहा, "गुड इवनिंग योर एक्सीलेंसी!"

"आओ, गुड इवनिंग, गुड इवनिंग...रॉय साहब यॉशवन्त रॉय!"

बाबा ने पुनः गर्दन झुका दी। गवर्नर साहब ने बाबा से हाथ मिलाया। बाबा हाथ मिलाते हुए भी झुके रहे। उसके बाद मैंने कहा, "गुड इवनिंग..." गुड इवनिंग के साथ मुझे 'योर एक्सीलेंसी' कहने के लिए भी कहा गया था। कहते नहीं बना। गुड इवनिंग कहने के साथ ही मैंने अपना हाथ भी बढ़ा दिया। बाबा ने अपनी ओर से हाथ बढ़ाने के लिए मना मुझे किया था। हाथ बढ़ाने के बहुत बाद ख़याल आया। तुरन्त ही पीछे खींच लिया। गवर्नर साहब हँस दिए, मेरे पीछे खिंचे हुए हाथ से उन्होंने स्वयं हाथ मिला लिया।

'योर एक्सीलेंसी' न कह पाने के कारण बाबा ने मेरी ओर नाराज़गी से देखा था। लेकिन गवर्नर साहब को हँसते देखकर वे भी मुस्कुराने लगे।

दुबारा झुककर कहा, "ही इज़ माई ग्रांड सन, योर एक्सीलेंसी..."

'हिज़ एक्सीलेंसी ने भी मेरा गाल ही थपथपाया। गाल थपथपा देने के बाद गवर्नर साहब मेरी ओर से निश्चिन्त-से हो गए थे।

बाबा उस लम्बे सोफ़े के दूसरे छोर पर बैठे थे। मैं भी बाबा के पास ही बैठना चाहता था, लेकिन उनके कोने पर बैठ जाने के कारण जगह नहीं रही थी। मुझे बराबर वाली छोटी कुर्सी पर बैठना पड़ा।

हिज़ एक्सीलेंसी ने बाबा से हँसकर कहा, "आइ रिमेम्बर दैट इवनिंग एट योर प्लेस...ए फ़ाइन इंडियन डिनर!"

बाबा ने बैठे-बैठे झुककर हिज़ एक्सीलेंसी को धन्यवाद दे दिया। मैं उस हाल को देख रहा था। इतने बड़े हॉल में एक ही कालीन, दूर-दूर पर रखे सोफ़े। सोफ़ों को इतनी-इतनी दूर पर रखे देखकर मुझे हँसी आई, अगर सब सोफ़ों पर लोग बैठ जाएँ तो एक-दूसरे से कितनी दूर हो जाएँगे। बीच में एक बहुत बड़ी पत्थर की मूर्ति रखी थी...नंगी औरत! गवर्नर साहब और बाबा की नज़र बचाकर मैं बार-बार उसे देख लेता था। बाबा उसे कैसे देख पा रहे होंगे? सुनहरी फ्रेमों में चार बड़े-बड़े फोटो लगे थे। एक जार्ज षष्टम का ही था, दूसरा महारानी थीं। दो को मैं

पहचान नहीं पाया था। वे भी शाही पोशाक में थे। उस हॉल में हमारे बड़े फ़ानूस से भी कई गुना बड़े पाँच फ़ानूस लटके थे। केवल कोनेवाला फ़ानूस जल रहा था। रोशनी का हल्का-सा आभास था।

बाबा बहुत धीरे-धीरे बात कर रहे थे। गवर्नर साहब बीच-बीच में ज़ोर से बोलते थे या हँस पड़ते थे। उस समय कुछ ऐसा लगता था, उस हॉल में गवर्नर साहब के सिवाय और कोई भी जोर से बोल सकने में असमर्थ है।

बाबा गवर्नर साहब से बता रहे थे–

"...आई एम श्योर मिस्टर ब्राउन हेड फैल्ट दैट डे...अदरवाइज़ ही वुड हैव नॉट ब्रेकेटेड मी विद ए पेटी मैन लाइक इकरामुल हक़।"

गवर्नर साहब गालों को लम्बा किए, आँखें गोल करके बाबा की बातें गड़े ग़ौर से सुन रहे थे। बीच-बीच में गर्दन हिला देते थे।

"योर एक्सीलेंसी...वी हैव बीन सो सिन्सियर टु क्राउन, पर्टीकुलरली माई फ़ैमिली...! माई फ़ादर वाज़ वन मैन हू मेड दी म्युटिनी अनसकसेफ़ुल । इन मुगल पीरियड इवन, वी वर कोर्टियर्स...बट..." बाबा थोड़ा रुक गए थे।

हॉल में अंग्रेज़ी बाजा बजने की हल्की-हल्की धुन आने लगी थी। मैं गर्दन नीची करके इधर-उधर झाँक रहा था। एक बहुत बड़ा-सा 'मेज़ का बाजा' सामने कोने में रखा हुआ था। इस तरह का बाजा मैंने ब्राउन साहब के कमरे में भी देखा था, लेकिन उसे कोई बजा नहीं रहा था। वह धुन मुझे अच्छी लग रही थी। बाबा के रुक जाने से हिज़ एक्सीलेंसी के चेहरे पर कोई असर नहीं पड़ा।

बाबा ने फिर कहा, "बट योर एक्सीलेंसी...नो वन हैज़ इन्सल्टेड रिलीजन, नो कलक्टर...नो सुपरिंटेंडेंट पुलिस...नो कमिश्नर, आल हैव बीन कन्सीड्रेट। मिस्टर स्मिथ हर्ट मी...! दिस माई ग्रांड सन जस्ट एस्केप्ट। स्मिथ व्हिप्ड माई हार्सेज़...दे रैन अवे विद दिस बॉय। इट इज़ दी गॉड हू सेव्ड हिम...।"

गवर्नर साहब च् च् कर जोर-जोर से सिर हिलाने लगे।

'बट मिस्टर ब्राउन और मिस्टर नीदरसोल ने उस...उस जुलाहे, आई मीन वीवर को मेरे बराबर रख दिया! वी आलवेज लुक्ड ब्रिटिश रूल एज़ फाउन्टेन ऑफ जस्टिस। इट नेवर हैपिन्ड बिफ़ोर..."

हिज़ एक्सीलेंसी का सिर ऊपर से नीचे को हिलने लगा था। वे बाबा की बात समझ रहे थे।

एक तरफ़ का दरवाज़ा खुला। एक बैरा बच्चागाड़ी की तरह एक गाड़ी धकेलता हुआ ला रहा था।

"आई नेवर बेग्ड नाइटहुड...आई सर्ब्ड ओनली...माई फ़ेथ हैज शेकन।" बाबा दूसरी ओर देखने लगे। हिज़ एक्सीलेंसी के चेहरे पर हल्की-सी हँसी आ

गई। उन्होंने पहली बार कहा, "मिस्टर यॉशवन्त रॉय, आय् नो योर सिनसियरटी... सिम्पली शॉक्ड...।"

वह गाड़ी सामने आ गई थी। खाने-पीने का बहुत-सा सामान था। चीनी के बर्तन थे। एक ख़ास तरह की ऊपर से रंग-बिरंगी मिठाई थी। (केक)। मेरी नज़र उस पर जम गई।

उस गाड़ी के सामने रुकते ही बाबा के चेहरे पर काफ़ी कसावट आ गई। बैरा तीन प्याले लगाकर चाय उड़ेलने लगा था। बाबा ने अपनी गर्दन को दो-तीन बार इधर से उधर, उधर से इधर हिलाया। फिर धीरे से कहा, "योर एक्सीलेंसी...मे आई बी एक्सक्यूज़्ड फ़ॉर दिस..."

गवर्नर साहब ने बाबा की तरफ़ बिना देखे हुए कहा, "हैव ए कप ऑफ़ टी..."

बाबा के चेहरे की खाल सिमटती-सी लगी। उन्होंने अपनी गर्दन को आगे-पीछे करके स्थिर किया "योर एक्सीलेंसी...आई एम एडवाइज्ड बाई दि डॉक्टर्स नॉट टु टेक टी आर एनी अदर इटेबिल एक्सेप्ट फ्रूट्स..."

"ओ देन, टेक इट..." हिज़ एक्सीलेंसी ने फलों की तरफ़ इशारा कर दिया। बैरा ने फलों की प्लेट उनकी ओर बढ़ा दी, बाबा ने दो-चार अंगूर ले लिए। मेरा मन उस रंगीन मिठाई को लेने के लिए लिए बेचैन था। लेकिन बाबा ने पहले ही काजू की प्लेट उठाकर मेरे आगे कर दी। मैं दो-चार काजू ही ले पाया। बाबा ने ही बताया था, खाने-पीने की चीज़ों पर भूखों की तरह नहीं टूट पड़ना चाहिए।

हिज़ एक्सीलेंसी ने सिर्फ़ चाय का प्याला ही लिया। चाय के प्याले से उन्होंने एक ही घूँट भरी थी। बाक़ी अन्त तक वह वैसा ही रखा रहा था।

चलते समय हिज़ एक्सीलेंसी हॉल के दरवाज़े तक गए। उन्होंने बाबा से हाथ मिलाते हुए कहा, "वेल मिस्टर यॉशवन्त रॉय...आ'म ग्लेड टू मीट यू..." बाबा दुहरे हो गए थे।

बाबा ने कुछ कहना चाहा। गवर्नर अपने-आप ही बोले, "आई विल लुक इन टु..." धीरे-से दरवाज़ा बन्द हो गया। हॉल के सामने हम दोनों रह गए थे। शायद बाहर पूरी तरह अँधेरा हो गया था। आते समय जो रोशनियाँ बहुत धीमी थीं, अब काफ़ी तेज़ मालूम पड़ रहीं थीं।

मिस्टर रॉबर्ट फिर आ गए। उन्होंने हँसकर कहा, "वेल राय साहब, हिज़ एक्सीलेंसी हेड ए गुड टाइम विद यू, थैंक्यू!"

बाबा ने उनका शुक्रिया अदा किया। हम लोगों की रेल फिर चलने लगी। गैलरी में पहुँचते ही 'लाट साहबोंवाली पोशाक' पहने वह आदमी आ गया और हम लोगों के आगे-आगे चलने लगा।

गैलरी में बहुत-सी तस्वीरें बराबर-बराबर लगी थीं। सब एक जैसी ही थीं। बाद में पूछने पर बाबा ने बताया था ये सब गवर्नरो की तस्वीरें हैं जो अब तक रह चुके हैं। हर गवर्नर के जाने के बाद उसकी तस्वीर यहाँ टाँग दी जाती है।

उस आदमी ने ही कार का दरवाज़ा खोला। बाबा रुक गए। मिस्टर रॉबर्ट, प्राइवेट सेक्रेटरी टु हिज एक्सीलेंसी, बाबा के बिलकुल सामने खड़े थे। उनके चेहरे पर विदा देनेवाली मधुर-मधुर मुस्कान थी।

बाबा ने झिझकते हुए पूछा, "इफ़ यू डोंट माइंड मिस्टर रॉबर्ट...मे आई नो एबाउट दी नोमिनेशंस फ़ार नाइटहुड।"

मिस्टर रॉबर्ट हँस दिए, "ओ यू डोन्ट वरी, यू आर वेरी मच देयर..."

बाबा हिन्दी में बोल गए "ये बात नहीं है..." ग़लती सुधाकर बोले, "आई एम ब्रेकेटेड विद ए वीवर...आई विश हिज़ एक्सीलेंसी मे आस्क लोकल ऑथोरिटीज़ फ़ॉर एक्सप्लेनेशन।"

इस बात को सुनकर मिस्टर रॉबर्ट का चेहरा भी हिज़ एक्सीलेंसी जैसा लम्बा ही हो गया था, वे भी गर्दन हिलाने लगे। धीरे-से बोले, "आई विल लुक इन्टु इट... बट देयर आर पोलिटिकल इम्प्लीकेशंस एहेड। आज़ाडी का बाटचीट, आई मीन टॉक्स ऑफ़ इंडिपेंडेंस, चलना मांगटा..." मिस्टर रॉबर्ट अन्तिम वाक्य हिन्दी में बोलकर हँसने लगे। 'टॉक्स ऑफ़ इंडिपेंडेंस' वाली बात का जिकर करके शायद उनको मज़ा आया।

बाबा के चेहरे पर निराशा उतर आई।

"अच्छा, मिस्टर रॉबर्ट।"

"ओके...टैंक्स फ़ॉर दी विज़िट!"

बाबा हाथ मिलाकर गाड़ी में बैठ गए। मिस्टर रॉबर्ट ने मेरा गाल थपथपाया। मुझे अपनी मौज़ूदगी का अहसास फिर हो आया।

अँधेरा हो गया था बाहर दरवाज़े तक पहुँचने के लिए गवर्नमेंटहाउस की सड़क पर हमारी गाड़ी को काफ़ी चलना पड़ा। कार के पहियों के नीचे रोड़ियाँ चटकने की आवाज़ सुनाई पड़ती रही। गेट पर, जंगले वाला दरवाज़ा खोलकर गाड़ी बाहर कर दी गई।

बाबा गाड़ी में चुपचाप बैठे रहे। बीच-बीच में सामने से आनेवाली कार की रोशनी उनके दाहिने गाल पर, माथे या चश्मे पर पड़कर फिसल जाती थी।

गवर्नर साहब के बँगले से लौटने पर सर गंगाधर क्लब के लिए बाबा की प्रतीक्षा कर रहे थे। कार से उतरते ही उन्होंने चिल्लाकर कहा, "कहो भय्ये दावत का काम हुआ...?"

बाबा कार से उतरते हुए मुस्कुरा दिए। उनकी मुस्कुराहट को पहली ही बार मैंने इस रूप मे महसूस किया था। किसी असाध्य रोग से पीड़ित व्यक्ति से उसके स्वास्थ्य के बारे में पूछा गया हो, वह मुस्कुराया हो। सर गंगाधर काफ़ी जोश में थे। वे हम लोगों के बिलकुल पास आ गए। बाबा के कन्धे पर हाथ रखकर कहा, "अमाँ क्या मनहूस सूरत बनाए हुए हो...इस बार नाइटहुड तय। पहले से आ गए होते तो तुम्हारे लिए नाइटहुड कोई मुश्किल बात थी...इतनी बार तो कहा। बस एक बार वायसराय से और मिल लो।"

बाबा बरांडे की सीढ़ियों पर चढ़ते रहे थे। वरांडे में पहुँचकर उन्होंने सर गंगाधर की तरफ़ देखकर कहा, "गंगा बाबू...दीवारें गिर रही हैं!" सर गंगाधर के चेहरे से लगा वे बात के अगले भाग की प्रतीक्षा कर रहे हैं। बाबा ने सूत्र ही बोला था।

"मैं समझा नहीं भय्ये, गहरी बात कह गए!" सर गंगाधर मजाक़ के मूड में थे। बाबा गम्भीर बने रहे।

गंगा बाबू भी गम्भीर हो गए, "मैं समझ रहा हूँ भय्ये...लेकिन क्या हो सकता है। जीना तो है ही!"

बाबा उत्तेजित हो गए, 'ग़लत...।' थोड़ा चुप रहकर बोले, "गंगाबाबू, आप चीफ़ जस्टिस रह चुके हैं, मैं बहुत साधारण आदमी हूँ लेकिन इतना समझता हूँ...सिक्का बदल गया। हमें अपनी-अपनी दुकान समेट लेनी चाहिए।"

बाबा के कहने के ढंग से सर गंगाधर पर कुछ ऐसा प्रभाव हुआ, वे हतप्रभ-से बाबा की ओर देखने लगे। कुछ क्षणों तक उनके चेहरे से लगा वे बात कहते-कहते हकलाने लगेंगे।

बातों का सिलसिला एकाएक टूट गया, मुझे लगा वे दोनों अब आपस में कभी नहीं बोलेंगे। सर गंगाधर के लिए मुझे बड़ा बुरा लग रहा था। वे कितने प्यार से बोल रहे थे। बाबा को ऐसा जवाब नहीं देना चाहिए था।

कुछ देर बाद बाबा ने बात शुरू की, "कल हमारा कूच...!"

"क्या बात करते हो भय्ये! न किसी से मिले हो, न ब्रिज की 'सीटिंग' ही हुई है। नवाब जहानाबाद और मिस्टर लेन आपको पूछते रहते हैं। आज मैंने मिस्टर लेन से कह भी दिया। मेरी ओर इशारा करके बोले, "इस बेचारे ने ही क्या ख़ता की है...पहली बार लखनऊ आया है, बिना घूमे-फिरे चला जाएगा!"

बाबा ने हल्का-सा मुस्कुराकर कहा, "इसकी क्या मैंने ज़िम्मेदारी ली है...बड़ा होकर घूमेगा ही, और क्या करेगा!"

सर गंगाधर ने उनकी ओर प्रश्नवाचक दृष्टि से देखा। बाबा ख़ामोश रहे।

# 13

हम लोग घर पहुँचे। काका साहब वज़ीर के साथ चौपड़ खेल रहे थे। 'एक... दो...तीन...चार...ये बैठी'। दाव चला, "इस बार बात बनी नहीं।" झुँझलाकर बोले, "वज़ीर, तेरी ऐसी की तैसी मारूँ।" वज़ीर गर्दन नीची करके हँसने लगा।

"पौ...' काका साहब ने गोट तिरछी रख दी।

बाबा जाकर पीछे खड़े हो गए थे। मैं काका साहब को नमस्कार करने वाला था। बाबा का चेहरा देखकर सहम गया। उनका चेहरा बर्फ़ की तरह जम गया था। हज़ामत न बने होने के कारण दाढ़ी के सफ़ेद बालों ने उसे और अधिक अमानवीय बना दिया।

बाबा की बेंत ज़ोर से वज़ीर की पीठ पर पड़ी। पीठ पर पड़ते ही उस हाथीदाँत की बेंत के दो टुकड़े हो गए। बाबा ने एक ठोकर और लगाई, काका साहब कुर्सी छोड़कर खड़े हो गए थे। उनके दाहिने हाथ में 'लरजा' उतर आया था। हमेशा की तरह हाथ थर-थर काँप रहा था। वज़ीर ने एकबार पलटकर देखा, फिर खड़ा हो गया। बुरी तरह से काँपने लगा था उसके चेहरे पर इतना अधिक भय था, कि उसके भय से मैं भी भयभीत हो गया था। अन्दर-ही-अन्दर बाबा के प्रति मेरे मन में नाराज़गी बढ़ती जा रही थी। "आख़िर वज़ीर का क्या क़सूर था?"

बाबा ने उसी निगाह से काका साहब की ओर देखा। मुझे लगा वे काका साहब को भी पीटेंगे। दो-चार क्षण काका साहब को देखते रहने के बाद, मेज़ पर बिछी चौपड़ दूर बगा (फेंक) दी। बाबा शान्त नहीं हुए थे। कुछ और कर डालने के मूड में थे। अत्यधिक क्रोध में भी आदमी शायद अकर्मण्य हो जाता है। बाबा झपटते हुए अन्दर चले गए।

काका साहब और वज़ीर के चेहरों से लगा, "उन दोनों के चेहरे बाबा के पैरों तले दबे हुए हैं। काका साहब ने वज़ीर की ओर देखा। वह अभी भी गर्दन झुकाए खड़ा था। अपनी ओर देखते ही मैंने उन्हें प्रणाम कर दिया।

'प्रणाम...ओह प्रणाम' उन्होंने मेरा प्रणाम दो बार में लिया। एकाएक लगा अपनी वर्तमान स्थिति में लौट आए हैं। मुझसे बोले, "तुम आ गए...अच्छा!" हम लोगों का आ जाना शायद उन्हें अब पता चला था।

दीना, नत्थी और महाराज समान ला रहे थे। वज़ीर उन लोगों को समान लाते हुए देखकर स्वयं भी समान लिवाने चला गया। काका साहब मेरे पास आकर बोले, "क्या बात है, क्यों नाराज़ हैं?"

मैं समझ नहीं पा रहा था काका साहब मुझसे यह सब क्यों पूछ रहे हैं। बाबा की मुझसे तो लड़ाई नहीं हुई थी।

मैंने सीधा-सा उत्तर दिया, "पता नहीं।"

"बता दो, मैं कहूँगा नहीं।"

मेरी नज़र बाबा की टूटी हुई बेंत पर थी। उस बेंत को देखकर मुझे हमेशा कुछ ऐसा-सा लगता था, जैसा गवर्नर साहब के यहाँ उस रंगीन मिठाई (केक) को देखकर लगा था।

मैंने काका साहब से पूछा, "काका साहब, ये बेंत ले लूँ?"

काका साहब ने बेंत के दोनों टुकड़े उठाए, उलट-पुलट कर देखा, बोले, "हाथी दाँत की है, क़ीमती! किसी को दे-दिवा दोगे।" बेंत के दोनों टुकड़ों को अपनी बग़ल में दबा लिए। मैं रुआँसा-सा हो गया। मन हुआ मैं ज़ोर-ज़ोर-से रोने लगूँ।

सामान ला-लाकर चबूतरे पर रख दिया गया था। काका साहब टोकरियाँ टटोल रहे थे। दीना से पूछा, "रेवड़ी, गज़क, संदीले के लड्डू...कुछ नहीं लाये?"

दरअसल बाबा ने दीना को भेजकर गज़क और रेवड़ियाँ मँगा ली थीं, संदीले के स्टेशन पर संदीले के लड्डुओं की हँडिया ख़रीद ली थीं। दीना ने धीरे-से बता दिया, "बड़ी टोकरी में हैं!"

काका साहब ने बड़ी टोकरी खोली-रेवड़ी निकालकर कुड़कने लगे।

"वज़ीर कहाँ है?" काका साहब के पूछने पर दीना ने धीरे-से बताया, "अस्तबल गया है..." दीना के बोलने के ढंग से पता चल रहा था, वह भी वहाँ पर व्याप्त उस भय से भयभीत हो गया है। उसकी पुतलियाँ इधर-उधर हिल रही थीं। काका साहब ने दीना से भी पूछा, "क्या बात है, हज़रत का मिज़ाज़ क्यों ख़राब है?" मुझे लगा काका साहब 'हज़रत' का प्रयोग ठीक उसी अर्थ में कर रहे हैं, जैसे कभी नाराज़ होकर मेरे लिए कहा करते हैं 'शैतान'।

बाबा हॉल में आँखें बन्द किए बैठे थे। उनके पाँव काफ़ी दूर तक फैले हुए थे। दाढ़ी के सफ़ेद बालों के कारण चेहरा एकदम रक्तहीन मालूम पड़ रहा था। मैं खड़ा देखता रहा। बाबा को इस तरह बैठे देखकर मुझे भय लगने लगा।

"घर से तो अच्छे लखनऊ में ही थे," क्षण भर के लिए मन में ख़याल आया। फिर मेरा मन हुआ बाबा को ज़ोर-ज़ोर से हिला दूँ।

काका साहब चिक से झाँक रहे थे। उनको इस तरह झाँकते देखकर मैंने अपने और बाबा के बीच ठहरी चुप्पी को पहली बार महसूस किया। "हम लोगों को इतने चुप देखकर काका साहब क्या सोचते होंगे!" शायद छोटी उम्र में भी बड़प्पन रहता है। मेरे अन्दर वही जागने लगा था। फिर मेरा मन हुआ मैं बाबूजी और अम्मा के पास भाग जाऊँ। बाबूजी और अम्मा की याद मुझे रास्ते भर आती रही थी। लेकिन अभी-अभी घटी घटना के कारण मुझे यह तक याद नहीं रहा था, मैं घर पहुँच गया हूँ। अभी तक मैंने बाबूजी के बारे में पूछा तक नहीं था। मैं जानता था अम्मा को पता चल गया होगा और वे दहलीज़ में आ खड़ी होगी। मैं मुड़ने को हुआ, बाबा मेरी ही तरफ़ देख रहे थे।

"कहो!" क्या कहूँ समझ नहीं पाया। उन्होंने ही पूछा, "अन्दर हो आए?" मैंने गर्दन हिला दी।

बाबा कुछ कहने जा रहे थे। काका साहब चिक उठाकर अन्दर आ गए। काका साहब के चेहरे पर वही भय फिर लौट आया था। बाबा ने उनकी ओर देखा। काका साहब का हाथ थोड़ा-थोड़ा अभी भी लरज़ रहा था। उन्होंने दोनों हाथ जोड़ दिए। जुड़े हाथ हल्के-से काँपते रहे। काका साहब के चेहरे से लग रहा था, वे अपने नाराज़ मास्टर साहब के सामने हाथ जोड़े खड़े हैं।

पहले काका साहब ने केवल "भाई साहब..." कहा। बाबा की मुद्रा में कोई परिवर्तन नहीं आया। फिर रुककर पूछा, "तबीयत तो ठीक है, इतनी जल्दीऽऽ...?"

बाबा के चेहरे पर हल्का-सा ढीलापन आ गया। उन्होंने उनके जवाब में केवल गर्दन हिला दी, "ठीक है।"

"तुम वज़ीर के साथ चौपड़ खेल रहे थे?"

काका साहब चुप रहे। बाबा की ओर तिरछी नज़रों से देखा भर।

"कब तक इस तरह करते रहोगे? आगा-पीछा सोचकर चलना चाहिए, यह शीशे का घर है!" बाबा ने अन्तिम वाक्य इतने धीमे से कहा, काका साहब को सुनाने के लिए न कहा गया हो।

"देवा कहाँ है?"

"देवाऽऽ! सुबह उसकी तबीयत ख़राब थी, आपके आने से पहले मैंने उसे आराम करने के लिए अन्दर भेज दिया था।"

"क्या हुआ?" बाबा ने झटके के साथ पूछा।

"यही दर्द-वर्द, हल्का-सा बुख़ार..."

बाबा ने काका साहब की ओर देखकर 'हुँऽम्' किया। नत्थी आकर बाबा के जूते खोलने लगा। सामान बाबा के कमरे में रखा जा रहा था। काका साहब सामने कुर्सी पर बैठ गए थे।

बाबूजी बिस्तर में लेटे हुए थे। अम्मा उनके ही पलंग पर बैठी थीं। अम्मा का चेहरा काफ़ी उदास और सूखा हुआ था। उनकी आँखों से लगा, अभी-अभी अम्मा रो रही थीं। मेरे पहुँचते ही अम्मा फुर्ती के साथ पलंग से उठ गई थीं।

मैंने अम्मा की तरफ़ देखा, उन्होंने धीरे से कहा, "आ गए..." छोटे से समयान्तर के बाद बोलीं, "इतनी जल्दी..." बाबूजी ने मेरे प्रणाम का जवाब दे दिया था। लेकिन अभी तक मुझसे बोले नहीं थे। उनका चेहरा मुर्झाया था। कुछ देर बाद शायद थोड़ा-सा संयत हो पाए, तब बोले, "लखनऊ में क्या-क्या देखा?"

मैंने कहा, "कुछ भी नहीं।"

"क्यों?"

"बाबा ने दिखाया ही नहीं...बस थोड़ी देर के लिए दीना बाज़ार ले गया था।"

"लखनऊ में दावत-वावत नहीं की?"

"किसने..."

"उन्होंने ही...पिताजी ने!"

"नहीं तो!"

उस समय तो बाबूजी चुप हो गए। कुछ देर बाद बोले, "गवर्नर साहब से मुलाक़ात हुई?"

मैंने हाँ कर दी।

"क्या बात हुई?"

"कुछ भी नहीं।"

बाबूजी के चेहरे पर अजीब-सी उदासीनता और पीड़ा झलक आई। उन्होंने अम्मा से कहा, "ज़राऽऽ...अच्छा कुछ नहीं।" बाबूजी का चेहरा थोड़ा विकृत हो गया था।

अम्मा बाहर चली गई थीं। बाबूजी आँखें बन्द करके लेटे रहे थे। मैं भी अम्मा के साथ बाहर आ गया। अम्मा ने धीरे से मेरे सिर पर हाथ रख दिया।

"पिताजी ठीक हैं?" उन्होंने मद्धम स्वर में पूछा। उनका पूछना मुझे कुछ ऐसा लगा वे कोई और बात कहना चाहती हैं।

मैंने गर्दन हिला दी, "हाँ।"

"तुम ठीक से रहे?" उसके लिए भी गर्दन हिलाकर स्वीकृति व्यक्त कर दी। अम्मा कुछ देर तक चुप रहीं। कुछ देर बाद पूछा, "सर साहब ठीक हैं?"

"आप जानती हैं सर साहब को?"

"हाँ भाई (दीना) बताया करते हैं..."

"हाँ ठीक हैं।" मैंने बड़े सुलझे ढंग से कहा।

"अम्मा, वे बाबा को भैये कहते हैं, और तो कोई नहीं कहता।"

"उनके दोस्त हैं न!" अम्मा ने बड़े साधारण ढंग से कहा।

अम्मा को शायद एकाएक ख़याल आया, "तुम कपड़े बदलो...मुँह धोकर कुछ खाओ-पिओ! सफ़र करके आए हो।"

उन्होंने नौकरानी को आवाज़ देकर पानी गर्म करने के लिए कहा। मैं देख रहा था, पूरा घर धुरी से हट गया है। बहका-बहकापन। अगर पहले जैसी बात होती तो मैं बाहर भाग गया होता। अम्मा के पास चुपचाप बैठा रहा।

"हमारे लिए क्या लाए हो?" अम्मा ने फिर बात शुरू की।

"बाज़ार तो बाबा गए ही नहीं...बस रेवड़ी, गज़क, चौले..."

"हूँ, और अपने लिए?"

"कुछ भी तो नहीं!" मेरे कहने में शिकायत का भाव आ गया था। अम्मा फिर खो गई थीं। रह-रहकर उनका चेहरा जले हुए फ़्लेश बल्ब की तरह धुँधला हो जाता था।

मैंने अम्मा से पूछा, "बाबूजी को क्या हो गया?"

अम्मा का चेहरा मर्माहत हो उठा। तुरन्त ही अपने को सँजोती हुई बोली, "कुछ नहीं, पैरों में दर्द है..." उसके बाद उनके चेहरे पर कुछ ऐसा-सा भाव आ गया, उस सम्बन्ध में वे कोई और बात नहीं करना चाहतीं।

गुसलखाने में गर्म पानी रख दिया गया था। मैं मुँह-हाथ धोने चला गया। अम्मा वहीं बैठी रहीं। जब कपड़े बदलकर लौटा तो अम्मा एक तश्तरी में नाश्ता लिए बैठी थीं। दीना पास खड़ा था।

"भाई, पिताजी के लिए नाश्ता ले जाओ, कल से भूखे होंगे।"

"अभी तो हज़ामत कर रहे हैं, नहा-धोकर, पूजा-पाठ करके खाएँ-पिएँगे।"

दीना ने पूछा, "कहाँ हैं भैय्या जी?"

अम्मा ने गर्दन और भवों से कमरे की तरफ़ इशारा कर दिया। दीना खड़ा रहा, 'सरकार ने पुछवाया है...देखने आ जाएँ?"

अम्मा ने आँखें बन्द कर लीं। उनके आँखें बन्द करने से लगा अम्मा के भी बहुत ज़ोर का दर्द हुआ है।

"पूछ लो!" धीरे से कह दिया।

दीना अन्दर चला गया। अम्मा ने मुझसे कहा, "तुम नाश्ता करो, मैं अभी आती हूँ!" वे भी अन्दर चली गईं।

मैंने लड्डू कुतरा। मुँह चलाने के कारण अन्दर की बातें सुनाई देनी बन्द हो गई थीं। मैंने मुँह चलाना बन्द कर दिया और बातें सुनने लगा।

बाबूजी कह रहे थे, "अभी उन्हें मत ला...कह देना सो रहे हैं, अभी-अभी नींद आई है। आख़िर पता तो चलेगा ही...।"

अम्मा शायद खड़ी ही रही थीं। कुछ बोली नहीं। वे दोनों बाहर निकल आए।

अम्मा ने मुझसे पूछा, "तुमने खा लिया?"

मैंने हाँ कर दी। अम्मा ने कहा, "अच्छा जाओ खेलो...तुम्हारे बाबूजी सो गए हैं।" मेरी याद में, अम्मा ने शायद पहली बार ही चले जाने के लिए कहा था, हमेशा बुलाती ही रहती थीं। मैं ही भाग जाता था।

मैं नीचे चला गया। बाबा हज़ामत बना चुके थे। अब उनका चेहरा साफ़ और मुलायम लग रहा था।

बाबा अगले दिन बाबूजी को देखने गए। ऊपर पहुँचकर बाबा ने मुझसे ही कहलाया 'पर्दे हो जाएँ'। बाबूजी हाथ-मुँह धोकर लौट रहे थे। तहमद में थे, टाँगों को चौड़ा कर चल रहे थे। पहली बार मैंने उनको तहमद में देखा था। तहमद पर सामने की तरफ़ खून के हल्के धब्बे थे। बाबा को आते देखकर उन्होंने झपटकर पलंग पर बैठना चाहा। पर झपट नहीं पाए। चेहरे से लगा दर्द के मारे चीख उठेंगे। उनका मुख रक्तहीन हो उठा था।

बाबा उनके बिलकुल सामने जा खड़े हुए। उनकी आँखों से लग रहा था बाबूजी को चोरी करते पकड़ लिया। बाबा की इन नज़रों को मैं पहचानने लगा था। उनका हाथ पकड़कर बाबा ने तेज़ आवाज़ में कहा, 'सीधे खड़े हो।' बाबूजी सीधे खड़े होने का प्रयतन करने लगे।

"क्या बात है?" बाबा ने और अधिक सख़्त आवाज़ में पूछा।

बाबूजी एकाएक रो पड़े। चेहरे पर दोनों हथेलियाँ रखकर सिसकने लगे "ग़लती हो गई...माफ़ कर दीजिए।"

बाबूजी का रोना मेरी आँखों से फूट पड़ने को हो रहा था। बाबा ऐसा क्यों करते हैं? अम्मा भी दरवाज़े के पीछे आ खड़ी हुई थीं। मैंने देखा उनका चेहरा नितान्त भाव-शून्य था। सम्भवतः यही भाव-शून्यता उनकी वेदना की पराकाष्ठा थी। बाबूजी हल्के-हल्के सिसक रहे थे।

बाबा बिना कुछ कहे लौट पड़े। बाबा के घूमते ही मुझे लगा, किसी को उनके सामने नहीं पड़ना चाहिए। वे ज़ीने तक चले गए। वहाँ ठहरकर उन्होंने पुकारा "बहू रानी।"

अम्मा दरवाज़े के पीछे से निकलीं और दीवार की ओट में जा खड़ी हुईं। बाबा ने अपना हाथ ज़ीने की ड्योढ़ी पर टिका लिया। और थरथराती तेज़ आवाज़ में

बोले, "क्या कहूँ, तुम ख़ुद समझदार हो बेटी...।" फिर रुककर कहा "ख़याल रखना।" और तेज़ी से उतर गए।

अम्मा वहाँ खड़ी नहीं रहीं, दौड़कर अपने कमरे में चली गईं। मैं अकेला था। बाबूजी बिस्तर में लेट गए थे। उनका मुँह दीवार की तरफ़ था। अम्मा ने कमरे में जाकर दरवाज़ा बन्द कर लिया। थोड़ी देर बाद दीना आया। बाबूजी के सिरहाने खड़ा हो गया। वे दीवार की तरफ़ मुँह किए चुपचाप लेटे थे। मुझसे उसने पूछा, "बहूरानी कहाँ हैं?"

मैंने कमरे की ओर इशारा कर दिया। दीना ने दरवाज़े पर जाकर धीरे-से धक्का दिया। फिर पुकारा, 'बहूजी'। अम्मा ने दरवाज़ा खोला। आँखें लाल थीं और भीगापन था।

"क्या है भाई?"

"सरकार ने पुछवाया है, अगर आपको परेशानी हो तो भैयाजी का बिस्तर बाहरवाले कमरे में लगवा दें।"

अम्मा का चेहरा एकदम बदल गया, "कैसी बातें करते हो, इनसे मुझे परेशानी होगी? ये यहीं रहेंगे।"

बातें बहुत धीरे-धीरे हुई थीं। अम्मा की आँखों का भीगापन समाप्त हो गया था। आँसू चारों ओर सूख गए थे। बाबूजी ने धीरे-धीरे करवट बदलकर पूछा, "क्या बात है, दीना?"

"सरकार ने पुछवाया है आप हकीम का इलाज करेंगे या डॉक्टर का?"

बाबूजी चुप रहे। थोड़ी देर बाद बोले, "किसका करूँ, इसका भी कोई इलाज है? हे ईश्वर...कौन घड़ी थी!"

दीना समझाता हुआ बोला, "इलाज तो करना ही है, जो होना था सो हो गया। डॉक्टर को बुला लाता हूँ।"

"यहाँ के डॉक्टर को मत बुलाओ, लोग क्या कहेंगे! बाहर से किसी डॉक्टर को बुलवा लो।"

दीना थोड़ा चुप हो गया। बाबूजी फिर बोले, "यहाँ के डॉक्टर के सामने बड़ी लिहाज़ आएगी...।"

"नहीं, मैं समझता हूँ डॉक्टर शर्मा को बुला लें। घर के ही आदमी हैं। दुःख-सुख, बीमारी-सिमारी तो चलती ही रहती है। बीमारी है तो किसी-न-किसी को होगी ही। कौन पहले से पता था..."

दीना की बात से बाबूजी को थोड़ी शान्ति मिली थी। पलंग के पास उकड़ूँ बैठे हुए दीना के कन्धे पर हाथ रखकर समर्पण की मुद्रा में कहा, "ठीक है भाई, जो चाहो करो।"

दीना चला गया था। बाबूजी शान्त लेटे रहे थे। अम्मा पुनः कमरे में चली गई थीं।

मेरा मन था बाबूजी के पास बैठ जाऊँ। लेकिन नीचे भाग गया था।

बाबा ग़ुसलख़ाने में थे। दीना डॉ. शर्मा को लिवा लाने के लिए गाड़ी भिजवाने गया था।

बाहर अच्छी-ख़ासी शान्ति थी। काका साहब अपने आप ही बड़बड़ा रहे थे। "उसी रोज़ मना किया था, मत जाओ...लेकिन वहाँ तो चतरसिंह का जादू सिर चढ़ा था। हुआ ना वही! अब डॉक्टरों के पीछे-पीछे फिरो।"

मैं पहुँचा तो काका साहब ने पूछा, "क्या हाल है तेरे बाबूजी का?"

"तबीयत ख़राब है।"

"हूँ, तबीयत ख़राब है, करनी भुगत रहे हैं, मेरी कौन सुनता है, तेरे बाबा भी आँख निकालकर मेरे ऊपर गुर्राते हैं और तेरा बाप तो मुझे कुछ समझता ही नहीं। ठीक है मेरा क्या...आँख मिची जग परलो। आज हूँ, कल नहीं। बाल-बच्चेवाला आदमी है, सोच-समझकर करना चाहिए...बाबू साहब अब खाट गोड़ रहे हैं।"

मैं काका साहब की बातें समझने में बिलकुल असमर्थ था। बस उनका चेहरा देख रहा था। काका साहब बड़े चटख़ारे ले-लेकर बातें कर रहे थे।

"मैं चौपड़ खेल रहा था तो हज़रत जामे से बाहर हो गए। अपने साहबज़ादे से नहीं कहा गया...यही तो होता है, वह बेटा है मैं भाई। समझे बरखुरदार, अभी नहीं समझोगे, बड़े होकर समझ में आएगा...अभी तो चारों तरफ़ हरा ही हरा दिखलाई देता है।" काका साहब अपने दोनों होंठों को अजीब तरह से दबा रहे थे। खीझ निकाल रहे हों।

"मैं तो संन्यासी हो जाऊँगा, मुझे क्या लेना-देना! मेरा कौन बैठा है–जाने क्या-क्या देखना पड़ेगा। पहले कौन ऐसा करता था! बड़ों का लिहाज़ न छोटों का!" कहते हुए काका साहब अन्दर को चल दिए।

गाड़ी रुकी तो काका साहब भी अन्दर जाते-जाते रुक गए। दीना डॉ. शर्मा के साथ-साथ बेग लिए आ रहा था।

काका साहब ने अजब-सा मुँह बनाकर कहा, "लो आ गए डॉक्टर साहब...कौन सुनता है मेरी! अब तक तो बात दबी हुई थी...सारा जहान जान जाएगा। ख़ैर भुगतें, हमें क्या लेना-देना! जो बीच में पड़े, ससुरा उल्लू का पट्ठा!"

काका साहब ने डॉक्टर साहब को नमस्कार किया। डॉक्टर शर्मा ने हँसकर कहा, "कहिए काका साहब, क्या हाल-चाल हैं, कैसे याद किया..." काका

साहब ने दीना की तरफ़ देखा। दीना ने बड़ी संजीदगी के साथ कहा, "डॉक्टर साहब तबीयत भैयाजी की ख़राब है...आप एक मिनट रुकें मैं अन्दर पर्दा कराये देता हूँ।"

दीना ने चौक में जाकर आवाज़ लगाई, "पर्दे से हो जाएँ, डॉक्टर साहब आ रहे हैं।"

डॉक्टर साहब अन्दर हवेली में गए। मैं तो पीछे-पीछे था। जीना चढ़ते हुए डॉक्टर साहब ने दीना से पूछा, "राय साहब नहीं दिखलाई दिए...कहाँ हैं?"

"ग़ुसलख़ाने में..." दीना ने चलते ढंग से उत्तर दिया।

डॉक्टर साहब, दीना और मैं ज़ीने पर चढ़ रहे थे। चढ़ते समय डॉक्टर साहब के जूतों की आवाज़ सबसे अधिक हो रही थी।

डॉक्टर साहब बाबूजी की जाँच करते रहे। जाँच करते-करते मुझसे बोले, "बेटा तुम बाहर जाओ।"

डॉक्टर साहब का यह कहना मुझे नागवार गुज़रा। मैं वहीं खड़ा रहा। दीना ने आँख के इशारे से फिर कहा। मुझे बाहर जाना पड़ा। अन्दर से दरवाज़े बन्द कर लिए गए थे। मेरा कुतूहल बहुत बढ़ गया था। मैं दरार से झाँकने लगा।

बाबूजी को नंगा किया जा रहा था। पीछे से आकर अम्मा ने मेरे कन्धे पर हाथ रखा "क्या देख रहे हो, चलो।" अम्मा के चेहरे पर सख़्ती थी। मैं पीछे हट गया। कुछ देर बाद दरवाज़ा खुल गया।

डॉक्टर साहब बाबूजी से पूछ रहे थे, "कैसे हो गया? आप लोग इतनी छोटी जगह तो..." उन्होंने बात पूरी नहीं की।

बाबूजी ने धीरे-से कहा, "वक़्त की ही बात है और क्या कहूँ...लाला चतरसिंह के यहाँ..." डॉक्टर साहब बड़े गम्भीर थे।

"अब क्या होगा डॉक्टर साहब?" बाबूजी ने थरथराती आवाज़ में पूछा।

"आपको इतनी लापरवाही नहीं करनी चाहिए थी...इतने दिन ख़ामोश रहे...ख़ैर! ऐसी कोई ख़ास बात नहीं। फिर भी पूरी तरह ठीक होने में पाँच-छह महीने लगेंगे। परहेज़ काफ़ी रखना पड़ेगा, खाने-पीने का और वैसे भी...।" डॉक्टर साहब हल्का-सा मुस्कुरा दिए।

नीचे पहुँचे तो बाबा पूजाघर के बाहर खड़े थे। डॉक्टर साहब ने नमस्कार किया। बाबा ने केवल हाथ उठा दिया।

उन्होंने डॉक्टर साहब की तरफ़ देखा भर, पूछा कुछ नहीं। डॉक्टर साहब क्षण-भर को झिझके फिर बोले, "कोई ख़ास बात नहीं...थोड़ा वक़्त लगेगा। रोज़ इन्जेक्शन लगाने होंगे।"

थोड़ा ठहरकर कहा, "शुरू होते ही पता चल जाता तो...मामला सँभल जाता"। बाबा चुपचाप खड़े रहे। डॉक्टर साहब नमस्कार करके चले गए। पूजा घर में जाकर बाबा ने दरवाज़ा बन्द कर लिया।

शाम को लाला चतरसिंह, राय नीलमणि कान्त और कुँवर किशोरीरमण बाबा से मिलने आए।

कुँवर साहब ने आते ही कहा, "राय साहब आप तो बहुत जल्दी लौट आए, बस गए और आए।"

बाबा ने अपनी गम्भीरता बनाए रखते हुए कहा, "लखनऊ, अब वो लखनऊ नहीं रहा..." मेरी ओर देखकर बोले, "ये तो रास्ते में ही कहने लगा था कब लौटेंगे..." मुझे लगा बाबा मेरी तारीफ़ कर रहे हैं। इस बात के अहसास से ही मेरा चेहरा काफ़ी फैल गया।

लाला चतरसिंह बाबा की बात पर हँस दिए। लेकिन बाबा ने उनकी ओर ज़रा भी तवज्जोह नहीं दी। राय नीलमणि कान्त ने पूछा, "तो ऽऽ, गवर्नर साहब से मुलाक़ात हुई?"

"हाँ ऽऽ, वे लोग तो बिस्तर बाँधे तैयार बैठे हैं...बात करने की भी फ़ुर्सत नहीं। बस काम धकेल रहे हैं। अब हिन्दुस्तान में उनका कोई अपना नहीं।" बाबा का आख़िरी वाक्य अपने-आपसे कहा गया-सा मालूम हुआ।

राय नीलमणि कान्त ने धीरे-से पूछा, "नाइटहुड...?"

"अब मेरे लिए उसका कोई महत्त्व नहीं। मिलेगा तो भी इन्कार कर दूँगा। देनेवालों में ही अब वह बात नहीं रही...।"

वे चारों लोग ख़ामोश हो गए थे। मैं यह बात समझ गया था, बार-बार यह ख़ामोशी बाबा के कारण ही होती है। बाबा के अतिरिक्त गम्भीर हो जाने के कारण लोग बोलना चाहकर भी नहीं बोल पाते। काका साहब के साथ बात दूसरी है, कोई दूसरा चुप भी हो जाता है तो वे बोलते रहते हैं, इससे दूसरे आदमी को भी बोलने में संकोच नहीं होता।

लाला चतरसिंह ने हँसकर पूछा, "आप हम लोगों के लिए क्या-क्या लाए?"

बाबा ने उनकी बात का फिर कोई जवाब नहीं दिया। कुँवर किशोरीरमण ने बारी-बारी से दोनों की तरफ़ देखा। बाबा के चेहरे से लग रहा था, उन्होंने सुना ही नहीं। लाला चतरसिंह का चेहरा बदरंग हो गया था।

कुँवर साहब ने थोड़ा हँसकर कहा, "राय साहब, परसों लाला चतरसिंह ने अपने ख़ानबहादुर साहब को भरी महफ़िल में कह दिया-आजकल रोज़गार कैसा है।"

बाबा ने इस बात पर अपनी कोई प्रतिक्रिया ज़ाहिर नहीं होने दी। राय नीलमणि कान्त हँस दिए।

कुँवर साहब क्षण-भर के लिए हतप्रभ हुए, फिर तुरन्त बोले, "सुना है देवा की तबीयत ख़राब है...?"

बाबा के चेहरे से लगा वे घिर गए हैं। उनका चेहरा कई तरह से अपने-आपको अभिव्यक्त करने लगा। क्रोध, हार, घृणा...। सब लोग चकित थे।

"हाँ अन्दर हैं..." बाबा ने क्षण-भर के लिए लाला चतरसिंह की ओर नज़र घुमाई। लाला चतरसिंह ने तुरन्त पूछा, "क्या बुख़ार-वुख़ार...?" बाबा ने बड़ी सख़्ती से उनकी ओर देखकर कहा, "नहीं।"

राय नीलमणि कान्त ने बात का रुख़ बदला, "पर्दा हो जाए तो हम लोग देख आएँ।"

बाबा पहले सोचते रहे। फिर मुझसे बोले, "जाओ अन्दर कह आओ, ये लोग मिलना चाहते हैं।"

मैं अन्दर गया। काका साहब बाबूजी के पास बैठे समझा रहे थे, "ये तो होता ही रहता है....ग़लती हो गई। इस उम्र में नहीं होगी तो कब होगी। भाई साहब अपने-आप ठीक हो जाएँगे उनकी परवाह न करो। मैं समझा दूँगा।" समझा देने की बात पर मुझे हँसी आने को हुई।

मुझे खड़ा देखकर काका साहब ने तुरन्त कहा, "बस, जहाँ दो आदमी बात कर रहे हों, फ़ौरन पहुँच जाता है...। ऐसी भी क्या आदत! बच्चे को बच्चा बनकर रहना चाहिए।"

काका साहब के एकाएक बरस पड़ने पर मुझे ग़ुस्सा आ गया था। मैं झुंझलाता हुआ बोला, "हमें तो बाबा ने भेजा है...पर्दे के लिए कहने। हर समय हम पर ही बिगड़ते रहते हैं।"

काका साहब तुरन्त मुलायम हो गए, "ठीक है बेटा...तुम्हें कौन कह रहा है। तुम्हारे बाबा और तुम्हारे बीच में कौन पड़े।"

बाबूजी ने पूछा, "कौन आ रहा है, पिताजी?"

"नहीं, चतरसिंह बाबाजी, कुँवर साहब और राय साहब..." बाबूजी ख़ामोश हो गए। काका साहब बोले, "जाओ, ले आओ, पर्दा हो गया।"

उन लोगों के साथ बाबा भी अन्दर गए। सब लोग बाबूजी को घेरकर बैठ गए थे। उन लोगों का आना बाबूजी को बिलकुल पसन्द नहीं आया था। बाबूजी के चेहरे से टूटा-टूटापन और उबाहट मालूम पड़ रही थी।

कुँवर किशोरीरमण ने पूछा, "कहो हज़रत, बैठे-बिठाए क्या कर लिया...।"

बाबूजी ने बड़े धीरे-से कहा, "जो होना था, हो गया!"

बाबा बिलकुल गम्भीर थे। राय नीलमणि कान्त और कुँवर साहब ने एक-दूसरे की तरफ़ देखा। लाला चतरसिंह का चेहरा उतर गया था। नज़र बचाकर उन्होंने बाबा की तरफ़ देखा, उनकी मुद्रा से लगा वे कुछ कहना चाह रहे हैं।

बाबा पाँव पर पाँव रखे मूर्तिवत् बैठे थे।

राय नीलमणि कान्त ने अपनी कुर्सी बाबूजी के पास सरकाते हुए पूछा, "किसका इलाज है?"

"डॉ. शर्मा का" बाबूजी की आवाज़ भरी हुई थी।

"डॉ. हालदार को नहीं बुलवाया...?" इस बार काका साहब बोले, "डॉ. शर्मा घर के आदमी हैं।" राय नीलमणि कान्त चुप हो गए।

बाबूजी आँखें बन्द किए लेटे रहे, थोड़ी देर बाद कुँवर साहब ने कहा, "अच्छा चलें, फिर आएँगे।" सब लोग उठ गए।

बाबा ठहर गए थे। उन दोनों के पीछे-पीछे जाते हुए लाला चतरसिंह को उन्होंने पुकारा, "चतरसिंह...।" लगा बाबा ने पीछे गर्दन पर से उनकी अचकन पकड़कर खींच ली है।

"जी!" वे दोनों भी रुके। बाबा ने कहा, "आप लोग चलिए, ये अभी आते हैं।" लाला चतरसिंह का रंग ज़र्द हो गया था। वे बाबा के पास आकर खड़े हो गए। मैंने बाबूजी को देखा उन्होंने एक बार कसकर आँखें बन्द कीं, फिर ढीली छोड़ दीं।

बाबा ने बाबूजी और लाला चतरसिंह की तरफ़ नम्बरवार देखकर कहा, "जानते हुए भी आप लोगों को कभी नहीं टोका। लेकिन इतने नीचे उतर जाओगे, मुझे यह नहीं मालूम था। लगता है रुपए-दो रुपए में काम चलाया है...पैसे की तो कोई कमी नहीं थी...।"

बाबूजी बीच-बीच में आँखें कसकर बन्द कर लेते थे। इनके चेहरे से लग रहा था वे ज़ोर से चिल्लाने लगेंगे। लाला चतरसिंह अपनी बेंत से ज़मीन में लकीरें खींच रहे थे। हालाँकि बेंत से लकीरें खींचने की प्रक्रिया काफ़ी कर्र...कर्र कर रही थी। लेकिन उस पूरे सन्दर्भ में एकदम अस्तित्वहीन थी।

बाबा एक दो मिनट ख़ामोश बैठे रहकर उठ गए। लाला चतरसिंह भी बाबा के पीछे-पीछे चल दिए। ज़ीने में उतरते हुए बोले, "राय साहब, माफ़ी चाहता हूँ।" बाबा ने घूमकर नहीं देखा। उन्होंने मद्धम आवाज़ में जवाब दिया, "लगता है सब कुछ मेरे सामने ही हो जाएगा।" बाबा की इस बात का लाला चतरसिंह की बात से कोई प्रत्यक्ष सम्बन्ध नहीं था।

दोनों ख़ामोशी से उतरते चले गए। हर चौड़ी सीढ़ी पर पहुँचकर वे दोनों एक-दूसरे के बराबर खड़े नज़र आने लगते थे। मैं पीछे था।

सुबह सोकर उठा। बाबा सवेरे ही घुड़सवारी के लिए निकल गए थे। काका साहब ज़ोर-ज़ोर से और जल्दी-जल्दी विष्णुसहस्रनाम का पाठ कर रहे थे। नत्थी कमरे बुहार रहा था।

मैं उठकर हवेली में अन्दर चला गया। अन्दर भी वही बाहरवाला सूनापन था। मैं ऊँचे वाले कमरे के सामने खड़ा था। दरवाज़ा ढुका था। दोनों नौकरानियों में से भी वहाँ कोई नहीं थी। शायद सब दूसरी तरफ़ दालान में चली गई थीं।

ढुके हुए दरवाज़े को मैंने हल्का-सा ढकेल दिया।

बाबूजी नंगे खड़े थे। अम्मा मरहम लगा रही थीं। मुझे लगा, अभी कुछ देर पहले तक मेरे अन्दर बड़ा भारी नाद था जो एकाएक शान्त हो गया है।

अम्मा ने मुझे देख लिया था। बीच में ही छोड़कर वे बाहर आ गईं। मेरा कान ज़ोर से उमेठ दिया। उनके चेहरे का नितरापन एकाएक ग़ायब हो गया था, गाद ऊपर आ गई थी।

अम्मा के द्वारा कान पकड़े जाने का पहला अवसर था। मेरे मन में आया मैं उनसे लड़ने लगूँ। ज़ोर से चिल्लाकर कहूँ, 'तुम मेरी माँ नहीं...इसीलिए तो कान पकड़ती हो।'

लेकिन उनके चेहरे पर फिर वही नितरापन आता गया। वे अन्दर चली गईं और दरवाज़ा बन्द कर लिया।

शायद बाबूजी ने पूछा, "क्या बात थी?"

"कुछ नहीं...।"

थोड़ी देर चुप्पी रही। उसाँस लेकर बाबूजी ने फिर कहा, "तुम्हें भी मेरे साथ नरक भोगना पड़ रहा है।"

शायद वे चुप रहीं। बाहर से अन्दाज़ नहीं हो सका। मैं दरवाज़े के पास से हटकर नीचे चला गया।

# 14

बड़ा दिन था। सवेरे से ही नया सूट पहनकर तैयार, बाबा के चलने की प्रतीक्षा कर रहा था। काका साहब भी तैयार थे। बाबूजी बीमार थे। जोड़ी दरवाज़े पर लग गई थी। मैं दो-तीन बार जोड़ी तक जाकर लौट आया था। वज़ीर ने मज़ाक भी किया था "भैया, इस बार उस मेम का मुँह तुम भी झुट्ठा कर देना-बस एक चुम्मा!" चुम्मा लेने का आग्रह करते समय वज़ीर की आँखें चमकने लगी थीं। मुझे उस पर ग़ुस्सा आ गया था। जब भी कलक्टर साहब के यहाँ जाता था, वह मुझसे यही कहा करता था। मैंने उसे डाँट दिया, "ऐसी बात करोगे तो बाबा से शिकायत कर दूँगा..." उसकी यह बात सुनकर मुझे हमेशा लगने लगता था, गन्दी बात कर रहा है।

काका साहब ने मुझे पास बुलाकर बड़े गोपनीय ढंग से पूछा, "बड़े दिन के लिए नहीं चलना...?" काका साहब का मुझसे यह पूछना समझ में नहीं आया। मैंने कहा, "चलिए।"

काका साहब नाराज़ हो गए, "मैं चलूँ...मैं कौन होता हूँ चलनेवाला...तेरे असली बाबा तो जाकर पूजा में बैठ गए, सारी पूजा आज ही करेंगे। अंग्रेज़ लोग हैं, बनिए-बक्काल नहीं...बैठे इन्तज़ार करते रहेंगे कि राय साहब मिलने आ रहे हैं! अरे इन्हीं कर्मों के कारण तो नाइटहुड के लिए नाम नहीं गया..." चेहरे से लगा बाबा सामने खड़े होते तो काका साहब उन्हें अँगूठा दिखा देते।

पास बुलाकर कान में कहा, "जाओ देखकर आओ, कितनी देर लगेगी।"

मैं डरते-डरते पूजाघर के पास जाकर खड़ा हो गया था। हिम्मत नहीं पड़ रही थी, दरवाज़ा खोलकर बाबा से पूछूँ, "कब चलेंगे?" काफ़ी देर तक दरवाज़े के पास खड़ा टोह लेता रहा। अन्दर नि:शब्दता थी। दरार से झाँककर देखा, बाबा बिना हिले-डुले गर्दन झुकाए चुपचाप बैठे थे। मुझे लगा पूजा करते-करते बाबा को नींद आ गई है। दरवाज़े को हल्का-सा खोलकर देखना चाहा। बाबा का ध्यान भंग हो गया। उठकर बाहर आ गए

"क्यों खड़े हो?" पूछने के ढंग से लगा, मेरा इस तरह खड़े होने बाबा को पसन्द नहीं आया।

मैंने बाबा को बताना चाहा, काका साहब ने पूछने के लिए भेजा है–"कब चलेंगे?" लेकिन बाबा ने पहले ही कहा, "आज कहीं नहीं जाएँगे...क्रिसमस अपने घर पर ही मनाया जाएगा।"

दरवाज़ा बन्द करके वे फिर पूजाघर में चले गए थे। बाबा ने जिस मुद्रा में न जाने की बात कही थी, उससे लगा था बाबा सदा ही से ऐसे हैं।

बाहर आने पर काका साहब ने बड़ी उत्सुकता से पूछा, "क्या कहा?"

"बाबा ने कहा है हम नहीं जाएँगे...घर ही पर क्रिसमस मनाएँगे?"

काका साहब ने तुरन्त दोहराया, "घर ही पर क्रिसमस मनाएँगे?" ज़ोर-ज़ोर से बड़बड़ाने लगे, "हम जो यहाँ अपनी ऐसी की तैसी खा रहे हैं। तैयार न हुए होते तो हज़रत का मुँह बनता...पिछले साल ज़रा-सी देर हो गई थी, दस बातें सुनाई थीं।" काका साहब अपनी अचकन के बटन खोलते हुए कमरे में चले गए।

बाबा ने 'न जानेवाले' इस फ़ैसले ने मेरा मन भी कुन्द कर दिया था। गिलासों में जब शराब उड़ेली जाती थी, सोडा मिलाते ही ऊपर को दौड़ पड़ती थी। झागों को अंजलि में भरकर महसूस करने का मन हो आता था। बाबा नहीं पीते थे। मुझे पीनेवाले ही अच्छे लगते थे। लेकिन बाबा का न पीना भी मुझे पसन्द था। कई बार मैं यही सोचने का प्रयत्न करता था 'हमारे बाबा इन सबसे अच्छे हैं।' बाबा को देखकर कभी-कभी मेमें मुस्कराया करती थीं। उस समय मैं दूसरी तरफ़ देखने लगता था।

इस वर्ष का 'बड़ा दिन' मुझे सिकुड़ता नज़र आया।

शाम को हॉल में बड़ा कालीन बिछा देखकर मुझे थोड़ा आश्चर्य हुआ था। वह कालीन 'पड़बाबा' को उनके किसी 'हिज़ हाइनेस' मित्र ने तोहफ़े में दिया था। बाबा के आदमक़द रंगीन चित्र के लगने से पहले तक, पड़बाबा के बराबर में ही उन 'हिज़ हाइनेस' मित्र का आदमक़द चित्र लगा हुआ था।

तीन हिस्सोंवाली (थ्री पीस) डिनर टेबल लगाई गई। डाइनिंग-चेयर्स का सफ़ेदवाला सेट लगाया जा रहा था। ख़ास-ख़ास दावतों में निकाले जानेवाले बर्तन थे। गिलाफ़ उतारकर बड़ा फ़ानूस दिन में साफ़ किया गया था। उस समय छोटे-बड़े सब फ़ानूस रोशन थे। रोशनी उत्सव का आभास दे रही थी।

राय नीलमणि कान्त, कुँवर किशोरीरमण, और लाला चतरसिंह आठ बजे ही आ गए। लाला चतरसिंह ने पूछा, "अभी कोई नहीं आया?"

काका साहब थोड़ा-सा सकपका गए। "और लोग भी आने वाले हैं?"

लाला चतरसिंह काफ़ी ज़ोर से हँसे, "यह तो आपको ही मालूम होगा, कितने लोगों का इन्तज़ाम किया है।"

"इन्तज़ाम...इन्तज़ाम तो सब ही का है।" काका साहब अपने को कुछ भी बता पाने की स्थिति में न पाकर बड़े संकोच में पड़ गए थे।

साढ़े आठ बजे के क़रीब बाबा डिनर सूट पहने अन्दर से निकले। कमर को थोड़ा झुकाकर उन्होंने सबसे कहा, "हैप्पी क्रिसमस टु ऑल।" उस दिन बाबा का हमेशावाला चेहरा नहीं था। सब लोग उन्हें पहचानने का प्रयत्न करते महसूस हो रहे थे। सबसे हाथ मिलाने के बाद उन्होंने मुझसे भी हाथ मिलाया था।

कुँवर साहब ने बाबा से पूछा, "शायद आज आप ब्राउन साहब के यहाँ नहीं थे?"

"क्यों?"

कुँवर साहब ने बाबा के चेहरे की ओर आश्चर्य से देखते हुए कहा, "क्रिसमस था न!"

"हूँ, इसीलिए तो आपको बुलाया है, सोचा, इस बार अपने घरवालों और दोस्तों के साथ ही क्रिसमस मनाया जाए।"

बाबा के उत्तर से, राय नीलमणि कान्त के चेहरे पर बड़ी असुविधा नज़र आने लगी थी। उन्होंने ही पूछा, "हम लोगों का त्योहार थोड़े ही...अंग्रेज़ों का त्योहार है, हम लोग भी इसी कारण मानते हैं।"

बाबा ने प्यार के साथ राय नीलमणि कान्त की ओर देखा। धीरे-धीरे समझाते हुए बोले, "अंग्रेज़ नहीं रहेंगे तो हम क्रिसमस नहीं मनाएँगे...यही बात है न! अगर कभी ऐसा हुआ नीदरसोल रहे न ब्राउन...तब कहाँ जाएँगे?"

बाबा की ये बातें बड़ी अजीब-सी लग रही थीं। टूटी-टूटी!

"ख़ैर आइए..." कहकर बाबा आगे-आगे चल दिए। सब लोग बाबा के पीछे-पीछे।

हम छह लोग थे। बाबूजी तबीयत ख़राब होने के कारण नहीं आ सके थे। उन्नीस कुर्सियाँ खाली पड़ी थीं। खाली कुर्सियों पर मेज़ का साया सँभला हुआ था। दो ऊँची कुर्सियाँ मेज़ के दोनों शीर्षों पर रखी थीं। एक कुर्सी के सामने बाबा स्वयं जाकर खड़े हो गए थे। उनका चेहरा एकदम निर्विकल्प लग रहा था, बाक़ी सब लोगों का अनबूझा-सा! काका साहब, राय नीलमणि कान्त, कुँवर साहब और लाला चतरसिंह अपनी-अपनी कुर्सियों के सामने जा खड़े हुए थे। मैं बाबा के बराबर में रखी खाली कुर्सी पर बैठने के चक्कर में था।

बाबा ने मेरी ओर सख़्त नज़र देखकर कहा, "सामनेवाली कुर्सी पर बैठो।"

बाबा के बराबर में खड़े-खड़े मैंने उस कुर्सी की दूरी का अन्दाज़ लगाना चाहा। किसी बड़े मैदान के अन्तिम छोर पर रखी महसूस हो रही थी। वहाँ मुझे अकेले बैठना था। वे सब लोग एक छोर पर साथ-साथ बैठे हुए थे। कुछ देर बाबा के बराबर में खड़ा रहा, शायद वहीं बैठने की इजाज़त दे दें।

उन्होंने और भी निश्चयात्मक ढंग से कहा, "यहाँ नहीं...वहीं बैठो।" कुछ रुककर तनिक ज़ोर से बोले, "जाओ।" बाबा की आवाज़ का तीखापन उस पूरी ख़ामोशी के बीच से निकल गया। बाद में भी काफ़ी देर तक लगता रहा, ख़ामोशी बीच की उस जगह को धीरे-धीरे भरने का प्रयत्न कर रही है।

उस कुर्सी की ओर बढ़ते समय मुझे बराबर महसूस हो रहा था, मेर दोनों पाँव पीछे बँधे हुए हैं। एक-एक क़दम बढ़ने लायक ढील दी जा रही है। कुर्सी तक पहुँचते-पहुँचते साँस फूलने लगा था। बाबा की नज़रें शायद मेरे पीछे-पीछे आ रही थीं। आकर कुर्सी के सामने खड़े होने पर मेज़ की ऊँचाई ने मुझे सीने तक ढक लिया। सब लोगों की नज़रें झूला बन गईं, मेरे पास तक आती थीं, फिर बाबा की ओर चली जाती थीं।

"काश मैं भाग सकता..." अपने इस विचार को क्रियात्मक रूप देने के बजाय मैं धम्म से कुर्सी पर बैठ गया। केवल गर्दन मेज़ से ऊपर रह गई। पुतलियों पर आँसू की पतली-सी झिल्ली बार-बार उतर आती थी। सामने बैठे हुए सब लोग विस्थापित-से होकर हिलने लगते थे।

'मुझे दंड दिया जा रहा है।' इस बात का अहसास मुझे बार-बार अपने आप को टटोलने के लिए मजबूर कर रहा था 'आख़िर मेरा अपराध क्या है?' एक ही बात ध्यान आती थी, बाबा की आज्ञा के बिना पूजाघर का दरवाज़ा खोल देना। इतनी-सी ग़लती के लिए बाबा इतना बड़ा दंड देंगे, इस बारे में मेरा मन अनिर्णय की स्थिति में था।

सब लोगों की मुखाकृतियाँ जादुई करिश्मा देखने की भूमिकाएँ मालूम पड़ रही थीं। अभी बाबा कहेंगे, 'यह मेरा पोता है...पोता ब्याज की तरह प्यारा होता है, लेकिन पोता होने से क्या होता है...पोता अपनी जगह, जादू अपनी जगह! मैं आप लोगों को जादू दिखाऊँगा...आप लोग मेरे घर इसीलिए आए हैं...लीजे....।' बाबा एक झटके में मेरी गर्दन उड़ा देंगे। ख़ून की तुर्रु छूटेगी, बड़े फ़ानूस को तरबतर करती हुई, पड़बाबा के 'हिज़, हाइनेस' मित्र द्वारा तोहफ़े में दिए गए बड़े कालीन, खाने की मेज़ पर, क़ीमती बर्तनों और सबके नए-नए कपड़ों पर पसर जाएगी। मुझे लगा रोशनी का रंग लाल होता जा रहा है। एकाएक अपनी गर्दन पर हाथ चला गया...मैं खड़ा होकर ज़ोर-ज़ोर से रोने लगा।

राय नीलमणि कान्त ने उठकर मुझे पुचकारना चाहा। बाबा ने धीरे से कहा, "नहीं...अपने-आप रो-धोकर अलग बैठना सीखेगा, आख़िर कब तक..."

बाबा ने अपने दोनों हाथ मेज़ पर पटक दिए। बर्तनों के आपस में टकरा जाने से अस्पष्ट-सी आवाज़ पैदा हुई।

फ़ानूसों की रोशनी बुझती-सी लगी।

# 15

वज़ीर के चेहरे पर पहलीवाली दमक थी। दिन-भर गाड़ी धोता रहा था। साज़ पर पालिश की थी। बाक़ायदा तिरछी पगड़ी बाँधकर और ज़री के कामवाला कोट पहनकर जोड़ी निकाली थी। दोनों घोड़ियाँ बिलकुल तीर की तरह तनी हुई खड़ी थीं। मेरी समझ में नहीं आ रहा था, घोड़ियों पर कौन जादू हो गया। इस बीच कई बार गाड़ी में बैठा था। ये घोड़ियाँ ही हच्च-हच्च करती हुई चलती थीं। वज़ीर फटा हुआ छोटी मोहरी का पाजामा और लम्बा कुर्ता पहने गाड़ी हाँका करता था। साईस और गाड़ी के इस 'लच्छनमारे-पन' पर मुझे कई बार ग़ुस्सा आता था। उससे पूछता, "जब वर्दी है तो तुम पहनते क्यों नहीं?"

पहले तो वह हँस देता था। उसका हँसना मुझे मुँह चिढ़ाने की तरह लगता था। फिर धीरे-धीरे गम्भीर होकर कहता था, "जब से सरकार ने बैठना बन्द किया है...गाड़ी ताँगा हो गई। अब तो एक मोटर ख़रीद लीजिए...पी-पी करती दौड़ा करेगी। मेरा मन भी गाड़ी हाँकने से उचट गया...अब क्या गाड़ी हाँकना!" मेरी समझ में बिलकुल नहीं आता था, मोटर खरीदने की बात कहकर वज़ीर इतना दुखी क्यों हो जाता है। अपने जाननेवालों में से कई लोगों ने मोटर ख़रीद ली थी। जिन लोगों ने मोटर ख़रीदी थी, वज़ीर को उन लोगों की 'मत' पर भी बड़ी दया आती थी।

"बताइये, राय नीलमणि कान्त तक ने मोटर ख़रीद ली...पुराना घर था। आठ-आठ घोड़े क़तार में खड़े हुआ करते थे, पता चलता था छावनी पड़ी है। किसी के बारे में कुछ नहीं कहा जा सकता...जब तक सरकार हैं तभी तक इस देहली पर भी घोड़े हैं..."

मैं भी अन्दर-ही-अन्दर चाहता था, एक कार भी खरीद ली जाए। कई बार राय नीलमणि कान्त के उस पगड़ीवाले 'हौलू-से' बेटे को कार में जाते हुए देखा था। वह आगे निकल गया था, हमारी गाड़ी पीछे रह गई थी।

जोड़ी दरवाज़े पर लग गई थी। आज बहुत दिनों बाद इस नए रंग-रूप में देखकर मैंने वज़ीर से पूछा, "बाबूजी जा रहे हैं?"

उसने बड़े उत्साह से जवाब दिया, "नहीं, आज सरकार ने गाड़ी मँगाई है।"

"सरकार ने...।" मुझे थोड़ा आश्चर्य हुआ था। महीनों से बाबा बाहर नहीं निकले थे। घर के साथ लग-से गए थे। आजकल शाम को कुर्सियाँ बाहर निकल जाती थीं, मिलने-जुलने वाले लोग आकर बैठ जाते थे। बाबा बड़ी तटस्थता से उनकी बातें सुनते रहते थे और 'हाँ' 'हूँ' करते जाते थे।

"कहाँ जा रहे हैं?"

"पता नहीं..." कहता हुआ वज़ीर बाबा को जोड़ी की सूचना देने चला गया। बाबा अपने कमरे में कपड़े बदल रहे थे।

बहुत दिनों बाद बाबा ने काला सूट पहना था। चेहरे पर ठहरा अजनबीपन जान-पहचान में बदल गया था। बाबा जब बाहर निकलकर आए तो बिलकुल सामने खड़े रहने पर भी उेसा आभास हुआ, काफ़ी दूर पर खड़े हैं। उनका चेहरा छोटा होता-सा महसूस हुआ। बाबा के हाथ में लकड़ी की नई बेंत थी।

वज़ीर चबूतरे के नीचे हाथ बाँधे खड़ा बाबा के चलने की प्रतीक्षा कर रहा था।

बाबा अन्दर से आकर कुर्सी पर बैठ गए। वस्त्र परिवर्तन के बावजूद बाबा के चेहरे का ठंडापन दूर नहीं हुआ था। एक भाव था ठहरे हुए-पन का।

जाड़ों भर साँझ को कमरे में ही महसूस किया था। दिन रहता था, एकाएक मंचीय-व्यवस्था की तरह शाम हो जाती थी, और देखते-ही-देखते रात। आजकल शाम टिकती थी। अँधेरा होते-होते विरलता और छीड़ का अहसास अधिक प्रमुख हो जाता था। बाबा के चुपचाप बैठे रहने के कारण, उस विरलता और छीड़ का सन्दर्भ मुझे बदलता हुआ-सा लगा। दबाव का अहसास ज़्यादा होने लगा। रोशनी समेटी जाती-सी महसूस हो रही थी। अँधेरा खोखले लट्टू की तरह चक्कर काटता नीचे आ रहा था।

बाबा कुर्सी के हत्थों पर दोनों हाथ टिकाकर धीरे-धीरे उठे। 'शायद बाबा जानेवाले हैं' मैंने वज़ीर की ओर देखा। वज़ीर अपने झुके कन्धों को उठाकर सीधा खड़ा हो गया और बाहर गाड़ी की तरफ़ बढ़ने को हुआ।

बाबा ने क्षण भर खड़े रहकर वज़ीर की तरफ़ देखा, धीरे-से कहा, "देवा से पूछ लो...उसे कहीं जाना हो तो ले जाओ।" अपने कमरे की तरफ़ लौटते हुए अपने ही आपसे बोले, "कहाँ जाएँ...!"

वज़ीर के कन्धे लटक-से गए। उसने मेरी तरफ़ देखा। उसकी आँखों में अनुनय थी, मैं बाबा से आग्रह करूँ...। बाबा अपने कमरे की ओर लोट रहे थे। उनकी लकड़ी की नई बेंत फ़र्श पर तिरछी-बिनकी लकीर खींचती हुई पीछे-पीछे घिसट रही थी।

पीछे से देखने पर मुझे लगा बाबा सिकुड़कर काफ़ी छोटे हो गए हैं।

दोपहर को बाबा और काका साहब भोजन करने अन्दर गए हुए थे। बाबूजी पसीने से लथपथ बाहर से लौटे थे। दोपहर को लेटनेवाले उस कमरे के दरवाज़े ढुकाकर थोड़ा अँधेरा कर दिया गया था। पंखा खिंच रहा था। बाबूजी अपनी अचकन के बटन खोलकर कुर्सी को आगे सरकाकर पसीना सुखाने लगे। बाबूजी अब पहले से अधिक स्वस्थ लगने लगे थे।

एकाएक बाबूजी ने मुझसे पूछा, "तुमने खाना खाया?"

मैं 'हाँ' कहने ही वाला था, नत्थी ने दरवाज़ा खोला। चाँदने का बहुत बड़ा टुकड़ा अन्दर आ गया। मैंने और बाबूजी ने एक साथ उसकी ओर देखा। बाबूजी ने पूछा, "क्या बात है?"

"पक्के बाग़वाले रायसाहब के साथ कुछ लोग मिलने आए हैं।" ड्राइंगरूम खोलने के लिए कहकर बाबूजी स्वयं बाहर चले गए। नौकर लोग राय नीलमणि कान्त को पक्के बाग़वाले रायसाहब ही कहते थे। मैं भी उठकर दरवाज़े में जा खड़ा हुआ था। राय नीलमणि कान्त के साथ धोती, कुर्ता, सफ़ेद टोपी में कई लोग थे। उससे पहले मैंने उमरा चमार को ही ऐसे कपड़े पहने हुए देखा था। हालाँकि इन लोगों के कपड़े अपेक्षाकृत साफ़ थे।

बाबूजी उन लोगों को लेकर हॉल में चले गए। राय नीलमणि कान्त की कार छोटे दरवाज़े में खड़ी थी।

मैं उठकर राय नीलमणि कान्त की कार के पास जा खड़ा हुआ। कार का अगला भाग धूप में चमक रहा था। मेरा मन हुआ दरवाज़ा खोलकर अन्दर बैठ जाऊँ। 'दूसरे की कार...!' मैं चुपचाप आकर अपने कमरे में बैठ गया।

बाबा खाना खाकर लौटे। बाबूजी ने बाबा से आकर बतलाया, "राय नीलमणि कान्त और डॉ. चन्द्रा आए हैं।"

बाबा ने आश्चर्य के साथ उनकी तरफ़ देखकर दोहराया, "नीलमणि कान्त और डॉ. चन्द्रा...!"

"जी!"

बाबा ने बड़ी तटस्थता के साथ कहा, "कपड़े पहनकर आता हूँ..."

काका साहब अन्दर से आकर उन्हीं कपड़ों में ड्राइंगरूम में चले गए थे। जाते ही डॉ. चन्द्रा से कहा, "अब तो आप लोगों को सौराज मिलनेवाला है..."

डॉ. चन्द्रा ने मुस्कुराते हुए कहा, "स्वराज्य तो हम सब का है..."

काका साहब ने डॉ. चन्द्रा की तरफ़ व्यंग्यात्मक ढंग से देखकर उत्तर दिया, "नहीं, है तो आप लोगों का ही..."

डॉ. चन्द्रा थोड़ा-सा गम्भीर हो गए।

"अच्छा यह बताइए हम लोगों के लिए आप क्या-क्या करेंगे?"

राय नीलमणि कान्त ने काका साहब के सवाल का जवाब दिया, "सबसे पहले तो ये लोग हम लोगों की ज़मींदारियाँ हज़म कराएँगे।" और ज़ोर से हँस दिए।

काका साहब एकाएक गम्भीर होकर बोले, "तो फिर आप लोगों से तो अंग्रेज़ ही अच्छे...उन्होंने भुखमरों की तरह छीना-झपटी तो नहीं की। अभी से जब ऐसी नियत है तो हो चुकी बरकत!"

बाबा कपड़े बदलकर आ गए थे। सब लोग उठकर खड़े गए। काका साहब खिसक लिए।

पंखा खींचा जा रहा था। हॉल की दीवारों पर आधे दूर तक उस पंखे की परछाईं खिंचकर आती थी, लौट आती थी। बाबा ने राय नीलमणि कान्त की ओर देखकर बड़े ठंडेपन के साथ पूछा, "कहिए...इस समय कैसे तकलीफ़ की?"

राय नीलमणि कान्त ने डॉ. चन्द्रा की तरफ़ इशारा करते हुए कहा, "डॉ. चन्द्रा आपसे मिलना चाहते थे।"

डॉ. चन्द्रा का नाम लेते समय राय नीलमणि कान्त के चेहरे पर शंका का हल्का-सा आभास उभर आया था।

बाबा डॉ. चन्द्रा की तरफ़ देखने लगे। डॉ. चन्द्रा ने राय नीलमणि कान्त की ओर देखते हुए बाबा से कहा, "भाई साहब...।"

बाबा के चेहरे पर अचानक खिंचाव आ गया, लेकिन उन्होंने धीरे-से पूछा, "आप मुझ ही से कह रहे हैं...?"

डॉ. चन्द्रा तुरन्त बोले, "मेरा मतलब था राय साहब..." बाबा गर्दन झुकाकर सुनने लगे।

डॉ. चन्द्रा के चेहरे पर भी तनाव के चिह्न नज़र आने लगे थे लेकिन उन्होंने बड़े सन्तुलन के साथ कहा, "घोषणा हो गई है...पन्द्रह अगस्त को स्वराज्य मिल जाएगा!" उन्होंने दुबारा राय नीलमणि कान्त की तरफ़ देखा।

बाबा चुपचाप गर्दन झुकाए बैठे थे। राय नीलमणि कान्त के इशारे पर उन्होंने फिर कहना शुरू किया, "जगदीशशरण जी और चेयरमैन साहब ने अपने-अपने सम्मान त्यागने की घोषणा कर दी है...हम चाहते हैं आप भी...।"

बाबा खड़े हो गए। उनका चेहरा देखते ही मुझे बाबा का उस रोज़ रातवाला क्लब का चेहरा याद आ गया। बाबा के चेहरे पर क्रोध था। उस क्रोध में पिघलापन अधिक नज़र आ रहा था।

सम्पूर्ण हॉल एक ही मुद्रा में बैठा मालूम पड़ रहा था। डॉ. चन्द्रा ने सन्तुलन बनाए रखने का प्रयत्न करते हुए पुनः कहा, ''हम चाहते हैं स्वाधीनता-दिवस-कमेटी की अध्यक्षता भी आप ही करें।''

बाबा के चेहरे का वह पिघलाव समाप्त हो गया। वे गर्दन उठाकर कड़कती आवाज़ में बोले, ''आप लोग चलने जाएँ तो अच्छा हो...।''

बैठे हुए सब लोग अचम्भित-से बाबा की ओर देखने लगे। बाबूजी शशोपंज पड़ गए। चेहरे पर क्षमा-याचना का भाव आ गया। बाबा ने उन लोगों को पूर्ववत् बैठे देखकर दुबारा कहा, ''मेहरबानी करके इस समय आप चले ही जाएँ।'' राय नीलमणि कान्त की गर्दन झुक गई थी।

पंखा धीरे-धीरे खिंच रहा था। हर बार लगता था पीछे जाकर वापस नहीं आएगा।

सब लोग उठ गए। बाबूजी उन लोगों को कार तक छोड़ने गए। बाबा ने खड़े होकर एक बार पंखे की ओर देखा, पंखाकुली से पुकारकर कहा, ''अब पंखा बन्द करो।'' वे अपने कमरे में चले गए। पहलेवाला अपनापन ग़ायब होता-सा लगा।

काका साहब बरांडे में खड़े बाबूजी का इन्तज़ार कर रहे थे। उनके आते ही पूछा, ''क्या बात थी ये लोग क्यों आए थे?''

बाबूजी के कुछ कहने से पहले ही उन्होंने दूसरा सवाल किया, ''राय नीलमणि कान्त कांगरेसी हो गए?''

बाबूजी शायद जल्दी में थे, उन्होंने टालने की मुद्रा में कहा, ''पिताजी को स्वाधीनता-दिवस-कमेटी का सदर बनाना चाहते थे।''

''हो क्यों नहीं गए...राय नीलमणि कान्त तो साथ-साथ लगा घूम ही रहा है।'' काका साहब ने आख़िरी वाक्य गर्दन मटकाकर और हाथ हिलाकर कहा।

बाबूजी ने इधर-उधर देखकर धीरे-से कहा, ''कौन समझाए...मुझसे तो लिया-दिया ही बोलते हैं। देखिए, इस घर का क्या होनेवाला है...!''

''होनेवाला क्या है...इनकी ज़िद...!'' काका साहब ने बड़ा भोंड़ा-सा मुँह बनाया।

बाबा अपने कमरे से निकल उन दोनों के पास आ खड़े हुए थे। मुझे डर हुआ कि वे लोग कहीं कुछ और न कह दें। बिना सम्बोधित किए उन्होंने बाबूजी से

ही कहा, "तुम राय नीलमणि कान्त के पास जाकर मेरी तरफ़ से कहना मुझे दुख है..." छोटे-से समयान्तर के बाद बोले, "डॉ. चन्द्रा से भी...।"

लौटते हुए, एक क्षण को रुककर फिर कहा, "इस तरह के लोगों से कह दिया करो मैं ठीक नहीं हूँ...राय नीलमणि कान्त से भी।" बाबा अपने कमरे में लौट गए। काका साहब और बाबूजी के चेहरे पर बाबा के उस व्यवहार के प्रति अपरिचितता थी। उन्होंने एक-दूसरे की ओर देखा। काका साहब शायद बातें करने के मूड में थे। बाबूजी को खाना खाने जाना था।

उस दोपहर बाबा अपने कमरे में ही रहे। मैं अपने तकिए पर आकर लेट गया। लेटे-लेटे महसूस होता रहा, बहुत तपिश है।

कुँवर किशोरीरमण और लाला चतरसिंह साथ-साथ आए थे। बाबा अस्वस्थ थे। चबूतरे पर बिस्तर लगा हुआ था। चूड़ीदार पाजामा और कुर्ता पहनकर लेटे हुए बाबा बहुत दुबले लगते थे।

कुँवर किशोरीरमण को आते देखकर बाबा उठकर बैठ गए। नमस्कार करके कुँवर साहब ने पूछा, "कैसी तबीयत है राय साहब...?"

बाबा हल्का-सा मुस्कुरा दिए, "क्या तबीयत...? ठीक ही है!" बाबा के चेहरे की मुस्कुराहट मुखौटा-सी मालूम पड़ी।

थोड़ी देर की ख़ामोशी के बाद कुँवर साहब ने कहा, "कल ब्राउन साहब इंग्लैंड जा रहे हैं...।"

बाबा ने बड़े अनमने ढंग से दोहराया, "...जा रहे हैं!"

"हाँ, आपसे मिलने आना चाहते थे...।"

कुछ देर तक बाबा आँखें बन्द किए चुपचाप बैठे रहे, फिर कहा, "नहीं, उनसे मना कर दीजिए...मेरी तबीयत ठीक नहीं, मिलने से क्या होता है..." कुछ रुककर फिर दोहराया, "हाँ क्या होता है!"

"कल किस वक़्त जाएँगे...?" बातचीत के बीच में काफ़ी समयान्तर हो जाने के कारण कुँवर किशोरीरमण का दिमाग़ कहीं और चला गया था। लाला चतरसिंह ने ही जवाब दिया, "शाम को चार बजे गाड़ी जाती है, उसी से जाएँगे शायद!"

बाबा के होंठों से लगा, वे कुछ बुदबुदा रहे हैं।

बात शुरू करने के लिए कुँवर साहब ने पूछा, "देवा और काका साहब कहाँ हैं?"

"कहीं चले गए होंगे..." बाबा संक्षिप्त-सा उत्तर देकर चुप हो गए।

कुछ देर तक सब लोग ख़ामोश बैठे रहे। बाबा ने बड़े ठंडेपन के साथ कहा, "अब मैं लेटूँगा..."

कुँवर किशोरीरमण उठ गए, "अच्छा इजाज़त दें..." बाबा ने हाथ जोड़ दिए।

अँधेरे की पर्तें एक के ऊपर एक आती जा रही थीं। जब से शहर की तरफ़ बिजली लगनी शुरू हुई थी, लैम्प की रोशनी बहुत कम लगने लगी थी। बाबा ने दूसरी ओर करवट बदली। मुझे अजीब-सा अनुभव होने लगा। सब कुर्सियाँ एकदम खाली थीं, मैं अकेला रह गया था।

अगले दिन साढ़े तीन बजे ही जोड़ी दरवाज़े पर आ गई। बाबा कपड़े पहनकर, साफ़ा बाँधकर एकदम तैयार थे। बाबा फिर अपने पूरे 'क़दोक़ामद' के लग रहे थे। मुझे बुलाकर कहा, "तुम भी साथ चलना...अब बूढ़ा हो गया हूँ...वहाँ सीढ़ी चढ़नी पड़ेगी।"

गाड़ी के सड़क पर आते ही मुझे बाबा की 'व्यक्तित्वत्ता' का अहसास होने लगा था। लोग झुक-झुककर नमस्कार कर रहे थे। बाबा हाथ उठाकर बड़े ठंडेपन के साथ जवाब दे देते थे।

सड़क पर एक जगह दो-तीन नई इमारतें उठी देखकर बाबा ने गर्दन झुकाकर झाँका। और एक ही वाक्य कहा, "लगता है, काफ़ी बदल गया।"

पुलिस बैंड बज रहा था। गाड़ियाँ क़तार में खड़ी हुई थीं। सीढ़ियों पर लाल पट्टियाँ थीं। बाबा जोड़ी से उतरकर, सीढ़ियों पर चढ़ते हुए प्लेटफ़ार्म पर चले गए। मिस्टर ब्राउन और मिसेज़ ब्राउन अपने डिब्बे के दरवाज़े में खड़े थे। बाबा को आते देखकर लाला चतरसिंह, कुँवर किशोरीरमण झपटकर आए और आगे लिवा ले गए। राय नीलमणि कान्त भी उनकी ओर बढ़े, बाबा ने उनकी ओर नहीं देखा!

बाबा को देखकर मि. ब्राउन डिब्बे से नीचे उतर आए। मिसेज़ ब्राउन भी आ गईं। मिस्टर ब्राउन ने बाबा से पास आकर धीरे-से कहा, "वेल राय साहब, अम जाटा...आपका मुल्क आजाड होना माँगटा...अमारा गलटी माफ़...।" मिस्टर ब्राउन बोलते-बोलते रुक गए। उनका हाथ बाबा के हाथ में था।

मिस्टर ब्राउन ने फिर कहा, "हम सोचटा...इंगलैंड जाकर आपको माफ़ी माँगेगा...।" बाबा ने मिस्टर ब्राउन का हाथ दबा दिया।

मिसेज़ ब्राउन की आँखों में हल्की-सी तरलता नज़र आ रही थी। बाबा ने मिसेज़ ब्राउन से अन्तिम बार हाथ मिलाया। हाथ मिलाते हुए मिसेज़ ब्राउन आगे को झुकीं, पर तुरन्त पीछे हट गईं।

गाड़ी ने सीटी दे दी थी। सब लोग एक-एक करके, मिस्टर ब्राउन से हाथ मिला रहे थे।

मैंने बहुत चाहा मिसेज़ ब्राउन मुझे देख लें, लेकिन सीटी बजते ही वे अ चली गईं। एक सफ़ेद मूँछोंवाला लम्बा-चौड़ा चौधरी भी मिस्टर ब्राउन के प पहुँचने का प्रयत्न कर रहा था। वह भी मेरी तरह ही कई बार आगे-पीछे चुका था।

मिस्टर ब्राउन ने बाबा के साथ अन्तिम बार हाथ मिलाया। बाबा एक श उनका हाथ पकड़े रहे, धीरे-से बोले, "तो आप जा रहे हैं...विश यू...।"

गाड़ी ने दूसरी सीटी दे दी। बिना वाक्य पूरा किए बाबा के हाथ से ब्रा साहब का हाथ छूट गया।

चौधरी मुझे धक्का मारकर आगे पहुँच गया था। उसने एकाएक ब्राउन साहब के पाँव पकड़ लिए, "हुजूर...आप विलायत जा रहे हैं...बादशाह सलामत से अमरसिंह हवलदार का बहुत-बहुत सलाम कहना...।"

बाबा मेरा हाथ पकड़े हुए धीरे-से पीछे हट गए।

□□□